全国现代教育技术实验学校教改成果丛书

丛书主编 陈庆贵　　副主编 黄天元

U0825033

信息化环境下的有效学习

林慧敏　万代红　著

北京师范大学出版集团
BEIJING NORMAL UNIVERSITY PUBLISHING GROUP
北京师范大学出版社

图书在版编目（CIP）数据

信息化环境下的有效学习 / 林慧敏，万代红著. —北京：北京师范大学出版社，2012.4（2013.10 重印）

（全国现代教育技术实验学校教改成果丛书）

ISBN 978-7-303-14186-9

Ⅰ. ①信… Ⅱ. ①林…②万… Ⅲ. ①小学教育－研究 Ⅳ. ①G62

中国版本图书馆CIP数据核字（2012）第 027439 号

营 销 中 心 电 话　010-58802755 58800035
北师大出版社职业教育分社网　http://zjfs.bnup.com
电 子 信 箱　zhijiao@bnupg.com

出版发行：北京师范大学出版社 www.bnup.com
北京新街口外大街 19 号
邮政编码：100875
印　　刷：保定市中画美凯印刷有限公司
经　　销：全国新华书店
开　　本：184 mm × 260 mm
印　　张：17.75
字　　数：375 千字
版　　次：2012 年 4 月第 1 版
印　　次：2013 年 10 月第 2 次印刷
定　　价：42.00 元

策划编辑：杜永生　　　　责任编辑：杜永生
美术编辑：高　霞　　　　装帧设计：国美嘉誉
责任校对：李　菡　　　　责任印制：孙文凯

版权所有 侵权必究

反盗版、侵权举报电话：010—58800697

北京读者服务部电话：010—58808104

外埠邮购电话：010—58808083

本书如有印装质量问题，请与印制管理部联系调换。

印制管理部电话：010—58800825

总 序

20 世纪末，随着计算机和通信技术的飞速发展，信息化浪潮席卷全球，我国中小学也掀起了教育信息化建设的热潮，教育技术成为推进教育改革和发展的制高点和突破口。为更好地贯彻“教育要面向现代化、面向世界、面向未来”的战略思想，推进《中国教育改革和发展纲要》的实施，教育部于 1997 年启动并实施了“全国中小学现代教育技术实验学校工程”。在全国不同地区和不同教育层面上遴选 1000 所中小学校作为全国现代教育技术实验学校，大规模地开展教育技术实验研究，推动我国教育信息化健康而又快速的发展。

声势浩大的全国中小学现代教育技术实验学校工程，是在我国电化教育重新起步，经历了二十年的发展，又将进入一个全新的发展阶段提出来的。为保证工程实施的质量，教育部制定了《全国中小学现代教育技术实验学校工作实施意见》，设立了“全国现代教育技术实验学校工作领导小组”和“全国现代教育技术实验学校专家指导委员会”，并在中央电化教育馆设立全国中小学现代教育技术实验学校(以下简称：全国实验校)领导小组办公室；各省、自治区、直辖市也建立了相应的省级全国实验校组织管理与指导机构。

一般认为全国实验校就是各地最好的学校，其实不尽其然。全国实验校是从不同教育层面和教育环境(有城市、有农村，有条件最好的、有条件相对较好的、也有条件比较一般的)的电化教育(教育技术)特色校中遴选出来的，它们是各地开展电化教育(教育技术)的先行者和旗帜，也是各地运用新技术与学科教学相整合的窗口。教育部在实施全国实验校工程时，提出过三大目标、八项任务。随着全国实验校工程的推进，又提出过不同阶段的全国实验校工作指南。其要义：一、环境建设，点上先行。20世纪末，数字化环境建设在我国中小学开始蔚然成风，科技发展更加快速，为避免短期效应，重复建设，在数字化环境或数字化校园建设上，需要典型引路，实验先行，减少浪费，少走弯路。二、整合应用，典型示范。在我国电化教育(教育技术)发展进程中，曾经提出过“三回归”(回归学校、回归课堂、回归教学)，其实质是强调并重视应用。随着信息技术的飞速发展，人们把关注的目光聚焦到“信息技术与学科整合”上。信息技术与学科整合需要在教育思想、教育理念、教学目标、教学设计、教学资源、教学过程、教学评价等方面得到体现。如何更好地实现信息技术与学科的整合，需要典型试验和典型示范。三、实验研究，引领深入。教育技术一旦与教育教学的实践相结合，就会产生无穷的变化和推进教育教学改革的巨大动力，人们自然会憧憬许多美好的愿望。但是愿望有些是能够实现的，有些可能只是愿望而已。教育技术的实验研究是一条把愿望变成现实的通天路和好方法。在全国实验校推进过程中，所有的实验学校在不同时期都承担了省级以上的科研课题，通过研究，真正意义上实现了引领应用和建设，引领未来发展。四、点上经验，普及推广。在全国实验校实施过程中，实验校在数字化环境建设、资源建设、教师队伍建设、新技术试验研究、信息技术与学科整合、教育技术研究等方面取得了许多突破并产生了许多成果，总结并形成了许多宝贵的经验。这些典型的经验和优秀的研究成果，值得宣传和推广，也需要在更大范围实施普及。

全国实验校取得的经验和成果是多方位的。它们的成功离不开各级教育行政部门的关心和支持，离不开中央和地方全国实验校工作领导小组及专家指导组的悉心指导。综观全国实验校十多年的发展历程，我们深深感到：全国实验校对我国教育信息化发展的巨大影响力主要体现在以下方面。第一，大规模而不是小范围。在全国实验校工程实施以前，我国电化教育(教育技术)的推进，一般通过科研带动、区域推进、试验推动等方式，其声势和范围不大。当全球信息化浪潮袭来的时候，教育界的有识之士敏锐地迎接挑战，抓住了跟上世界信息化发展这趟快车的机遇。大规模地开展全国实验校建设，就是推进与普及教育信息化的重要举措。正是由于全国实验校工程的实施，带动了各地省级和地市级实验校的建设，有效地推进了我国中小学教育信息化的普及。第二，有声势更注重实效。应该说我国波澜壮阔的教育技术实验校建设规模是世界上任何国家都无法比拟的。如此规模的实验研究活动，不只是为了造声势、装门面，学校也不是为了挂牌子、图虚名，重要的是要有实效。除了重视建设外，更要重视应用，重视应用的效果和质量，重视在研究基础上的提高，重视示范作用的发挥，重视辐射的效果和影响。各地通过制定办法严格要求，并通过评估检查，保证重实效形成长效机制。第三，抓典型更重促均衡。榜样的力量是无穷的，抓点带面，推进教育信息事业的发展。全国实验校除了搞好自身的建设和应用以及校内的均衡发展以外，还积极发挥实验校的窗口、示范和辐射作用，大大促进了地方实验校的建设和发展。在实践工作中，全国实验校结合自身实际和地方特点，创造性的开展了“点对点服务(例如：双校一课活动等)、一校带多校、窗口辐射”等不同形式的促进教育技术均衡发展的方法，收到了很好的效果。第四，有目标更要显个性。全国实验校在不同阶段有着明确的目标和内容。如何造就既有统一意志，又有个人心情舒畅这样一种生动活泼的局面，让大规模的有广泛参与度的实验研究活动演奏出威武雄壮的交响乐章，也就是全国实验校既有明确目标，又有个性化特色。

总结和推广全国实验校的典型经验，把全国实验校的典型经验和成功案例推广开来、发扬光大是我们义不容辞的责任，也是广大教育工作者，特别是广大中小学校的迫切呼声。根据事业发展和实际工作的需要，我们组织编写了《全国现代教育技术实验学校教改成果丛书》。丛书的选材，主要来自各地全国实验校领导小组办公室(各有关省教育厅或电化教育馆)推荐的典型案例和相关材料。我们大体按照三种类型(国际接轨、特色鲜明、示范辐射等)确定了10所学校。像上海中学等，直面数字化挑战的中学教育改革，以前所未有的气魄，敞开胸怀，拥抱世界，广泛地吸纳世界先进的教育思想、理念，主动地应对数字化带来的机遇与挑战，进行创新与前瞻思考，积极采取有效策略与举措，根据中国国情、时代特点、学校实情，敢为天下先的开发应用先进技术，大胆地、全方位地推进中学教育改革。在信息化环境下寻找并享受到跨越式发展的强劲动力。办一流学校，办一流教育，育一流人才，与国际接轨成为学校的办学标准和目标；像深圳南山实验学校等，信息化教育已经成为学校的办学特色，信息化已经融入学校的常态工作，在数字化校园建设、校本课程资源建设、教师专业化发展、信息技术与课程整合等方面都取得了显著成效，它们在信息技术环境下的语文教学改革方面所取得的成功，不光对周边学校和本地区的学校，而且在全国的许多学校中都产生了广泛和深刻的影响；像成都泡桐树小学等，用信息化带动学校的全面发展，用信息化改造薄弱学校，用信息化辐射周边学校，用信息化为农村学校的教育改革服务。它们通过信息化使学校从一所发展为“四校五区”的教育集团，成为全国实验校中示范和辐射作用较为突出的学校。我们认为这些全国实验校的经验和成果，切合我国不同地区、不同类型学校的发展实际，符合我国基础教育改革和发展的需要，对于促进我国基础教育现代化整体水平的提升有着重要的借鉴作用和参考价值。

现代科学技术日新月异，我国基础教育信息化仍处在快速发展和积极探索的过程中，由于我们水平有限和认识的偏颇，丛书质量难免有不足和缺失之处，希望教育界专家、教育信息化工作者、学校校长和教师们不吝赐教！全国实验校是在我国电化教育发展的鼎盛时期结出的奇葩，我们相信这朵绚丽奇葩将会在我国教育信息化迅猛发展的进程中变得更加光彩夺目！

本套丛书的编写和出版，得到各地教育行政部门和电化教育馆的大力支持；在丛书策划和编写过程中，中央电化教育馆陈志龙馆长、王晓芜副馆长提出过许多建设性意见；有关地方电教馆馆长和研究部主任参与了具体书稿结构和内容的设计与讨论；参加丛书编写的学校全力倾注自己的热情、智慧和心血，高质量的总结并完成单册书稿的编写任务；中央电化教育馆研究部洪文秋同志参与了丛书策划，并负责书稿的征集与组稿工作；北师大出版社对丛书编辑、出版和发行给与了大力支持。在此，对所有关心和支持全国实验校工作，对所有支持和关注丛书出版，对为丛书出版付出辛劳和做出贡献的人们一并表示衷心的感谢！

全国中小学现代教育技术实验学校

工作领导小组办公室

2011年9月

目　录

前　言 ………………………………………………………… (1)

第一章　信息化与有效学习 ……………………………………… (1)

第一节　什么是学习 ……………………………………………… (1)

第二节　什么是有效学习 ………………………………………… (13)

第三节　信息化环境与有效学习 ………………………………… (18)

第二章　数字化校园与有效学习 ………………………………… (45)

第一节　数字化校园的特点 ……………………………………… (46)

第二节　数字化校园建设的现状 ………………………………… (47)

第三节　数字化校园建设的发展 ………………………………… (50)

第四节　数字化校园建设的规划 ………………………………… (52)

第五节　数字化校园建设的框架 ………………………………… (53)

第六节　数字化校园基础设施建设 ……………………………… (54)

第七节　数字化校园应用平台建设 ……………………………… (62)

第三章　学习资源与有效学习 …………………………………… (71)

第一节　数字化与有效学习资源 ………………………………… (71)

第二节　有效学习资源的分类 …………………………………… (73)

第三节　数字化校本资源支撑有效学习 ………………………… (76)

第四节　数字化环境下的校本资源开发 ………………………… (86)

第五节　菜单式课程支撑学习个性化 …………………………… (88)

第四章 信息素养与有效学习 …… (92)
第一节 信息素养概述 …… (92)
第二节 教师信息素养与有效学习 …… (94)
第三节 学生信息素养与有效学习 …… (105)
第五章 有效学习的实施 …… (118)
第一节 有效学习的实施策略 …… (118)
第二节 有效学习的实施途径 …… (121)
第三节 有效学习的实施方法 …… (123)
第六章 自主学习 …… (127)
第一节 自主学习的概念 …… (127)
第二节 自主学习实施目标 …… (128)
第三节 自主学习基本特征 …… (129)
第四节 自主学习实施策略 …… (131)
第五节 自主学习实施例谈 …… (140)
第六节 自主学习评价 …… (153)
第七章 探究学习 …… (163)
第一节 探究学习的概念 …… (164)
第二节 探究学习理论依据 …… (164)
第三节 探究学习四大特点 …… (164)
第四节 探究学习实施优势 …… (167)
第五节 探究学习实施策略 …… (167)
第六节 探究学习实施例谈 …… (182)
第七节 探究学习评价 …… (199)
第八章 合作学习 …… (206)
第一节 合作学习的概述 …… (206)
第二节 合作学习策略 …… (207)
第三节 合作学习实施 …… (209)
第四节 Moodle平台介绍 …… (210)

第五节 合作学习实施例谈 …… (214)
第六节 合作学习评价 …… (224)
第九章 协同学习 …… (229)
第一节 协同理论概述 …… (229)
第二节 协同学习理解 …… (231)
第三节 区域协同实施 …… (233)
第四节 区域协同例谈 …… (234)
第五节 国际协同实施 …… (254)
第六节 国际协同例谈 …… (259)
第七节 协同学习评价 …… (266)
后 记 …… (267)
参考文献 …… (269)

前　言

信息技术给新时代教育提供的机遇是最激动人心的，教学情境形象化、信息传递高速化、教学过程开放化、知识建构自主化、学习过程个性化、信息交互智能化、网络资源共享化、教学模式多样化、信息反馈实时化，无时不在激励着我们的教学创新。信息化越来越成为衡量一个国家、一个地区、一个学校现代化程度和水平的重要标志。

如何优化教育信息化环境，发挥其最佳效能，构建新型教学模式，实现有效学习，促进学生的可持续发展，深化教育改革，提升学校核心竞争力，需要我们做出及时而有效的应答。

具有百年历史的南京市游府西街小学以实施并强化素质教育而享誉海内外。1984 年，学校就提出“为学生的六年着想，对学生的一生负责”的响亮的口号，确立了“减轻负担，提高质量，发展智能，立足未来”的办学思路。学校现代教育教学设置一应俱全，形成了有线网、无线网、MP 网三网合一的校园网络系统，构建了基于统一数据平台的先进实用的数字化校园环境。

学校作为全国现代教育技术实验学校，参与了“九五”“十五”全国教育技术规划课题的研究。“十一五”期间，学校承担了全国教育技术研究重点课题《网络环境下教学方法的创新及有效性研究》，同时，承担了两项全国教育技术研究重点课题的子课题：《汉字输入与识字教学相整合及其标准化研究》和《基于交互白板的教学方法创新及有效性研究》。学校经常承办像交互电子白板应用或新技术应用研讨会，学校多次为全国会议展示交互电子白板应用的独特魅力和效果，有效推动了交互电子白板等新技术、新媒体的研究和应用实践。

信息技术的应用和数字化校园建设带来了教与学方式的变革。从最初的计算机辅助教学促进有效学习，到基于网络的教学形式，信息化完全融入了学校教育教学的全过程，这是综合的、系统的、有效的跨越式变革。这种变革带来了我校全体教师对自身角色的重新定位，对自己的信息素养和专业发展有了新的要求。“熟练掌握数字技术”，继而能“有效地将技术应用于教学”，成为学校所有学科教师的共同要求。

在全面推进信息技术与学科教学有效整合的实践研究中，我们用有效学习理念来检验基于信息技术环境下教与学的方法创新，防止在学习方法创新时忽视学习的有效性；用有效学习理念来规范基于信息技术环境下教与学的方法创新，防止在学习方法创新时割裂学习的过程性；用有效学习理念来反思基于信息化环境下教与学的方法创新，防止在学习方法创新时只顾反思不见行动。

技术的发展永无止境。新技术、新媒体在教育教学中应用的巨大优势，不断被师生接受和认可。随着交互电子白板进入课堂，教师不再是“鼠标的点击者”，学生也不用再当“录音机”。电子笔可以任意选择颜色、调节粗细，不用直尺、三角板、圆规等工具就可以轻松画出各种漂亮的图形。最重要的是，老师可以在这样的信息化环境下与学生充分互动交流，演绎精彩课堂。新技术对教育教学的影响和效果是显而易见的，更重要的是技术的发展和应用对人们思想、观念的影响和促进。

建构主义学习理论强调以学生为中心，它不仅要求学生由外部刺激的被动接受者和知识的灌输对象转变为信息加工的主体、知识意义的主动建构者；而且教师要由知识的传授者、灌输者转变为学生主动建构意义的帮助者、促进者。改变学生的学习方式就是要从单一的被动的学习方式，向多样化的学习方式转变。转变学生的学习方式，就是要以培养学生的创新意识和实践能力为主要目的。

信息化环境下的课堂教学，使教学结构发生了变化，师生间的信息交流、传递形成多通道的网状结构，提高了学生对信息传递的关注度，使学生能接受更多的有效信息。在教学信息传播活动中，当教师传递的信息源“频率”与学生接受信息的“固有频率”相互接近时，两者在信息交流和传递方面产生共鸣，教学信息传递的有效性才能达到最大化。这就需要教师在教学中创设一种民主宽松、情境交融的信息传递氛围，并时时注意收集和处理来自学生方面的反馈信息，及时调控教学传播活动的进程，才能保持教学传播系统处于良好的循环运转状态。教师的主导作用和学生的主体作用将随着教学媒体呈现方式的多样性，媒体选择、媒体应用的方便性以及教学信息双向传递的便捷性和信息保存的及时性得以强化。

《国家中长期教育改革和发展规划纲要》指出，要“提高教师应用信息技术水平，更新教学观念，改进教学方法，提高教学效果”。信息化促进教育教学改革与发展“人”是第一要素。没有信息化的教师队伍，就没有教育的信息化。信息技术对教育改革和发展将会产生革命性的影响，我们必须充分认识信息化时代学校教育信息化的重大历史使命。

本书共九章，第一章着重阐述信息化环境下有效学习的概念。第二章至第四章从数字化校园环境、学习资源和信息素养三个方面，分析了信息技术环境对有效学习的支撑。数字化校园是在传统校园的基础上构建的一个在时间和空间维度上有了巨大拓展的数字空间，在这个环境下，有效学习得到了强大而有力的支撑。它可以帮助学生花更少的时间，收获更多的知识，让学习变得更有趣。第五章至第九章着重从有效学习的实施角度，总结提出了有效学习的原则、策略、途径、方法、特点、评价和案例等。教育信息化带来了教育环境、教育理论、教育模式等的全面改革，有效学习的各种教育模式也层出不穷。我们主要对信息化环境下的自主学习、探究学习、合作学习、协同学习等进行了有益的探索与实践。

万代红

2012 年 2 月

第一章　信息化与有效学习

第一节　什么是学习

人类的学习活动和学习能力经历了一个由简单到复杂、由低级到高级的漫长发展过程，人们对学习的认识同样经历了一个由片面到全面、由现象到本质逐步深化的过程。对大多数人来说，学习是一个非常熟悉的名词，古今中外，人人都离不开学习，人们几乎每时每刻都在学习，它是一种贯穿人的一生的非常重要的活动。

一、学习概念的发展

人类最初的学习活动是在日常生活和生产中进行的，是在直接经验中的学习。随着语言和文字等符号体系的发展，尤其是科学知识的扩展，人类要学习的内容越来越多，并且创造出相应的间接学习方式——借助各种符号体系进行的学习，这种学习既是一种高效率的学习，又始终不能离开学习的经验背景，并且必须在实践活动和直接经验中对所学内容进行理解、消化、巩固和提高。通过学习，个体获得了前人积累的大量有关周围世界的知识、宝贵的生存技能及改造世界的能力。可以说，没有学习就没有人类的生存和发展。纵观古今中外学者关于学习概念的论述，由于不同的历史条件，不同的研究角度，也形成各种不同的观点。

1. 我国古代学者所论述的学习概念

在我国古代，“学”与“习”两个字一般是分开使用，而不是并列在一起的。古代表达获取知识，提高认识的含义时多用“学”字或“知”字，主要指各种直接与间接经验之获得，有时还兼有思的含义；表达熟悉和掌握技能、修炼德行等带有实践意义的行为时则用“习”字，“习”指巩固知识、技能，含有温习、实习、练习之意，有时兼有行的意思。

据《辞海》[①]解释，“学习”一词的含义有两种：①《礼记·月令》中说“[季夏之月]鹰乃学习”。学，效；习，鸟频频飞起，指小鸟反复学飞。②求得知识技能，引申为效法。“学习”一词最早出现在《礼记·月令》中，本义是指小鸟效仿大鸟反复学飞，这是将“学”与“习”的本义结合起来自然而然得出的一种含义。将“小鸟效仿大鸟反复学飞”的内涵稍加扩大，很容易引申出“上行下效”的练习、模仿或效法之义，此时的练习、模仿或效法泛指任何人或动物反复练习、模仿或效仿任何事物。当“学习”用于人时，本是指后觉之人模仿先觉之人的模仿学习，其所注重的是以某种榜样为楷模，强调学习者要自觉反思自己的不足，进而效法与模仿楷模，反复练习与楷模行为类似的行为，以便获得与楷模类似的知识经验和行为方式，使学习者自己最终能尽可能地成为一个像楷模一样的人。

综观我国古代学者所论述的学习概念，大概包括以下几个方面的含义[②]：

①学习要涉足广泛的知识和活动领域，包括日常生活知识、生产技术、科学实践、道德修养要求和行为规范准则。子曰：“下学而上达。”(《论语·宪问》)学习是从掌握最基本、最平常的事理(下学)着手，并逐步达到对较高深的道理融会贯通的地步(上达)。

②学习是课内外学习相互贯通的活动。我国古代所讲的“学”，其基本含义是获得知识、技能，主要是指接受感性知识与书本知识，同“思”、“行”相对，但同时也兼有思的含义；古代所讲的“习”，其基本含义是巩固所获得的知识、技能，相当于今天所说的复习巩固和练习应用。因此，“学习”是学、思、习和行的总称。

③学习的实质是“知行统一”。“知行统一”一方面是指要把获得的知识、技能或学问运用到实际生活与道德行为实践中去；另一方面是指要把从亲身实践中获得的知识、技能上升到理论高度，获得带有普遍规律的认识。墨子认为，“行”是学习最根本、最重要的任

① 《辞海》. 上海：上海辞书出版社，2000：1360.

② 乔炳臣，潘莉娟.《中国古代学习思想史》. 北京：人民教育出版社，1996：31～39.

务，即“士虽有学，而行为本焉”(《墨子·修身》)，也就是说，能“行”能“为”既是学习的基本出发点，也是学习的最终归宿。

④学习是在智力因素和非智力因素共同作用下进行的。首先，智力因素是学习的基础，同时学习又是发展智力因素的条件。孔子曾根据自己的日常观察评定学生在智能方面的个别差异，把人分为中人、中人以上和中人以下，并提出“中人以上可以语上也，中人以下不可以语上也”(《论语·雍也》)。其次，学习过程也离不开非智力因素的积极参与。自孔子开始，学习需立志的传统便已形成。所谓立志，就是确立学习志向，形成学习动机。孔子还认为，在学习过程中，学生不仅需要有学习兴趣，还要对学习充满热情，“知之者不如好知者，好知者不如乐之者”(《论语·雍也》)①。

2. 国外各心理学派关于学习的定义

①行为主义学派关于学习的定义

在早期的行为主义者眼里，学习是在刺激和反应之间形成联结。新行为主义者认为，学习是在有效的强化程序中不断巩固刺激和反应之间的联结，塑造有机体行为的过程。在心理学历史上，行为主义学派产生较早，一些心理学家都曾深受行为主义心理学的深刻影响。因此，具有行为主义倾向的心理学家将学习定义为“有机体经由练习或经验引起的行为相对持久的变化”，例如，两个儿童，一个经过训练会下棋，一个未经过训练不会下棋。这种儿童经过训练后出现的行为变化就是学习。

不过，学习的本质是否仅是行为变化呢？如学生甲练习五笔打字，练习了一个星期，结果没有学会打字，失望地放弃了；过了两个星期，他不死心，又来练习五笔打字，结果发现这回练起来比先前容易多了，只用了短短三天就学会了打字。那么，先前一星期练习是一种“学习”吗？若是，好像与上述学习定义不符，因学生甲练习一星期后，其行为未发生持久的改变；若不是，好像也不合情理，因为有了这次练习才导致其很快学会打字。在这两个例子中所反映的两类问题，用上述定义的学习不能做出合理的解释。于是，一些心理学家重新尝试对学习进行新的定义。

②认知心理学与人本主义心理学关于学习的定义

20世纪60年代后，随着认知心理学和人本主义心理学的兴起，人们逐渐认识到，学习除了能引起行为与行为潜能的变化外，还能影响到一个人的认知结构甚至自我概念的变化。于是，又出现了关于学习的两种定义。

一是认知心理学关于学习的定义。他们认为学习是指个体经由练习或经验引起的认知

① 李洪语，何一粟．学习能力发展心理学．合肥：安徽教育出版社，2004：2～4.

结构相对持久的变化。此定义非常强调“认知结构是否发生改变”作为衡量学习是否发生的标志。二是人本主义心理学关于学习的定义。他们认为学习是指个体经由练习或经验引起的自我概念的变化。此定义非常强调将“自我概念是否发生改变”作为衡量学习是否发生的标志。

借鉴上述诸种有关学习定义，许多心理学家对学习的定义不断进行修订。如鲍尔(G. H. Bower)和希尔加德(E. R. Hilgard)在名著《学习论》(1981)中将学习定义为“一个主题在某个规定情境中的重复经验引起的、对那个情境的行为或行为潜能的变化。不过，这种变化是不能根据主体的先天反应倾向、成熟或暂时状态(如疲劳、酒醉、内驱力等)来解释的”[①]。加涅(R. M. Gagne，1985)下了一个被公认的、引用最多的关于学习的定义：学习是指人的心理倾向和能力的变化，这种变化要能持续一段时间，而且不能把这种变化简单地归结于生长的过程。

将上述定义稍加修改，再结合其他学者的观点，可以将学习定义为：有机体(人或动物)经由练习或经验，在知识、态度(含情绪)、行为(含品行)或行为潜能上发生相对持久的变化。虽然心理学家对这样的定义看法基本已达成共识，不过，三大学习理论对“学习”的看法有各自的观点，如在学习者在学习中扮演的角色、学习过程以及过程中知识怎样获得和行为怎样发生改变、学习内容、学习方式等问题有着多种不同的解释，主要差别如下(见表 1-1)：

表 1-1　三大学习理论对“学习”的看法[②]

核心思想	行为主义者的观点	认知主义者的观点	人本主义者的观点
对学习者的认识	认为学习是被动的，其行为完全是由外界环境所控制的，换言之，将学习者看做是一个“空心的有机体”。班杜拉则有限度地承认学习者是这个主体在学习过程中的作用	学习者是学习的主体，学习者已有的知识背景在其后继学习中扮演着非常重要的角色	学习者是学习的主体，学习者对学习内容与其需要之间关系的认识深深影响着其后的学习
对学习过程的认识	将学习看做是个体在活动中受外部因素影响而使其行为改变的历程，即将学习看做是“因行动而学到行为”，这就是教育上所谓的外铄的看法	将学习看做是个体对事物经认识、辨别、理解而获得新知识的过程，即将学习看做是“由既知而学到新知”。这就是教育上所谓内发的看法	将学习看做是个体随其意志或情感对事物自由选择从而获得知识的过程，即将学习看做是“因需求而求知”，这就是教育上所谓内发的看法

① 邵瑞珍主编.《教育心理学》(修订本). 上海：上海教育出版社，1997：27.

② 汪凤炎，燕良轼主编.《教育心理学新编》. 广州：暨南大学出版社，2007：145.

续表

核心思想	行为主义者的观点	认知主义者的观点	人本主义者的观点
对学习内容的认识	学习内容主要是一系列刺激与反应之间的联结	在认知结构主义者看来，学习内容是知识本身，并且是客观的知识；在建构主义者看来，学习的内容虽是知识，但却是主观的知识	理想的学习内容是在学习者看来对其人格健全发展有意义的东西，这些东西从种类上讲，既包括知识，也包括行为，还包括情感与态度等
对学习方式的看法	早期的行为主义者和新行为主义者一般主张直接学习；新的新行为主义者主要强调间接学习（观察学习）	布鲁纳主张发现学习是主要学习方式；奥苏贝尔力倡接收学习是主要学习方式；建构学习是主要学习方式	意义学习是最有效的学习方式
对学习结果的认识	习得行为，即习得新的行为方式或使现有行为方式朝预期方向发展	获得知识，使已有认知结构在量上或质上得到提升	健全人格的养成

不同心理学派对学习的看法虽有不一，然而要准确掌握广义学习的这个定义，关键要掌握四个要点：

第一，学习既是一种结果又是一种内部过程。学习的目的是为了获得某种结果，这种结果按照认知心理学家加涅(1965)的观点，包括智慧技能、认知策略、言语信息、运动技能和态度，换言之，学习可以获得五方面的结果。当然不同观点的心理学家对学习所获结果的认识不完全相同，但是对学习可以获得一定的结果这一点几乎没有疑义。同时，学习也包括变化的内部过程，虽然学习作为一种内部过程至今无法直接测量，但要了解学习是否发生过，却只能根据学生在学习前后外显行为表现的变化推断出来。

第二，学习结果既可以是外显的，也可以是内隐的。学习作为一种结果常常表现为学习者外显的行为变化。如一个没有学习过计算机的人通过几个月的学习，计算机的操作水平有了明显的提高。不仅如此，对于学习者来说，他有明确的学习目的、学习任务，也清楚自己要学什么和已经学到了什么。可是，在很多情况下，学习者的学习是自动发生的，是潜移默化地进行的，学习者并不清楚自己的学习目的和学习任务，也不知道学习是什么时候发生的，甚至对学习的结果既不能再现也不能再认，只有在某种特殊的条件下才能证明其存在。这种学习被称为内隐学习。事实上，这两种学习都真实存在着，它们都以不同的方式影响着学习者的行为。也就是说，有些学习虽然一时没有直接引起行为的变化，但是却引起行为意向或行为倾向的变化，如某种认识的提高和某种态度的形成或改变等，这都可以被认为是学习。

第三，此种变化是能相对持久的，必须能够持续一段时间(但到底持续多长时间才算学习发生的标志，学界至今仍有争论)。这样，最佳的学习往往是能获得长时间地影响有机体并成为有机体第二天性的结果。当个体表现出一种新的技能，如游泳、驾车等，就认为学习已经发生了。学习者的有些变化(像适应和疲劳等)因为是暂时的，就不能叫学习。

第四，主体的变化是后天习得的，即由学习者与环境的相互作用而产生的，换言之，学习是因经验而产生的；若是由先天因素、成熟、酒类饮料或药物等引起的变化，就不是学习。当然，经验一词有两种含义：一是指活动的结果，即个体在生活中所经历过的一切事情；二是指活动的历程，即个体在生活中为适应环境要求所从事的一切活动。学习定义中所使用的"经验"，一般是指"活动的历程"的"经验"①。

3. 教育哲学视野下关于学习的定义

目前国内外从教育学角度对学习的研究五花八门。从教育哲学的高度，提出以下学习定义：学习是人类(个体或团队、组织)在认识与实践过程中获取经验和知识，掌握客观规律，使身心获得发展的社会活动，学习的本质是人类个体和人类整体的自我意识与自我超越。这是从广义的教育角度所下的学习定义，定义中强调以下要点②：

第一，人的学习活动与动物的学习行为之本质区别在于，人的学习既是个体化的活动又是社会性的活动，这里所指的社会性活动，不仅是指在社会中进行的活动，更主要的是与社会经验相互转化、丰富、发展，受社会孕育，又为社会贡献的活动，因此，学习的主体既可以是人类个体，也可以是不同层次的团队、组织乃至作为整体的人类社会。

第二，学习的内容是获取知识和经验，掌握客观规律，并用来指导自身发展。

第三，学习的目的和结果是使个体身心获得发展，使个体和人类整体不断实现自我意识与自我超越，这不仅是人类学习活动最本质的特征，而且也是人类创造力之最根本的源泉。之所以要把"自我超越"纳入学习定义之中，这是对中国传统文化的理解和继承：不仅强调"学"，更强调"习"，而且把知行关系的立足点放在"行"而不是放在"知"，这也是对印刷时代过分强调书本知识学习的历史与理念之超越。

上述所说的学习是一个广义的概念，而我们平时所说的学习一般是指狭义的学习，即人类的学习或学生的学习，指的是学生在各类学校或其他环境中，有目的、有计划、有组织地进行的，是在较短的时间内系统地接受前人积累的文化经验，以发展个人的知识技能，形成符合社会期望的道德品质的过程。

综上所述，学习是以自己现有的知识、技能、态度等心理结构为基础，通过与其他客

① 张春兴．教育心理学．杭州：浙江教育出版社，1998：169.

② 桑新民．学习究竟是什么．开放教育研究，2005(1)：11.

体环境信息进行的双向的相互作用来形成、充实或调整自己的知识、技能和态度、改善素质的相对持久的变化过程，是知行统一的过程，是人类个体的自我意识与自我超越。

二、学习发生的要素

学习是怎样引起的，人们可以提取哪些与学习有关的要素？依加涅(Gabne，1985)等人的见解，学习的要素主要有四个[①]：

一是学习者。生活中所讲的学习一般是指人类的学习，人类学习者拥有感官，他们通过感官接受刺激；他们拥有大脑，通过大脑以各种复杂的方式转换来自感官的信号；他们拥有肌肉，通过肌肉动作显示所学到的内容。学习者不断接收到的刺激，被组织进各种不同形式的神经活动中，其中有些被储存在记忆中。在做出各种反应时，这些记忆可能被转换成外显的行动。

二是刺激情境与刺激。刺激学习者感官的所有事件被统称为刺激情境；可以区分的单一的事件被称为刺激。

三是记忆。对学习者来说，一个重要的输入是学习者从记忆中提取的内容。当然，这些内容是根据以往学习活动已经加工过了的。

四是反应。由于感觉输入及其后继的各种转换而引发的行动成为反应。相对来说，人们可以用比较具体的方式来描述反应，因为反应常常表现在操作水平上。加涅认为，当刺激情境和记忆内容以某种方式影响学习者的操作水平时，学习便发生了。操作水平的变化是根据学习者在学习之前与学习之后操作水平的差异来界定的。判断学习是否发生，主要要根据操作水平是否发生了变化。

加涅认为，当刺激情境与记忆内容以某种方式影响学习者的操作水平时，学习便发生了。显然，加涅的学习要素是根据学习过程中的心理因素提出的。如果我们不研究参与学习过程的心理因素，只是把学习作为一种现象进行研究，那我们就不难发现，学习有几个关键环节：首先是决定开始学习；其次是对学习内容的选择、取舍；最后是对学习的方式、方法的选择、取舍。这几个环节如何定夺取决于学习者和与他面对的客观环境的影响。此外，学习内容的载体也是一个必不可少的因素。

因此，我们认为，在新课改，推行素质教育的背景下，学习包括四个要素，即学习内容、学习方法、学习过程和学习成果。

---

① 施良方著．学习论——学习心理学的理论与方法．北京：人民教育出版社，1994：320.

1. 学习内容是构成学习的第一个要素

传统的教学观念，认为学习内容必须由老师在课堂上讲清楚，是为“授业”，而学生一定仍有不懂的地方，需要老师利用自习和课外时间进行辅导，是为“解惑”。用公式表示即为：知识——老师——学生。新的学习观念把学习内容定为学习的第一要素，就是对这一观念和模式提出了最强烈的抗议：把知识还给学生，让学生直接面对新知识，用公式表示即学生——知识，知识结构——新知识。学习内容，广而言之，即指所学课程的科目或学习对象，比如，语文、数学，它属于战略性问题，回答应该学或不应该学某一方面的知识的问题，它确立了学生的“将军”式的主体地位；狭而言之，学习内容指学生着手所学的具体内容，比如某一语文课文，或某一物理现象，它回答学生正在学什么的问题，它属于战役方面的问题，它确立了学生“战士”式的主体地位。作为“将军”和“战士”的学习主体的学生，不仅有权利主动选择学习内容，而且有权利主动学习，因为他的知识结构本身具备一种扩大自身的势能，能够认识、吸收新知识，而且越是系统的知识越乐于吸收。

2. 学习方法是构成学习的第二个要素

学习方法，一般认为是通过认识过程完成学习任务所采用的途径、手段或方式。学习方法是学习主体沟通已知和未知之间的桥梁和纽带，是学习中不可缺少的关键要素。真正意义上的学习方法是由学习内容的性质决定的。不同的学科和内容，既要求有共同的一般性的学法，又因自身的特殊性而要求不同的学法。比如说，对于数理化而言，它的内容可分为三大板块，即现象——公式——习题，相应地要求的学法最基本的有：观察、想象、抽象、概括、系统化、具体化等。对数理化而言，真正的学习内容，首先是第一板块即现象，它要求学生用想象的眼睛完全准确地对之把握，否则就不能理解它的实质，不能理解其实质，之后的环节便寸步难行，非得求助于老师不可。当某种方法为学生所运用，并且运到熟练的程度，就转化为学生的学习能力，有学习能力的学生，不仅能够发现学习内容，而且能够发现掌握该学习内容所要求的学习方法，从而进入自学状态。

3. 学习过程是构成学习的第三个要素

在传统教学中，老师辛勤地备课、讲课、批改作业，其实是代替学生完成学习的过程，是包办和剥夺学生的学习自主权和劳动权。而学习的过程，乃是学生原有的知识结构去同化新的知识并形成新的知识结构的过程。新的知识结构，又需求更高层次的知识和内容，于是学习便进入一种变加速度的状态，换言之，用前面的知识去理解后面的知识，或用后面的知识去理解前面的知识。理解就是明确某一点知识在整个知识结构中的地位和作用。这个过程要让学生自己完成，这正是新课改提出的，把学习的过程还给了学生。

4. 学习结果是构成学习的第四个要素

学习结果是学习者经过主观努力获得的新的知识、技能和智力结果。学习结果又是学习主体对学习对象(知识)进行不断深化认识之后，经过选择、组合与扬弃、否定的“内化”过程，所获得的德、识、才、学基本创新素质。任何学习，如果没有学习结果表现出来，就是无意义的学习。因此，学习结果也是构成学习活动的基本要素，并且已获得的学习成果再作为基础知识、基本理论、基本技能和方法论思想，又可成为进一步发挥创造性学习的基础和依据。

学习内容、学习方法、学习过程和学习结果既是学生学习的四要素，又是教师教学的四要素。师生双方在这四个层面上建立平等对话的新关系和新格局，从而打破传统的老师给予、学生接受的教学模式，形成学生积极自学、老师辅助学生自学的新模式。

三、学习发生的条件

学习条件是指影响学生学习的内在(学生心理)及外在(教学情境)的一切条件。按加涅(Gagne，1977)，学习条件有内在条件和外在条件。前者指学生学习前所应具备的条件，诸如先备知识、技能、态度等；后者是指教学时所设置的有助于学习的一切情境。综观行为主义学习理论、认知派学习理论、人本主义学习理论以及我国先哲对学习问题的论述，学习的一般条件或必要条件主要有两大方面：

1. 影响学习的外部条件

外部条件是独立于学生之处存在的，也就是俗称的学习环境。影响学习的外部条件或因素很多，主要包括教师心理素质、教学设计、教学方法、课堂学习管理、文化因素和家庭环境等，它们都对学习产生重要的影响。这里主要阐述影响学习的文化因素和家庭因素。

①文化因素。文化因素会对人的学习产生深刻影响。文化通过影响人的思维方式、学习策略、行为方式进而影响学习。

②家庭因素。家庭因素对人的学习也有影响。家庭文化氛围、家庭教养方式以及亲子关系对学生的学习都有一定的影响。

2. 影响学习的内部条件

影响学习的内部因素有很多，主要有原有的知识背景、学习动机、个别差异和学习策略等方面。

①原有的知识背景。储存于个体脑海中原有的知识背景是影响新的学习的重要内部条件。学生的内部条件不同，所掌握的知识以及层次也不同。

②学习者的主动加工过程。“外因必须通过内因而起作用”，有了适当的外部条件与原有知识的基础，假若缺乏学习者的主动加工，新的学习仍然不会发生。

四、学习内涵再认识

中外学者关于学习概念以及相关认识和论述为我们充分认识学习的本质提供了十分有益的启发。20 世纪 80 年代初，站在对国家未来负责的历史高度，南京市游府西街小学提出了“不仅为学生六年着想，更为他们一生负责”的教育思想，确立了“三园”办学理念，通过“文明校园，学习乐园，生活家园”的建设，坚持推进素质教育。在“三园”办学理念下，游府西街小学对学习提出了自己新的认识。

“文明校园”要求师生都要有道德，都应具备基本的文明素质修养。比如说，作为学生，要爱护学校的一切公共设施，要爱护学校的一花一草，言行举止要文明。作为老师，要为人师表，做好榜样的带头作用。文明校园的建设对培养德智体全面发展的人才有不可低估的作用。而学生的文明素质是指以思想修养为灵魂，以文化修养为基础的一种高尚品格，是综合素质的核心。文明素质教育与任何其他素质教育相比都应该处于优先地位。

“学习乐园”是师生共同学习，并体验到学习愉快的、以校园为主体的学习空间。这里的“学习”是现代教育观念的学习，无论从内容、课程、空间，还是从对象上说，它都有着丰富的内涵。而“乐”是它们的核心。创建“学习乐园”，不但要以学生表面上“乐”起来，更要学生体验到“乐”，准确、仔细、深刻地体验。“园”的主题是有围墙的空间，除此还有师生学习的校外空间。因此，“学习乐园”应当是一幅师生同乐图。

“生活家园”即学习生活化，生活学习化。目标是让学生成为学习的主人，将生活知识带到课堂中，让课堂充满生命的活力，真正体现“课堂是主阵地，教学是主环节”。在“生活家园”中，积极创设以学生发展为中心、以问题探究为主线、以师生互动为纽带、以信息技术为支撑的生活化教学模式。比如，为增强学生的环保意识，并将环保知识与社会实践课有机结合起来，学以致用，学校请校外辅导员给学生做环保讲座，讲解水文、云图、风、统计等方面的知识，实地传授各类测量方法，让学生自己观察云图，测量降水量、降雪量、空气温度等，培养学生动手动脑能力。

围绕“文明校园，学习乐园，生活家园”三园办学理念，我们从不同的角度，对学习进行了深入思考。

1. 学习是自主探索、知行统一的过程

随着新课改的推进，学校不再是学习的唯一场所，教师也不可能是无所不知的角色，也不存在无所不包的百科全书。每个人都要选择最合适的方法去主动探索新知，消化知识，分析新旧知识的内在的联系，除旧布新，主动构建自身的知识结构和能力结构。从这个意义上说，学生和教师都是知识的探索者和追求者。在学习的过程中，要把学习知识和生活实践结合起来，换言之，把获得的知识、技能或学问运用到实际生活与道德行为实践中去，同时把从亲身实践中获得的知识、技能上升到理论高度，从而不断提升自身的素质。

2. 学习是建立在情感基础之上的活动

学习这种认知活动需要动力启动，兴趣、热情、责任、成就感，这些情感因素，都是学习的动力；且学习这种认知活动要能持久进行，就需要维持力量、推动力量、调控力量，而学习中的愉快、兴奋，学习中的自我规划、自我调控，都是不可缺少的。学习这种认知活动必然导致一定的结果，这些结果又将影响新的学习活动。对学习促进作用的是正面情绪，而对学习起阻挠作用的是负面情绪。“乐”对学习起促进作用，是正面情绪。因此，为了促进学生个性心理的和谐全面发展，学校开设了“快乐小屋”，让学生把自己学习中的烦恼、同学之间交往中存在的问题以及家庭中的烦恼等通过心理倾诉或是信件，求得帮助，解除烦恼。学校一直为学生创设学习“乐”的形式，解除心中烦恼，激发乐于学习的动机，培养乐于学习的热情，导致学习“乐”的结果。

3. 学习是多元时空整合、适应未来的活动

当今社会，以计算机特别是互联网为依托的“信息时空”，跃出了传统学习时空的框架，在不断开放和膨胀中赫然而立，构成新的最主要的学习平台。在新的学习时空里，学习越来越趋向终身化和即时化，变成无时不有的行为。学习空间无处不在，学校、家庭、书店、展览馆，甚至餐馆、菜场，都是正当的学习场所。而现在的学习不仅仅是为未来的生活做准备，而且是为未来的学习做准备。未来的生活是不确定的，正如罗杰斯所说，只有变化是不变的，其余一切都在变。信息社会，信息的产生、交流和淘汰时刻都在变化，人类无时无刻都离不开学习。因此，游府西街小学奉行“为学生六年着想，对学生一生负责”，正是体现这一精神，在教育教学实践中，关注学生潜能的发掘与发挥，把这种潜在的可能性变成现实性，促进学生尽可能好地成长，形成可持续发展的学习能力，适应未来生活。

4. 学习是人格平等、人际和谐、角色规范三要素的有机结合

学习是一种交流活动，反映着学生在学习中的位置，反映着学习过程中各种有关人员的关系，反映着各种交际的角色规范。按照科学伦理的观点，每个人在人格上是平等的。校长与教师、教师与教师、教师与学生、学生与学生，都是如此。无论是优生还是“后进生”，人格是一样平等的。只有承认“人格平等”，才能有实质上的人际关系和谐。学校所有人员都处于一个和谐的氛围中，相互尊重，相互帮助，相互学习，相互激励，相互支持，相互谅解，相互沟通。在“三园”中的每一个人扮演着各自的角色，遵守着各自的角色规范，承担各自的角色责任，开展各自的角色活动。在各种角色的互动中实现着人与人之间关系的和谐。

围绕“三园”办学理念，结合中外学者关于学习概念的论述，游府西街小学认为，学习是学生在特定的生活环境或学习环境中，通过教师或其他客体信息环境的引导，有计划有目的地自主获取知识与经验，在不断的实践中使自身原有的认识、思想、行为得到更新与提升的过程，以适应未来社会的一种可持续发展的活动。作为学生而言，他们是学习的主体，而作为教师而言，应充分创设多种学生自主学习形式，拓展学生学习的时空，使学生学得愉快，学有成效，让其在原有的知识经验基础上有质的飞跃。

①学习需要教师创设自主学习形式

A. 在游戏中学。低年级的学生喜欢游戏，学校认为，教戏更能促使学生自主活动、自主选择、自我发展。因此，教师在教学中用念儿歌的方式学拼音，用猜谜语的方式学生字，用角色表演方式学习课文，用拼七巧板游戏的方式练习语段。用“开商店”“开火车”和“动物音乐会”等游戏形式，来有效地组织学生自主性的学习。

B. 在操作中学。在操作中学生自主学习，对具体形象的实物材料、文字材料通过多种感官活动获得感性经验，如“学具操作”(长方体体积的求法)，如做简易实验(乌鸦喝水、拱形桥的承受力大)等，科学课强调分组实验，人人动手。学生“操作”还表现为模仿社会实践，在模仿社会实践中，学生们要像交警一样管制交通，要像消防员一样对消防知识了如指掌。这种模仿社会实践的学习对学生来说是一种具有创新价值的学习活动。

C. 在交流中学。这是学生自主学习的主要活动方式。如学生分小组汇报预习情况，讨论难题，交流观摩作品，交流看法，交流思想情感体验，交流评价内容。

D. 在发现中学。学校教师改变过去那种先向学生宣布“结论”，然后讲解教学过程的方法，而是采用给学生材料(文字材料或实物材料)让学生自己经过思索、探究发现规律，得出结论掌握新知，引导学生发现，尤其应鼓励学生求异。要求学生在求“变”求“新”中学习知识，获得思维发展。

E. 在转换角色中学。在教学中，让学生转换角色，尝试“备课”“讲课”，主持同学讨论、出试卷等，试着让学生当小老师，讲解学习内容，最后互相给对方布置作业、评议作业，学生很有成功感、愉悦感，很乐意主动学习。

②学习需要学生拓展空间

空间的拓展有利于课内与课外联系，书本知识与生活实际的交融，促进学生体验知识的价值，激发创新的欲望，产生小主人的使命感与自豪感。在操作中学校努力做到：

第一，给学生自己的空间。包括三个方面：一是独立人格的空间，每个学生应在班集体之中有人格独立性的一席之地。二是独立思维的空间，参与的实质是思维的参与，学习活动的本质也是思维的活动和发展，学生成为学习的主人，其前提是让学生会独立思维。三是独立活动的空间，学生的参与和学习离不开活动，每位学生都应有参与活动的机会，都应在活动中有一小块属于他的天地。

第二，给学生选择的机会。每个人都应该有自己选择的权利，表达并实现自己选择的愿望，并进而对自己选择的结果负责，这是每个人应有的主体地位和主体价值的重要体现。选择是多方面的：有活动内容的选择；有活动方式的选择；有活动过程的选择；有难易程度的选择……学校教师不仅为学生提供选择的机会，还重视加以指导，使他们成为自我完善、自我发展的主人。

第三，给学生展现的机会。如语文学科有办报、征文、佳作欣赏、演讲比赛、课本剧、辩论会、观察日记、徽标设计等；数学学科有自制学具、智力竞赛、数学日记；科学学科有采集标本、科技小实验、利用废旧物品自制小教具；美术、音乐、体育等学科，则开展各自的表演和竞赛等。既展现学生的个性，包括个人能力，又展现学业成果，学生在展现的过程中认识自我、评价自我，而这又进一步促进学生不断学习、不断发展。

第二节　什么是有效学习

我们正处在教育变革的时代，如何处理好教师“教”和学生“学”的关系，促进教师有效地“教”和学生有效地“学”，是教育改革的重要主题。1996 年美国学者布鲁纳（J. Bruner）指出：教育争论应聚焦在真实的课堂教学活动中，教师怎样教和学生怎样学。在反思传统课堂教学中的有效性缺失的前提下，《国家基础教育课程改革纲要》中也指出，“改变课程实施过于强调接受学习、死记硬背、机械训练的现状，倡导学生主动参与、乐于探究、勤于动手，培养学生收集和处理信息的能力、获取知识的能力、分析和解决问题的能力以及交流与合作的能力”①。应该说，现在人们越来越清醒地意识到，提高教学质量的前提和关键是如何有效地改进教师的教和促进学生的学，以提高学生学习的有效性。要提高学生学习的有效性，必须改变传统的被动接受、死记硬背、机械训练的学习方式，实施自主参与、主动探索、勤于动脑、实践创新的学习方式，使学习真正成为学生自主主动的行为，师生成为一个真正的学习共同体。

一、有效学习的概念

综观对有效学习的研究，我们不难发现，人们对“什么样的学习是有效的”的理解存在着两类不同的观点——“知识传递型”学习观和“知识建构型”学习观。传统的“知识传递型”学习观认为，知识是客观存在的，学习无非是学生从有经验的老师那里接受知识，然后通过参加考试来反映对知识的掌握程度，相应的，学习的有效性取决于教师的教授能力和学生的个人学习能力。而“知识建构型”学习观认为，知识是由学习者在一定的情境下通过自身的体验、建构而获得的，相应地，“学习应当是一个由学习者主动探索和发现的过程，由学习者本人来控制”②。“学习者本人控制”的学习并不是排斥教师指导的完全意义上的自学，而是学生在学习情境中与他人的交互中获得学习动力、培养情境多元思维、发展自主学习能力的学习。

我们这里所谈及的“有效学习”并不是一个严格的学术术语，它是相对于低效学习和无效学习而言的。在正式学习环境(如课堂教学)下，它是指学生在教师的指导下，应用恰当的学习策略对学习内容进行主动加工，在一定时间内完成学习任务、达成学习目标、获得自身发展的过程。而在非正式学习环境(比如远程学习、在线学习)中，未必有教师的直接指导，完成任务的形式也不一定是对学习内容的直接加工；另外，一次具体的任务也未必能让学习者获得明显的自身发展。因此，我们可以将有效学习活动定义为“学习者在预期的时间内完成学习任务、达到学习目标的过程”。

具体而言，有效学习应该是帮助学生花更少的时间，收获更多的知识，让学生“学一知十”；有效学习应该是让学习变得更有趣，它不应该让学生觉得枯燥乏味，而应该“寓教于乐”；有效学习应该是非常有效地布置作业，它不应该是让学生陷入题海，而应该是做尽可能少的题就能掌握尽可能丰富和牢靠的知识，它应该是“有的放矢”“各个击破”。简单地说，有效学习就是学生在一种愉悦的体验中，用最短的时间最为有效地掌握更多的知识。

---

① 教育部基础教育司编．走进新课程．北京：北京师范大学出版社：2002.

② 王松涛．网络教育时代的学习观与知识论．中国远程教育．2009(6)：19～25.

二、有效学习四要素

1. 学习动机的有效激发

积极创设教学情境，激发学生强烈的学习动机，是实现有效学习的前提。

2. 学习内容的适应性

学习内容的安排能够有效解决学生个体之间的差异，较好地满足不同水平，不同个性特点的学生的要求，是实现有效学习的条件。

3. 学习的质量

学生对所呈现的教学信息感兴趣，觉得有意义，容易记住并会应用，如果学习的质量更高，学生应能对所学习的内容深入思考，质疑或提出新观点，是实现有效学习的保障。

4. 学习的时间

如果学习的诱因效果显著、学习内容的适应性良好、学习的内在质量高，那么学生学习持续的时间就越长，学到的东西就越多，是实现有效学习的表现。

学生的学习过程具备了以上四个要素，我们就可以认为学生实现了有效学习。

知识与能力的获得是有效学习的基本目标。基础知识和基本能力是学生进一步学习的基础，是解决问题、产生智慧的基本条件。有效学习在学习效果上首先应该表现为学生学到了新的知识和技能，能够理解和运用知识，熟练地掌握学习技能；通过学习锻炼和提高学习能力，为后继学习提供了能力保证。

情意与态度的培养是有效学习的应有之意。学生是“整体的人”，知、情、意是人的真实生活过程中的不同方面。学习不仅是学习知识、掌握知识的过程，更是积极的情感态度和坚强意志的形成过程。情意与态度方面的目标达成具体表现在：第一，学生在学习过程中积累了积极的学习情感和态度体验，产生了主动学习的要求，不厌学，不畏学，学习动机得到激发和维持。第二，学生的意志力得到了锻炼，在面临学习困难时能够积极利用可用的资源，寻求解决的办法，不气馁、不逃避。第三，逐步形成了良好的学习习惯，如预习习惯、专心听讲的习惯、独立思考的习惯和作业习惯等。

切合最近发展区是有效学习的个性化目标。有效学习的最终目标是学生能够得到恰如其分的发展，也即学生的发展切合个人最近发展区的要求。它所希望的不只是学生取得进步和获得发展，而是得到最大可能的发展，不论是先进的还是落后的学生要达到促进学生知情意全面发展的最终目标，教师起着关键的作用。教师要实现教学价值观的转型，切实关注学生作为“整体的人”的发展。在教学中，教师要以整体的发展观也即从知识与技能、过程与方法、情感态度价值观三维目标的实现来衡量学生的学习效果，不能唯成绩论。在评价手段上，既要有统一的标准又要根据具有不同学习准备状态的学生设计不同的标尺，目的是促进每位学生在原有的基础上都有力所能及的进步。教师还要善于利用学习效果的信息，把学生的学习效果变成调整、鞭策自身教学和促进学生学习的动力。

教学的本体功能是促进学生的发展，有效学习是实现这一功能的必要条件，教师则是促进学生有效学习的核心要素。因此，树立“以学定教”的观念，形成以有效学习理念反观自己教学行为的习惯，是对每一位教师的基本要求。

三、有效学习的条件

“未来唯一持久的优势，是有能力比你的竞争对手学习得更快更好。”从这个意义上来说，社会发展需要的是“会有效学习”的人才。

学习活动是否有效？是否成功？

根据认知心理学理论，有效学习的发生需要内部条件和外部条件的相互作用，两者缺一不可，其中外部条件通过内部条件发挥作用。有效学习发生的内部条件主要涉及两个方面：一是学生对学习内容有主动加工的心理倾向和实践活动；二是学生具备现行学习所需要的知识准备和经验基础。其中，学生的主动认知加工是有效学习发生的关键条件，学生已有的知识准备和经验基础是有效学习发生的前提条件。学习的外部条件，其含义广泛，大至社会、学校、家庭，小至班级、课堂和同伴。家庭的教养方式、学校和班级的管理方式、同伴之间的相互交往特点都是影响学生有效学习的外部条件。但就学校教育而言，与学生学习活动关系最密切的是教师的“教”，教师的职业道德、人格特征、知识能力水平、对教学方法的选择和运用、对教学内容的组织和呈现等，都是影响学生有效学习发生的重要的外部条件。①

微软公司的一位资深研究员 Randy Hinrichs 曾经指出任何教育活动成功的五个指标：动机(motivation)、完成任务所花费的时间(time on task)、协作(collaboration)、分析性(批判性)思维(critical thinking)、反馈(feedback)。在这五点中，“分析性思维”是有效学

① 鲍银霞．有效学习发生的条件及其对教师教学的要求．教育导刊，2005(9)．

习活动的一个重要条件，它描述的是学习者的内部心理活动特征，是不容易被外部观察到的，属于学习者的内隐行为。“反馈”是有效学习活动的一个条件，是外部(特别是指导者、辅导者和支持服务者)对学习者外部行为的反应，是一种外部支持行为。

那么有效学习发生的动力、起点及外显行为又是什么呢？

学习动力是个体的一种自觉的驱动力，主要强调的是个体在学习活动中发生的诸如学习需求、学习情感等非情感、非智力的因素。[①] 而学习兴趣指一个人对学习的一种积极的认识倾向和情绪状态。学习兴趣大体上可以分为直接学习兴趣与间接学习兴趣两种，前者是由所学材料或学习活动——学习过程本身直接引起的；后者是由活动的结果引起的。可见，学习者的学习动力主要来源于学习兴趣。

学习起点是指学习者在从事新的学习活动时，原有的知识水平、心理发展水平对新的学习的适应度。[②] 很显然，“知识水平”与“心理发展水平”对于成年人学习新知识来说其界限越来越模糊。通常，成年人的认知能力通过一定的学习可以“适应”或“弥合”某一领域知识的差异。当遇到真实问题时，学习者意识到学习的社会意义或与自己的关系时，其学习兴趣就随之产生。真实问题是指与学习者的工作和学习密切关联的问题，包括四种类型：能帮助学习者解决其现实问题；帮助了解或(进一步)摆脱(哪怕是“逃离”)其工作或生活困境；提升“做事”的能力；学习者个体的特殊兴趣领域。

所谓外显行为，就是能够直接观察到的行为，如打球、写字、弹琴等各种外部活动；所谓内隐行为，就是不借助于仪器或实验的帮助就不易观察的行为，如思维、各种腺体和不随意肌肉的活动等。[③] 学习活动的体验应该是一种外显行为，而不是内隐行为。首先，学习者的学习“活动”，如读材料、听讲座、看视频、做作业、协同完成一项任务等是能被观察到的，具有这种能被观察到的“活动”是“学习发生”的必要条件。学习者对于学习含义的理解存在较大差异，传统观点的学习是预习、复习、听讲、解题等，是以“记忆”为主要特征，而参与其他相关活动并不一定被认为“自己在学习”。其次，“学习活动的体验”是指学习者认同这种学习活动的存在。在参与“非传统”学习活动时，若学习者能认同“自己是真的在学习”，一定程度上可以增加学习者的成就感、减少焦虑感。特别是在完成指定的学习活动(任务)时，可以减少认知负荷。

归纳起来，有效学习活动的五个条件为：以真实问题为起点；以学习兴趣、意愿为动力；以学习活动的体验为外显行为；以分析性思考为内隐行为；以指导、反馈为外部支持

① 施良方．学习论．北京：人民教育出版社，1994.

② [美]约翰·D. 布兰斯福特，安·L. 布朗，罗德尼·R. 科金．人是如何学习的——大脑、心理、经验及学校．程可拉，孙亚玲，王旭卿译．上海：华东师范大学出版社，2002.

③ 车文博．心理咨询大百科全书．杭州：科学技术出版社，2001.

（如图 1-1 所示）。

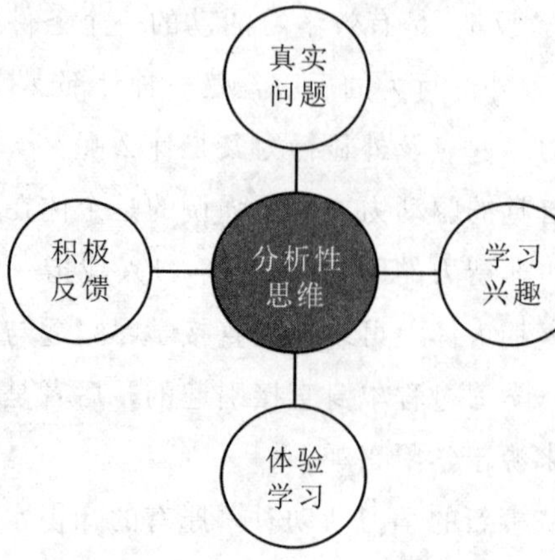

图 1-1　有效学习活动的五个条件

第三节　信息化环境与有效学习

信息化是当今世界经济和社会发展的大趋势，以多媒体和网络技术为核心的信息技术已成为拓展人类能力的创造性工具。信息技术的发展，使人们的学习和交流突破了传统时空的界限，改变了传统的学习生活，让人们有了更为广阔的发展空间。

信息时代的学习与以多媒体和网络技术为核心的信息技术的发展密切相关。信息技术应用到教育教学过程后，引起了学习环境、学习资源、学习方式都向信息化方向发展，形成信息化的学习环境、信息化的学习资源和信息化的学习方式。因此，我们可以将信息化学习简单概括为：学习者在信息化的学习环境中，利用信息化学习资源，以信息化方式进行学习的过程。

“有效”最为显著特点是：最短时间获取最大效能。学习要有效，就要最短时间让学生在知识、技能、情感、态度、价值观等会方面获得最大效能。信息化学习具有信息量大、快捷、交互、多主体等特点，能够突破学生学习的瓶颈，让学生的学习更为有效。

一、信息化环境的形成与发展

2006 年 11 月 30 日至 12 月 4 日，第十四届国际计算机教育应用大会（The 14th International Conference on Computers in Education（ICCE 2006））在北京隆重举行，此次会议的主题是“跨文化理解：有效利用技术促进学习”。从 ICCE 2006 的论文和论坛讨论的主题来看，世界各国的研究者均围绕如何有效利用技术来促进学习这一核心问题展开研究，技术的应用研究已经从关注形式阶段发展到关注质量阶段，网络学习、协作学习、计算机可视化教学在教育教学中的应用日益广泛，移动学习、智能教育和教育游戏，作为新兴技术应用和新的教育形式，开始从研究走向实践。

1. 何为信息技术

自从人类社会的发端开始，技术就与每个人息息相关，一刻也没有离开过！何为技术呢？它是泛指根据生产实践经验和自然科学原理而发展成的各种工艺操作方法与技能。它是知识进化的主体，由社会形塑或形塑社会。如电脑等新技术的增生使人们相信技术是社会进化的决定性力量，换句话说，它是趋动改变的自发性动力。

信息技术(Information Technology，IT)，是主要用于管理和处理信息所采用的各种技术的总称。它主要是应用计算机科学和通信技术来设计、开发、安装和实施信息系统及应用软件。它也常被称为信息和通信技术(Information and Communications Technology，ICT)。主要包括传感技术、计算机技术和通信技术。

人们对信息技术的定义，因其使用的目的、范围、层次不同而有不同的表述：

①信息技术就是“获取、存储、传递、处理分析以及使信息标准化的技术”。

②信息技术包含“通信、计算机与计算机语言、计算机游戏、电子技术、光纤技术等”。

③现代信息技术“以计算机技术、微电子技术和通信技术为特征”。

④信息技术是指在计算机和通信技术支持下用以获取、加工、存储、变换、显示和传输文字、数值、图像以及声音信息，包括提供设备和提供信息服务两大方面的方法与设备的总称。

⑤信息技术是人类在生产斗争和科学实验中认识自然和改造自然过程中所积累起来的获取信息，传递信息，存储信息，处理信息以及使信息标准化的经验、知识、技能和体现这些经验、知识、技能的劳动资料有目的的结合过程。

⑥信息技术是管理、开发和利用信息资源的有关方法、手段与操作程序的总称。

⑦信息技术是指能够扩展人类信息器官功能的一类技术的总称。

⑧信息技术指“应用在信息加工和处理中的科学，技术与工程的训练方法和管理技巧；上述方法和技巧的应用；计算机及其与人、机的相互作用，与人相应的社会、经济和文化等诸种事物”。

⑨信息技术包括信息传递过程中的各个方面，即信息的产生、收集、交换、存储、传输、显示、识别、提取、控制、加工和利用等技术。

在教育领域，信息技术可以界定为在计算机和通信技术支持下，学习者学习和掌握技术操作方法，并积极运用技术更为有效学习的工具。

该定义的理解中值得注意的几个问题：

①信息技术需要硬件和软件的支持，离开两者无从谈起。

②信息技术使用者需要先学习相关的理论与实践方法，提升信息素养。

③信息技术是有效学习的工具，服务于有效学习，同时也一定会在某些方面制约着学习。

2. 信息技术对有效学习具有促进作用

现代信息技术在学习领域中的应用，是教育信息化的一个重要标志。以网络化、数字化、多媒化和智能化为代表的信息技术的发展正对教育的价值、目标、内容及教与学的方式等发生重大影响。多媒体技术应用于学习的集成性、交互性、信息组织的大容量和非线性等特点，能够对学习活动产生有效的支持，灵活多样的多媒体技术使学习效果实现最优化成为可能。现代信息技术与小学教学的整合是以信息技术为先导，以系统论和教育技术理论为指导，根据小学教学规律，更好地进行课程资源的开发和学习方式变革的研究，合理地进行小学学科的教学改革。其宗旨是通过在小学教学中有效地学习和运用信息技术，促进教学内容呈现方式、学生学习方式、教师教学方式和师生互动方式四个方面的变革，为学生的多样化学习创造环境，使信息技术真正成为学生认知、探究和解决问题的工具，培养学生的信息素养及利用信息技术自主探究，解决问题的能力，提高学生学习的层次和效率，最终促使学习更为有效。

刺激——多媒体提供外部刺激的多样性有利于知识的获取与保持，教学信息超文本的组织与管理模式，可以把包含不同媒体信息的各种教学内容组成一个有机的整体，把包含不同教学要求的各种教学资料组成一个有机的整体，对促进有效学习的发生具有积极影响。

开放环境——信息技术可以把课堂和社区、校内和校外联系在一起，架构立体、多元、开放、互动的真实环境，让学生徜徉其间，产生真实体验。

认知工具——许多技术可以作为支架和工具，帮助学生解决问题。

学习资源——技术能够帮助人们把那些难以理解的概念可视化，帮助我们创建一个完全不同于传统的学校课堂的富有活力的教学环境，在那里学生不仅可以解决问题，还可以发现他们自己的问题。

可视化情境——新技术为我们打通了通向巨大的信息源的通道，包括数字图书馆、可分析的真实世界数据以及链接其他能够提供信息、反馈和灵感的人。所有这些都能加强教师、管理人员还有学生的学习。

互动反馈——互动的新技术为学生创造一种能够在做中学，能够及时得到反馈以及不断地提炼自己的理解、建立新知识的环境。

运用现代信息技术实现学生有效学习，其宗旨是通过在各学科教学中有效地学习和使用信息技术，促进教学内容的呈现方式、学生的学习方式、教师的教学方式和师生互动方式的变革，为学生的多样化学习创造条件，使信息技术真正成为学生认知的工具、探究和解决问题的工具，也就是学生学习的工具，培养学生的信息素养及利用信息技术进行自主学习的能力和探索问题的能力，提高学生学习的层次和效率，从而真正实现有效学习。

3. 信息技术促进有效学习应用的框架

历史上，关于信息技术的支持学习主要存在 learn from IT（从信息技术中学习）和 learn with IT（用信息技术学习）两种不同的信息技术应用观。根据有效学习的特点，信息技术的应用应当定位于 learn with IT（用信息技术学习），也就是把信息技术作为学习的工具。

学习工具是指有益于学习者查找、获取和处理信息、交流协作、建构知识，以具体的方法组织并表述理解和评价学习效果的中介。中国教育技术标准的五大基本要求中有三大要求与“作为学习工具”相关，即运用技术改进学习方法、提高学习效率，运用技术与他人进行合作与交流，运用技术创造性地解决实际问题。乔纳森(Jonassen)等人认为，信息技术作为学习工具主要表现为六大工具作用：效能工具、信息获取工具、认知工具、情境创设工具、交流工具和评价工具，如表 1-2 所示。

表 1-2 学习工具的角色和功能

角色	功能和软件
效能工具	重在帮助人们提高工作效率，包括文字处理软件、作图工具、数据处理工具、桌面出版系统、计算机辅助设计软件等

续表

角色	功能和软件
信息获取工具	重在从网络化信息资源获取所需信息，指各种搜索引擎、搜索工具和搜索策略、方法等
认知工具	帮助学习者发展批判性思维、创造性思维和综合思维能力的软件系统，包括数据库、电子报表、语义网络工具、专家系统、计算机化通信等
情境创设工具	包括各种丰富的、情境化的问题空间，如基于案例的学习、基于问题 /项目的学习、微世界等教 /学活动方式
交流工具	各种同步（如视频会议、网络聊天）通信和异步(如 E-mail，listserv，BBS)通信技术
评价工具	EPSS、电子学档（ELP)等

根据有效学习、建构主义技术应用观和信息技术作为学习工具的内涵，我们可以构建一个运用信息技术支持有效学习的应用框架，如图 1-2 所示。

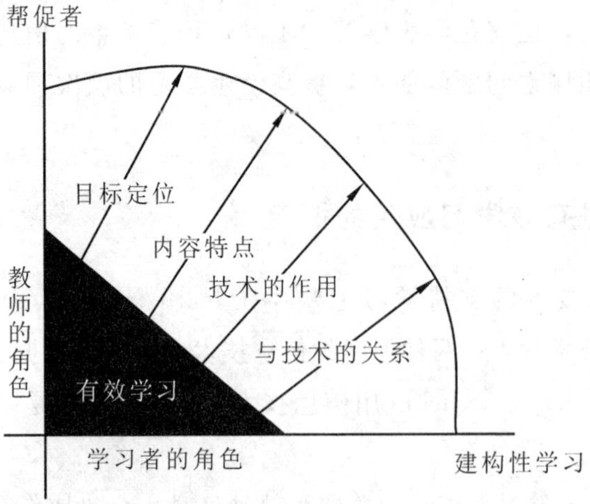

图 1-2 信息技术支持有效学习

该应用框架说明，运用信息技术支持的有效学习必须把握如下方面：

①以有效学习为出发点和归宿，充分理解有效学习的内涵；

②目标是促进学习者发展高阶能力，特别是高阶思维能力；

③创建真实的或逼真的学习情境，重视情境化学习；

④充分发挥信息技术作为学习工具，特别是认知工具的作用；

⑤学习者与信息技术之间的关系是智能伙伴关系，是学习者控制信息技术，而不是信息技术控制学习者，这就需要创设有利于激发学习者主体性的教学活动，如乔纳森等人提出的用信息技术支持探究性学习、视觉化学习、建构现实的学习、学习共同体、反思性学习、“做中学”的建构主义学习环境等，或者是问题式、主题式、探究式、项目式、

Webquest 等；

⑥在运用信息技术支持有意义的学习的环境中，教师和学习者的角色必须超越传统的角色定位，教师是帮促者，学习者的学习是建构性学习。

根据上述运用信息技术支持有效学习的应用框架，我们可以进一步展开相应的论述。

（一）目标定位：促进学习者高阶思维的发展

运用信息技术支持有效学习的目标追求是促进学习者高阶思维的发展。所谓高阶思维(Higher Order Thinking Skills)，是发生在较高认知水平层次上的心智活动或较高层次的认知能力，包括问题求解、决策、批判性思维和创造性思维。能否促进学习者高阶思维能力的培养，是衡量一种学习模式价值的主要标准。作为一种理想的学习方式，有意义的学习应当能积极反映时代对人才素质的核心要求，创设条件促进学习者运用高阶能力，特别是高阶思维能力进行高阶学习，获取高阶知识。同样，信息技术的运用应当能创设多种有效的信息化教学模式，如基于主题（问题、资源、项目、探究、协作、电子学档等）促进学习者投入主动的、建构的、意图的、真实的和合作的学习活动，开展有效学习。

（二）内容特点：真实的学习情境

运用信息技术促进有效学习必须运用情境化学习理念处理学习内容，使所要学习的知识和技能镶嵌到逼真的情境中，以培养学习者运用知识解决问题，并在解决问题的过程中学习新知识的能力。现在我们较为熟悉的 Jasper Series（贾斯珀系列）就是创设真实情境的典例，也是抛锚式教学模式的范例。抛锚式教学的主要目的是使学生在一个完整的、真实的问题情境中产生学习的需要，并通过镶嵌式教学以及学习共同体成员间的互动、交流（合作学习），凭借自己的主动学习、生成学习，亲身体验识别、提出和达到目标的全过程。

所谓真实的学习情境，是指任务中的知识和技能学习蕴涵于现实生活中应用的方式。真实的学习情境有助于学习者沉浸在真实世界的情境中，理解为什么要学习相关的技能，并且知道什么时候应用这些技能，从而超越惰性知识(inert knowledge)，掌握有用的知识；有助于帮助学习者发展更深刻、更丰富且有索引功能的知识结构，从而使学习者能更自然地将知识应用到新的情境中去，提高学习的迁移能力；有助于学习者注意到问题情境中一些关键性的特征，体会到感知的变化，从新的视野看问题，以培养学生提出和解决复杂问题的技能，提高提出问题与解决问题的能力；有助于为学习者提供自主解决情境化问题的机会，激发学习动机，促进独立思考和自主学习。实践表明，运用信息技术有益于创设真实的学习情境，但应当注意所创设的情境应当能最大限度地反映知识和技能在实际中运用的方式，促使学习者日常认知的发展；学习内容具有丰富性、多样性、整体性的特点，能保持现实的复杂度，使得学习者具有跨情境的迁移力；学习内容具有多样性和迁移性的特点，能提供大量资源，使学习者能够学习并掌握不同方法，体验不同专家的思维方式，使获得的知识和技能既有特定性又有概括性。

（三）着力强调：信息技术作为认知工具

信息技术要充分有效地促进学习者的有效学习，必须有力地发挥信息技术作为认知工具的作用。乔纳森认为，所谓认知工具（cognitive tools）是帮助学习者进行认知处理的计算机技术支持，即指各种帮助学习者表征已有知识结构、组织新知识、用于解决问题的工具，发展批判性思维、创造性思维和综合思维能力的软件系统，如数据库、电子报表、语义网络、专家系统、多媒体建构工具、微世界、动态建模工具、视图化工具和计算机会议系统等。

信息技术作为认知工具对促进学习者高阶思维能力的发展意义是多方面的：①利于学习者认知技能的培养、发展和习得（即认知留存，Cognitive Residue），在使用计算机软件帮助进行写作、绘图、计算、编程、设计的过程中促使学习者能力得到拓展；②有助于学习者反思所知结果和求知过程，建构知识；③有效支持协作学习，可作为组织观点和过程的有效设计和分析工具；④可表征观念的深层复杂性，拓宽看问题的视角；⑤有利于学习者理解和思考现实世界，发展创新和实践能力。

认知工具之所以能有效促进学习者高阶思维能力的发展，因为学习者在使用信息技术作为认知工具时角色和学习性质发生了系列变化：①学习者是设计者，在学习过程中需要分析现象、获取信息、解释和组织个人知识，并清晰地陈述、表现和反思自己的知识，从而达到深刻理解学习对象的目的；②使用认知工具需要学习者投入高阶思维，如评价信息、分析信息、贯通观点、产生新知识和运用复杂思维解决问题或表征知识；③学习的成本效益比较理想。认知工具能恰当地分配认知处理，帮助学习者超越心智的局限，如记忆、思维或问题求解等；④学习者用可视化的方式来思考世界，如语义网络能表征复杂观点的关系，促进学习者对所学内容达到更丰富的理解等。

目前，学习者运用认知工具进行学习活动的主要形式有：建构数据库、建构语义网络、使用视觉化工具、探索微世界、建构专家系统、用动态建模工具表征思维模型等，运用信息技术促进学习者开展有意义的学习可以在此基础上探索更多的有效方式。

（四）智能伙伴：学习者与信息技术的生态关系

学习者与信息技术之间究竟是一种怎样的关系？长期以来，我们一直在“技术决定论的狂热”和“后现代主义的技术恐惧”的胡同中彷徨和徘徊。乔纳森认为，教育不是为了更有效地传递信息，也不是为了控制学习者的思想和行为，而是允许或促进学习者对其所知、所信进行反思和表达，并且运用信息技术来支持学习者相应的行为活动。因为谁能运用技术创造现实，谁就是技术的真正控制者。因而学习者与信息技术的关系，不是信息技术控制学习者（技术决定论），也不是学习者恐惧信息技术（后现代主义），而是学习者控制信息技术，与信息技术形成一种智能伙伴关系，即让学习者和信息技术做各自最拿手的事。这种关系是生态化的人机关系，它使学习者与技术分布式的承担认知责任，形成学习者与信息技术最优化的智能整合。

信息技术作为学习者的智能伙伴主要起如下作用：①承担学习者认知负荷的转移，如记忆、检索、字处理、数据统计等；②充当学习者和与他人互动来完成各种认知活动任务的社会文化工具或交流中介；③作为外部记忆库/丰富的资源；④作为智能工具包，交流、思考和表征观点的工具。

信息技术作为学习者的智能伙伴，革新了学习者作为接受者的角色，使学习者成为生产者、创造者和发送者。乔纳森认为，有效的智能伙伴技术包括：①语义组织工具(数据库、语义网络)：组织学习者的所学和所知；②动态建模工具(专家系统、电子报表和系统建模工具)：构建模拟和表征心智模式；③微世界：对某种现象进行探索和实验；④同步/异步交流环境：支持意义的社会性建构；⑤知识建构环境(超媒体、多媒体、网络出版)；⑥信息解释工具(视图化工具、搜索引擎)：更好地理解信息；⑦视觉工具：视觉化地表现学习者所生成观点的视觉工具。

(五)角色转型：教师和学习者角色的重新定位

运用信息技术促进有效学习要求教师和学习者转变传统的角色。

教师的角色必须从传统的知识传授者转变为如下角色。①帮促者：为学习创设和提供丰富的环境、经验和活动；为学习者的协作学习、问题求解活动、真实的任务学习、知识共享和责任共担等方面组合各种机会。在教学过程中，教师参与、协商、激励、监控进展而非控制。②指导者：帮助学习者完成知识建构；调整信息水平，帮助学习者将新信息与先前知识联系起来，改进学习者的学习策略等。③发展中的专家：在终身学习社会中，教师要不断学习新知识、新技能，以实现自身专业的不断完善。④研究者：做研究型教师，提高专业化水平，实现自我价值。⑤课程开发者：运用技术开发课堂教学目标、内容、结构、资源和作业；改变传统课程中的部分内容和方法，或开发新课程，如校本课程。⑥合作学习者和研究者：不断学习、终身学习；善于与其他教师协作，敢于探究自身专业之外的领域，拓展专业水平；和学习者共同参与研究活动，探索新知，并且成为知识建构共同体中的知识生产者(钟志贤，2006)。

学习者的角色必须从原来被动的知识接受者转变为如下角色。①学习的管理者：能有效地计划、监控、调节和反思自己的学习进程与结果；有效地管理自己学习的时间、环境、情绪，努力度和外援；有高度的学习主人翁感。②探究者：通过与自然界、技术和他人的互动，探究概念相互之间的联系及运用相关的技能等为学习者的决策能力培养提供机会。③认知学徒：在导师指导下学习相关观点和技能，模拟专业人员的角色，从事真实的研究进而提高自身思维的提炼。④知识的生产者：通过综合或整合，学习者为自己或学习共同体生成知识产品，提高生产知识的能力，对共同体乃至世界的知识资源库做出重要贡献。

同时，运用信息技术促进有意义的学习要求教师和学习者重塑师生关系。师生关系不再是传统的权威依存关系，而是双主体关系或者互动对话关系。在双主体关系中，教师是主导的主体，学生是主动的主体，师生通过一定的中介与客体产生互动作用；而互动对话关系中，教师激励学习者积极参与、自主发展和互动对话。在这种给养下，学习者与教师间是平等合作关系，学习者自己承担更多的学习乐趣。

4. 信息技术带来了教育信息化

信息技术具有技术的一般特征——技术性，也有区别于其他技术的特征——信息性。具体表现为：信息技术的服务主体是信息，核心功能是提高信息处理与利用的效率、效益。信息的秉性决定信息技术还具有普遍性、客观性、相对性、动态性、共享性、可变换性等特性。

信息性的特征打开了信息技术发展的新局面，让信息技术真正融入每个人的骨血，与生活、学习息息相关。信息技术在教育领域的迅猛发展，让教育走向了信息化的征程。

“信息化”一词最早是与“信息产业”“信息化社会”联系在一起的，其提出源于日本。1963年，梅棹忠夫在《信息产业论》一书中首先向世人描述了“信息革命”“信息化社会”的诱人前景。此后，“信息化”一词在全世界得到了广泛使用。人们从技术、知识、生产、经济、社会、国家等多角度对“信息化”的定义与内涵进行了阐释。

教育信息化，是教育领域的信息化的简称。关于教育信息化这一概念，有的学者认为其本质是要创设“一种充满信息，而且方便教育者和学习者获取信息的环境”。也有人说：教育信息化的主要特点是在教学过程中，比较全面地运用以计算机和网络通信为基础的现代化信息技术，促进教学过程的全面革新，使学校能够适应信息化对教育的新要求。教育信息化应包括如下九个方面的内容：

①教育思想的“信息化”。要从工业化社会的班级批量化、“一刀切”教育思想转向信息化社会的个性化、人本化教育思想。

②教育资源的“信息化”。要创建分布式的、超链接的、非线性的、多媒体化的、开放的、智能生成式的多种教育信息资源库，使学校教室、办公室、实验室、图书室、阅览室电子化、网络化；要建立教育资源信息系统，使人、财、物、时间、空间等各种资源要素的调控与管理最优化。

③课程教材的“信息化”。要适应信息社会发展的需要，不断深化课程教材改革；开设

信息技术课程，加强信息技术教育；努力提高各科教材的技术含量，注意培养学习者的信息能力。

④教学模式的“信息化”。要注重建构主义、人本主义、行为主义、认知主义理论的综合运用，构建适应信息时代要求的新型教学模式，要将信息的获取、处理、应用、创新等环节的组配作为教学模式构建的基础。

⑤教学技术的“信息化”。以现代信息技术为教育技术的核心，提高各种软件、硬件、潜件中的技术含量与信息质量。

⑥教育环境的“信息化”。创设丰富、多样、美好的教育信息环境，使师生在任何时间任何地点都能获得充满生机和活力的校园环境的熏陶。

⑦教学评估的“信息化”。注重计算机与网络在评估信息的采集、传输、处理和结果分析中的应用，使评估经常化、自动化、智能化。特别要注重信息导航与实时评估，使教学过程能自动朝教学目标演进。

⑧教育管理的“信息化”。以绩效为价值取向改革教育管理模式；注重现代信息技术在教学常规管理、人事管理、工资管理、档案管理、设备管理中的应用。

⑨教师素质的“信息化”。要注重培养教师的信息素质，提高其运用信息技术进行教育教学的能力。

5. 信息化环境下的有效学习

美国著名的认知心理学家 M. C. 威特洛克指出：人类的学习是学习者根据自己的态度、需要、兴趣和爱好以及认知策略(即学习者在以前多次学习中形成的、长时间保存在大脑记忆中的、对信息进行处理的某种特殊方式)，对当前环境中感觉的信息产生选择性注意，获得选择性信息并利用原有的认知结构(即已有的经验和知识)，进而建构该信息的意义后从而获得新知识、新经验的过程。

既然教育的目的是为了人类的学习，那么，在信息技术高速发展的今天，在教育的信息化进程中，依托于现代信息技术且符合人类学习规律的，以学习者为中心进行自主学习，能促进学习的过程，开发学习者的潜力，塑造新型的学习能力，使学习者获取适应生存所需要的新知识的信息化学习模式，也就成为现代教育关注的焦点之一。

信息化学习具有如下特征：

①学习资源的多样性

一般来说，学习资源是指用于支持学习的各种资源，其中包括可以用于帮助个人有效完成学习过程的各种教学材料(知识资源)、学习环境等，无论哪种学习模式，都离不开学习资源。和传统的“教师教、学生学”学习模式中的学习资源相比较，在教育信息化的环境下，信息化学习的学习资源发生了很大变化：

学习资源全球化。计算机及网络技术的发展使得学习资源的应用和获取突破了时间和地域的限制，学习者在任何时间，不仅可以在国内的各个角落，还可以延伸到在全球范围内去捕获利用。

知识资源多媒体化。过去大部分知识资源基本是以文本方式呈现，少数通过视听媒体呈现。而现在对同一学习资源则可以有多样化的呈现，即可以通过文本、声音、图像、动画、三维模型等多种方式在计算机或网络上展现，使学习者得以在一个多层次、多角度的立体学习空间中，优化学习的内容，提高学习的主动性和学习的效率。

学习时效实时化。随着互联网上接收和传播信息速度的不断提高，学习资源交互的实时性几乎令人察觉不到地理上的距离和时间上的不同步，通过互联网络实现学习资源共享的协同式学习成为可能。

②学习者的自主性

自主性学习就是学习者从以往那种被动接受知识信息完全变为现在的主动控制学习信息的选择、流向及其内容的学习模式。无论是在社会学习抑或在学校教育的环境下，自主学习的动力很大一部分来自学习者本身的求知欲与好奇心、兴趣和爱好，与一般学习方式相比，学习者的个性因素在自主学习中扮演着更为重要的角色。

在教育信息化的条件下，信息化学习具有强烈的自主学习的特征，自主学习成为可能。由于计算机、多媒体和网络技术能为学生提供数量浩瀚、图文并茂、声色俱备、具有感染力而且是视野广阔、层次丰富的学习信息资源，与传统教学中教师或几本教材和参考书所能为学习者展现的知识资源相比，克服了传统教育在空间、时间和教育环境的限制，使学习者有了更大的、自由选择的空间，选择的自由是自主学习的前提和关键。在信息化环境下，学习者可以不再局限于仅有的学习资源，他们可以从广袤的网络信息资源中选择他们所需的学习内容和相关材料，并有可能按照他们各自的实际情况来设计和安排学习，成为学习的主体，网络中的学习还可以使信息的接受、表达、创造和传播相结合，学习者通过它所表达、传播或创造的对象，使自身获得一种成就感，从而进一步激发学习兴趣和学习自主性，更充分发挥学习者自己在学习过程中的主体作用。

③学习过程的协同性

信息化技术所能提供的不仅是传输信息的媒体，而且是促进学生认知建构的思维工具，是一个促进协同性知识建构的、动态的、开放的学习环境和学习平台。

协同学习是当前备受重视的学习形式之一。参与协同学习的学习群体中的学习成员在学习过程中相互沟通、相互合作，共同负责，从而达到共同的学习目标的过程。通过协作学习，学习者之间的交流、争议、意见综合等有助于学习者建构起新的、更深层的理解。

在交流过程中，学习者对自己的理解和思维过程可以更好地进行审视。协同学习还可以把对知识认知的负担分布到各个参与协同学习的学习群体中每一个成员，从而完成单个学习者难以完成的复杂任务。更为重要的是，协同学习还有利于减轻各种教育环境下不必要的竞争压力，培养学习者的合作精神和锻炼学习者的协作能力。

信息化技术中的计算机不仅能提供学习资源库或者是个别化的学习课件，而且还可以成为学习者进行协同探索、协同学习的交互工具和交互平台。另外，计算机也可以扮演具有特定学习风格的“学习伙伴”，或者某一领域的“专家”—— Internet 的网络通信、人工智能等技术的发展为上述功能的实现提供了强大的支持。因而信息化学习中基于计算机的协同学习不仅是必要而且是可能的。

基于计算机的协同学习与传统的个别化 CAI 是迥然不同的。个别化 CAI 注重于人机交互活动对学习的影响，基于计算机的协同学习则强调利用计算机支持学生同伴之间的交互活动。在计算机网络通信工具的支持下，学生们可突破地域和时间上的限制，进行同伴互教、群体讨论、群体练习、群体完成课题等协同性学习活动。目前，基于计算机的协同学习的软件系统一般都会提供一个合作学习环境和公共的数据库，支持学习者用记事本发表自己的观点，用注释来响应他人的观点，学习者既提供自己的想法又共享他人的意见，而这些由学习群体交流过程中生成的丰富知识和资源存储到数据库中，它们又进而形成了支持基于计算机协同学习系统的更进一步的核心学习内容。

二、信息化改变传统的学习环境

人们常说环境可以改变一个人，这是外因对一个人的成长影响的描述。信息化改变了传统的学习环境，让学习走向一个崭新的世界。

1. 信息化学习环境

环境(environment)是指周围所在的条件。对于不同的对象和科学学科来说，环境的内容也不同，对于各个学习领域来说，环境的定义也可谓多样化。我们所谈的是学生学习的环境。

学习环境是相对于教学环境而言的，是指学习活动展开的过程中赖以持续的情况和条件。[①] 学习活动的主体是学习者，因而也可以把学习环境说成是学习者在学习过程中进行学习活动的情况和条件。

① 武法提．网络教育应用．北京：高等教育出版社，2004.

信息化学习是在信息技术发达的今天，利用现代信息技术手段，通过信息技术与学科课程的有效整合来实现一种理想的学习环境和全新的教育理念。网络仅仅是教育信息化的形式，丰富的教育资源和方便的获取方式才是教育信息化的内容与实质。

信息化学习环境是一种新型的学习环境，是在信息技术发展的今天形成的一种有利于教学顺利高效进行的一种学习环境。这种学习环境，经过数字化信息处理具有信息显示多媒体化、信息网络化、信息处理智能化和教学环境虚拟化的特征。为了适应学习者的学习需求，信息化学习环境包括如下基本组成部分：

①设施

如多媒体计算机、多媒体教室网络、校园网络、互联网等。

②资源

为学习者提供的经数字化处理的多样化、可全球共享的学习材料和学习对象。

③平台

向学习者展现的学习界面，实现网上教与学活动的软件系统。

④通信

实现远程协商讨论的保障。

⑤工具

学习者进行知识构建、创造实践、解决问题的学习工具。①

几者的关系如图 1-3 所示。

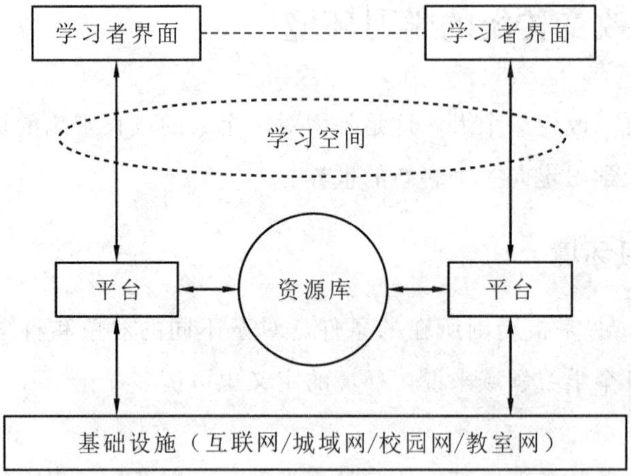

图 1-3　信息化学习环境

① 李克东．数字化学习——信息技术与课程整合的核心．电化教育研究，2001.

2. 信息化学习环境的特点

与传统学习环境相比，信息化学习环境有着独特的优势。它凭借信息化技术提供的网络平台以及先进的操作软件，为学生营造了一个良好的学习环境，在激发学生学习兴趣、调动学生主动性、培养学生综合能力等方面其有不可替代的作用。

①立体、生动的学习情境，能够充分调动学生的学习兴趣

信息化学习环境利用多媒体技术和网络技术可以创设生动具体的学习情境，充分调动学生的积极性、主动性。由于信息技术可以实现文字、图片、音频、视频等多种媒体的展示功能，图文并茂、媒体信息丰富多样，能够创建逼真的情境，不仅能给学习者以多种感官的综合刺激，有利于学生更多更好的获取和保持知识，而且可以激发学生强烈的求知欲望，使学生能够从学习情境中主动发现、探究问题，从而提高学习的效果。

②丰富、广博的学习资源，能够为学生的自主学习提供必要的载体

信息化学习环境可为学生提供丰富的学习资源，学生利用网络上提供的丰富的资源进行学习。达到课程教学活动不受时间、空间、地点等条件的约束，并能使广大的学生充分共享各种优质教学资源。同时学生利用各种学习资源，收集、整理各种信息并纳入自己的认知体系，然后进一步去发现问题和解决问题的过程，也是学生自主发现、探索性学习的过程。教师要指导学生合理选择学习资源，培养他们自我探索、自主发展的能力。

③交互式互动媒介，能够促进学生更好地合作

信息化学习环境为学习交流合作提供了便利的条件，在学习过程中，由于学习水平、经验背景等的差异，每个学生对问题的理解常常各异，参与学习的学生利用便捷的网络平台可以及时地交流心得、把自己的探究结果与他人分享，讨论交流中相互质疑，合作共享学习收获与成果，促进对问题更深层次的理解，同时也培养了学生的团结合作精神。比如，Moodle平台，它是一种基于建构主义教育理论而开发的课程管理系统，是一个免费的开放源代码的软件，倡导教育者(老师)和学习者(学生)都是平等的主体，在教学活动中，他们相互协作，并根据自己已有的经验共同建构知识。在这个平台中，教师可以全面控制课程的所有设置，包括限制其他教师。学生可以上传作业(文件格式不限)到服务器——上传时间也被记录，教师的反馈会显示在每个学生作业后面，并且有 E-mail 通知。师生、生生之间可以随时聊天，所有谈话都被记录供日后查看。它的投票模块和问卷调查可以随时进行通统计，利于教师掌握学生的学习情况。它有多种类型的论坛供选择，例如教师专用、课程新闻、全面开放和每用户一话题，每个人都可以订阅指定论坛。在测试模块中，教师可以定义题库，在不同的测验里复用，题目可以分门别类地保存，自动评分。Moodle平台支持显示任何电子文档、Word、PowerPoint、Flash、视频和声音等，表达方式多样，

利于相互间的合作与沟通。

④智慧、灵动的学习软件，能够提升学生的创造力

利用信息化学习环境提供的信息技术和网络工具不仅可以创设逼真的情境，弥补传统教学因为现实条件的不足无法实现的探究发现活动，还可以为学生提供一些必要的思维工具，帮助学生拓展思路，展开想象，丰富完善对学习事件的理解与认识，形成概念，从而激发学生潜能和创造性。学生在探究过程中需要综合运用已有的知识和经验，对问题进行分析、探究，通过探究学生不仅对原有知识加深了印象，而且可以从更深层次的角度理解所学知识，充分调动学生的思维能力和创新精神，同时可以使学生的创造力得以提高。比如，数字化实验室，它一般是由传感器、数据采集器、计算机及相关数据处理软件等构成的测量、采集、处理设备和与之配套的相应的实验仪器装备组成的。它最大的特点是实验过程可视化、数据采集和处理智能化，在一些只能定性无法定量的实验以及一些微小或瞬间数据的测量上，数字化实验室能发挥出巨大作用。数字化实验室突破传统实验手段的限制，大幅度地改进了许多传统手段做不出、做不好的实验，变“不可见”为“可见”，由“抓不住”到“抓得住”，将“不好做的”变为“好做的”。该系统对传统实验进行了深度挖掘，开发了其潜在的素质培养功能，这对学生创造力的培养十分有利。

3. 信息化学习环境建设的基本原则

信息化学习环境建设的目的是教师和学生正确高效的运用现代信息技术所带来的优势，在教与学的过程中，充分利用课内外资源，激发学习兴趣，调动学习的主动性和积极性，培养创新能力，最终提高学习效率。基于以上思想，信息化学习环境建设应考虑以下几个方面：

①信息化学习环境建设的核心是以学生为本

提倡自主、探究、创新与合作的学习方式，逐步改变以教师为中心、课堂为中心和书本为中心的局面，促进学生创新意识与实践能力的发展，是新课程改革的基本要求，因此成为当前信息化学习环境的首要任务。以学生为本的信息化环境建设必须从学生出发，注重学生学习能力的培养，有利于学生全方位的发展。创设的信息化学习环境，应能够激发学生的学习热情，提供学生体验成功的机会，让学生亲身经历新知识的形成过程，真正把先进的教学理念体现在精彩的课堂教学中，最大程度培养学生的创新精神和实践能力，提高学生的综合素质。

②信息化学习环境建设要促进全体教师能力的提高

教师作为学生学习的指导者与组织者，在教学活动中起着主导作用，因此高素质的教师队伍是学校教育发展的根本动力。在教育信息化迅速发展的今天，教师掌握信息技术的

能力水平，在信息化学习环境中组织教学的能力水平，对学校信息化教育的发展都具有很重要的作用。因此学校在构建信息化学习环境时，要为提高教师的能力水平着想，信息化学习环境建设要有利于教师有效掌握与运行这一环境，从而达到优化教学的目的。

③信息化学习环境建设要以改善和提高教育质量为最终目的

学习环境是为学习活动的顺利有效地进行而开展的，它的目的是促进学习达到最优的学习效果。同时，学习环境作为教学系统中的一部分，其主要目标应是改善和提高教与学的质量。Duchastel 认为学习环境设计适合于学习资源的灵活性和学习者中心。学习环境生来就是面向鼓励和促进学习的，其目的就是促使有效学习的发生，信息化学习环境也不例外，作为一种新型的学习环境尤为如此。

4. 信息化学习环境的建构

信息化学习环境主要包括硬件环境和软件环境的建设，为了能有效的运用信息化学习环境，还要有高素质的教师队伍做保障。

①信息化学习环境建设——硬件

硬件建设是信息化学习环境的基础，主要包括以多媒体教室、网络教室、教育网等构建的数字化校园硬件基础设施建设。目前全国各地多数地方对教育基础设施都有非常大的投入，很多学校的硬件建设基本上满足了信息化环境的需求，像多媒体教室，基本上能实现多媒体的教学功能，播放录像、实时信息传送等。网络教室实现网络资源共享和远距离教学等，最终实现了信息资源的高度整合和广泛的传播。

②信息化学习环境建设——软件

要想顺利地进行信息化学习，必须有良好的软件环境做保障。软件资源包括各种应用软件平台：多媒体素材、多媒体课件及优秀教学案例、电子教案、题库、电子文献的积累和建设。教育信息化软件资源的建设，不应该追求资源的数据量和多媒体的形式，而应该尽可能积累真正体现信息技术与课程教学目标有机整合的资源，开发能够满足学生自主学习、合作学习需要的数字化资源。软件环境要符合人性化要求，要有利于调动学习者的积极性，有利于实施个性化的教学等，教学效果达到最优化的目的。

③信息化学习环境建设——人文

信息化学习环境的建设归根到底是让学生的学习环境更加优秀，这样学习者才能在其中充分地发挥主动性，才能真正地实现素质教育，适应信息化社会的需要。然而，信息化学习环境的建设是一个系统的过程，需要我们以人为本，共同参与，创设出一个能激发学生学习兴趣，调动学生学习积极性的资源丰富、和谐、健康的信息化学习环境，这样才能保证信息化环境的有效运用。

顺利有效地运用信息化学习环境进行教学，学生的学习兴趣比较浓厚，学习积极性也有很大的提高，为有效地学习提供了潜在的可能性。但同时我们也应该意识到，信息化学习环境对学习者提出了更高要求：学习者要具备一定的信息素养，要有一定的自主学习的能力，能够独立的进行自我指导、自我监控，必须能够把握自己的学习方向。

以网络化社会交互环境建设为例：

社会建构论认为，学习发生在对话和社会交互的过程之中，学习者通过与他人对话和交互，可以检验和调整自身的观点，认识他人的观点，进而形成关于事物认识的理解与意义。因此，社会交互环境对于有效学习的发生具有至关重要的意义。而网络学习中师生恰恰处于时空的准分离状态，为了保证师生交互的有效发生，需要通过交互技术将师生"聚合"到一起，形成网络化的社会交互环境。丁兴富①首次引进并定义了远程学习圈的概念，用以表示构成远程教育微观层次、以学生为中心、以学生自主学习为主、集学习资源和学习过程于一体的远程学习时空区域，其实质是远程学与教系统中学生、教师和课程三个子系统的相互作用时空区域。网络学习实际上具有无限扩展的教育范围，网络个体学习者、教师、朋友及其他成人在网络通信技术的支持下结成网络课堂；网络课堂通过有机交互形成网络学校；网络学校与其他各种类型的社会机构、组织及团体通过网络连接形成网络学习社会；网络学习社会通过网络可以跨越国界，形成全球化的社会交互环境。

有效的网络化社会交互环境是网络有效学习循环发生的外部条件。尤其强调社会因素、环境因素、个体自身之间相互依存的关系及其对网络自我学习过程的双向影响。本模型中网络化社会交互环境的要素包括：交互主体、交互内容以及交互技术。交互主体包括学习者、教师(包括授课教师、网上答疑教师以及其他交互服务者)、学习者的朋友等其他参与学习社区的成人；交互内容是指交互主体间所交流共享的信息，主要是课程资源；交互技术是指支持网络学习交互主体之间以及网络学习交互主体同计算机之间进行信息双向交流的计算机网络技术。具体来讲，所构建的有效的网络化社会交互环境应具有以下特征：

1. 交互主体平等性。交互是一种主体间的对话活动，交互的有效性取决于交互主体对话实践的有效性，而有效的交互对话实践，首先要求主体间关系的平等性。交互主体间的平等性不仅是指师生之间、生生之间以及师师之间相互的一种尊敬和认可，而且是指两个或两个以上主体之间权利、义务和责任在本质上的平等性。② 因此，网络教师在组织建立网络化社会交互环境时，要发挥老师和学生的主体性，确保师生关系的平等性。

2. 交互内容共通性。交互内容的共通性与其说是交互特性，不如说是有效交互发生

① 丁兴富，远程学习圈．构建远程教学与远程学习的基础理论．中国远程教育，2009(7).

② 张立国．虚拟学习社区交互结构的研究．北京：教育科学出版社，2009.

的规定性，它是指只有交互主体双方在共同的内容框架内进行沟通和交流，有效交互才能发生。由于在网络化的社会交互环境中，教师和学生主要使用文本和语言等单一符号，因此与传统课堂中的交互相比，网络化社会环境中交互的聚合度低，容易走向泛化。在网络化社会交互环境中，确定交互主题、制定交互规则是防止交互偏离共同内容框架、发生“漂移”的关键。因此，网络化社会交互环境中的教师要依据学生的学习风格和知识水平恰当设计交互主题，建立交互的框架和边界，防止交互内容偏离学习目标；教师要为有效交互活动的发生提供支架策略。比如，提出可供学生讨论的问题，引导学生找出交互的焦点问题，启发学生对交互活动进行反思等。

3. 交互环境的教育性。网络化社会交互环境的教育性直接决定了网络学习的有效性。网络化社会交互环境的教育性是指网络远程教育主体之间的交互是为了促进师生双方，特别是学生的学习、认知和社会性发展。主体之间交互的内容、形式都是按照这一目的及其相应的教育内容，即知识、能力、社会行为和交互能力等而展开的。

交互主体的平等性、交互内容的共通性和交互环境的教育性是有效的网络化社会交互环境的三个重要特征。在这样的网络化社会交互环境中，师生围绕共同的教学内容开展平等的交互活动，并且有效的交互活动不是间断的和一时的，而是连续的和循环的，不但在交互当时对双方产生影响，而且还会对后续的交互产生影响，从而表现为一个链状的连续、循环的交互过程。换言之，在有效的网络化社会交互环境中，个体学习者的网络学习是连续的、循环的。

三、信息化丰富学生的学习资源

1. 信息化学习资源

“资源”一词有着较为宽泛的含义。《辞海》中对“资源”的解释是：“资财的来源，一般指天然的财源。”《现代汉语词典》将“资源”解释为“生产资料或生活资料的天然来源”。在日常生活中，往往被看做经济学术语。在生态学中，“资源”主要指那些参与人类生态系统能量流、物质流和信息流交换的，保证系统代谢功能得以实现的，促使系统稳定地、不断地、有序地进化升级的各种物质，主要指自然资源[①]。

在 AECT 1994 定义中，学习资源是指支持学习的资源，具体包括支持系统、教学材料与环境，甚至可以包括能帮助个人有效学习和操作的任何东西，如图 1-4 所示。

① 范国睿．教育生态学，北京：人民教育出版社，2001.

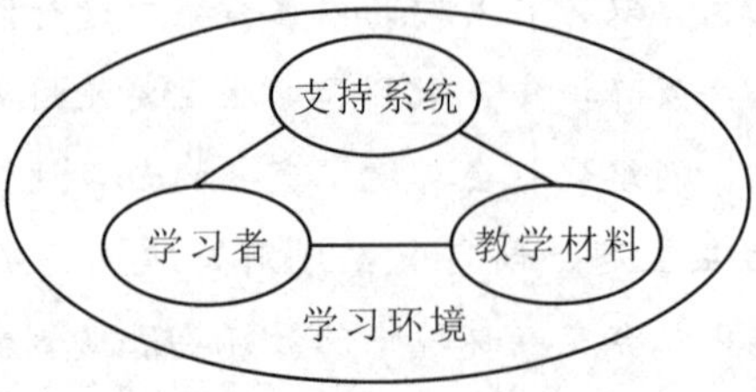

1-4　AECT 1994 定义中的学习资源观(卢锋等，2011)

其中，教学材料指在学习者学习过程中直接作用于其上的客体，与学生直接发生联系。具体指符合一定教学目标和教学要求的经筛选的可用于教学、促进学习的一切信息及其组织。传统的教学材料包括书本、教科书、挂图、教学器具、教学电视等。随着信息技术特别是网络技术对学习的影响，教育体系的日益开放，教学材料与一般信息的边界日益模糊。

信息化学习资源是指经过数字化处理，可以在多媒体计算机上或网络环境下运行的多媒体材料。它能够激发学生通过自主、合作、创造的方式来寻找和处理信息，从而使信息化学习成为可能。信息化学习资源包括数字视频、数字音频、多媒体软件、CD-ROM、网站、电子邮件、在线学习管理系统、计算机模拟、在线讨论、数据文件、数据库等。因此，可以划分为工具性资源、素材性资源、环境性资源三种。简单地说，信息化学习资源是信息化学习的关键，是为学习者提供的，供学习者学习的多个层面的资源总和。它可以通过教师开发、学生创作、市场购买、网络下载等方式获取。

信息化学习资源与学习有着怎样的关系呢？在现代课程中，信息化的学习资源已经能够涵盖学习的各个环节，不仅为教师的备课和研究提供帮助，还为学生的情境探究、发现问题提供了支持。学生获取知识的方式从教材、板书、教师传授转移到教学软件、电子阅览室、卫星电视上等。学习方式也发生了巨大的改变，由传统的接受式学习逐步转化为自主式学习、情境式学习、探究式学习等多种学习方式。信息化的学习资源不仅是整个学习活动的支撑，还是引领学生全情投入学习的工具，影响着学生学习的效率。在教师的主导地位逐渐减弱的今天，资源对学习的影响力就显得更为突出。

2. 信息化学习资源的特点

信息化学习资源是应信息时代的技术发展而出现的，与传统学习资源相比，其内容更为丰富，交互性更强，获取、查找更加方便，超文本结构、多媒体显现都有别于传统的线性的、平面单调的信息组织形式。它的技术基础是网络与多媒体技术相结合的超媒体技术。超媒体不是各种信息媒体的简单复合，它是一种把文本、图形、图像、动画和声音等形式的信息通过超文本的形式结合在一起，并可通过计算机网络广泛传播的新型信息组织方式。因此，信息化学习资源有如下特点：

①处理数字化：是指将声音、文本图形、图像、动画、视频等信息经过转换器抽样量化由模拟信号转换成数字信号，数字信号的可靠性远比模拟信号高，对它的纠错处理也容易实现。

②存储海量化、管理智能化：信息化资源一般包括大量视、音频数据，需要海量的存储设备，一般是大容量的磁盘阵列或者光盘库，通过大型数据库管理，可以实现快速的查询和检索。

③显示多媒体化：这是指利用多媒体计算机技术存储、传输、处理多种媒体学习资源，如声音、文本、图形、图像、动画等。这与传统的单纯用文字或图片处理信息资源的方式相比，要丰富得多。

④超媒体非线性组织：信息化学习资源采用超媒体技术构建，支持文本、音频、视频、图形(图像)、动画等多媒体信息，并采用超文本的方式组织信息，非常适合表现非线性的网状知识，非常适合人脑的认知思维方式，也有利于有效地组织教学信息，促进知识的迁移。

⑤传输网络化：信息可以通过网络实现远距离传输，学习者可以在任何一台上网的计算机上获取自己需要的信息。

⑥交互性：交互性是新一代以“学”为中心的学习资源的核心特征，也是有别于传统信息交流媒体的主要特点之一。传统信息交流媒体只能单向地、被动地传播信息，而具有交互性的信息化学习资源则可以实现人对信息的主动选择和控制。

⑦教学过程智能化：它包括教学软件的专家系统对教学过程中的信息资源使用的实时监控、数据采集、分析、提供帮助等机制，能根据学生的不同特点选择最适当的教学内容和教学方法，并可对学生进行有针对性的个别指导；不仅能发现学生的错误，而且能指出学生错误的根源，提出有针对性的辅导或学习建议。

⑧信息结构的动态性：对于各种学习资源，用户可以按照自己的目的和认知特征重新组织信息，增加、删除或修改节点，重新建立链。

⑨探索性：网络上的学习资源是一个资源宝藏，是一个全球性的数字图书馆。无论你需要什么样的信息，都可以在其中找到。WEB用超媒体的方式组织信息，比较符合人们的认知结构。另外，还有极其强大的搜索机制，使人们能很方便地找到所需的信息。[①]

3. 信息化学习资源的应用原则

随着信息化资源与学科教学的整合，较之传统教学，课堂结构、教学方式、学习方式

① 余胜泉. 信息技术与课程整合——网络时代的教学模式与方法. 上海：上海教育出版社，2004.

都发生了根本性的变化。但整合的实效性问题也日益突出，如资源泛滥、资源与学习主旨不匹配、资源与学生现实水平有差距等。因此，信息化学习资源的使用，应遵循一定的原则：

①与心理特征匹配原则

注意信息化资源的表现力对学生注意力分配产生的影响。

心理学表明，小学生无意注意占优势，注意力不稳定，容易分心，注意的范围小，注意力的分配和转移能力较弱，不善于调节和控制自己的注意力。如果信息化资源的表现性与小学生的这一特点不匹配，那么信息化资源在课堂上的应用效果可能适得其反。

信息化资源的表现性，也称为表现力，指信息化教学资源表现事物的空间、时间和运动特征的能力。空间特征，指的是事物的形状、大小、距离、方位等；时间特征，指的是事物出现的先后顺序、出现频率、节奏快慢等；运动特征，指的是事物的运动形式、空间移位、形状变化等。因此，教师在设计信息化资源时应当注意信息化资源表现性的返璞归真。信息化资源的表现力需要借助一定的艺术形式，但艺术必须服从于教学，做过多的技术文章，如色彩过于花哨的界面，形状特别的按钮，随意变化的字体，界面切换时嵌入的非教学相关的声音，与教学内容氛围不相融合的背景及音频等资源，看似技术精湛，却影响了学生对学习内容的注意力，变成了“第三者插足，横刀夺爱”。因此，好的资源应当追求“‘简约’而又不‘简单’”的表现力。

信息化资源在课堂上应用的容量比例应恰到好处。心理学表明，小学生注意力持续时间短，如果教师为突破教学重难点，一味扩张资源容量，会使学生应接不暇，学习活动陷入单一，学生也会对资源本身产生厌烦，导致注意力分散。因此，信息化资源的容量应当精于取舍，追求“增一分则多，减一分则少”的效果。

②彰显学科性质原则

事物的基本性质指的是一种事物区别于其他事物的根本属性，小学各学科的基本性质指的是该学科区别于其他学科的根本属性。例如，小学语文课程标准明确指出“工具性和人文性的统一，是语文学科的基本特点”，同样，数学、英语及其他学科各有各的基本性质。我们的教学就应该突出学科的性质，才不至于把语文课上成品德课或者科学课等。信息化教学资源作为课堂教学的因素之一，其功能不能只停留在其共有作用的浅层次上(如激发兴趣、创设情境等)，而应当彰显学科性质。

③参与性原则

信息化资源的参与性指的是信息化资源在发挥作用时学生参与的活动：模型、录音、录像、计算机给学生自己动手操作的可能，使学生能随时中断使用而进行提问、思考、讨论等其他学习活动。信息化资源的参与性秉承的是新课程背景下“学生作为学习主体自主建构知识，教师是学生学习的合作者、组织者、引导者”的理念。换言之，就是信息化资源最终应该为学生所用。我们认为，信息化资源的参与性至少包含以下两个方面：

第一，情感参与

早在两千多年前，孔子就有“知之者不如好之者，好之者不如乐之者”和“好学近乎智”的以情优教观。新课程背景下，以情优教更富于现实意义。从教学活动层面看。教学是教师和学生共同参与、以教材为基本载体的教与学的活动，教学过程是在教师主导作用下学生自主建构知识的过程，更是情感信息交流的过程，教学活动呈现一种走向生本化的知情交融的复杂状态。因此，学生的情感参与以其不可忽视的魅力成为教学中的重要抓手。信息化资源如果能让学生对文本学习“一见生情”，就能为教学营造良好的情感场。

第二，思维参与

苏霍姆林斯基说：“真正的学校应当是一个积极思考的王国。”现代教育心理学指出，学生的学习过程不仅是一个接受知识的过程，更是一个发现问题、分析问题、解决问题的过程。这个过程一方面是暴露学生产生各种疑问、困难、障碍和矛盾的过程；另一方面是展示学生聪明才智、形成独特个性与创新成果的过程。这个过程实际上就是学生思维发展的过程。新课程反对重结论、轻过程的传统教学，强调在学习过程中发展学生的思维，使学生既“学会”更“会学”。因此，信息化资源的思维参与程度是辨别其是否有效的重要量标。如果信息化资源带来的仅仅是知识的结论，那么它的作用就是浅层次的，甚至会培植学生思维的惰性，扼杀学生的智慧与个性。

④把握时机原则

知识管理理论认为知识分为显性知识与隐性知识。显性知识可以通过语言、书籍、文字、数据库等编码方式传播和学习，而隐性知识则是“只可意会，不可言传”的，需要实践与体验才可获得。对于隐性知识的获取，以下两类信息化学习资源尤其要把握应用时机。

第一，直观性较强的资源的应用时机

信息化资源的应用应注意不同年龄段学生的思维特征，对于低年级的学生而言，其思维的特点是形象思维占优势，中、高年级学生的抽象思维渐渐发展，但往往仍需要具体形象作支柱。因此，对于直观性较强的资源，如果应用时机把握得当则事半功倍，把握不当则适得其反。

第二，探究类资源的应用时机

维果茨基的研究表明：教育对儿童的发展能起到主导作用和促进作用，但需要确定儿童发展的两种水平：一种是已经达到的发展水平；另一种是儿童可能达到的发展水平，表现为“儿童还不能独立地完成任务，但在成人的帮助下，在集体活动中，通过模仿，却能够完成这些任务”。这两种水平之间的距离，就是“最近发展区”。把握“最近发展区”，能加速学生的发展。因此，探究性资源在学生思维状态进入“最近发展区”时“才出手”，实效性最大。否则，反而容易干扰学生学习，达到学习目标。

四、信息化改变学生的学习方式

影响学生学习结果的因素很多，但归根结底最终的、核心的影响因素有两个，一个是“学什么(what to learn)”；另一个是“怎么学(how to learn)”。“学什么”即学生学习的内容，而“怎么学”就是学生学习的方式。

在信息化学习环境中，人们的学习方式发生重要的变化，学习者的学习不再是单纯依赖于教师的讲授与课本的学习，而是在信息化资源的支持下展开的信息化学习。

1. 信息化学习方式

从学习活动的构成上看，每一个学习活动都包含三个基本要素，一是学习目标；二是学习过程；三是学习结果。其中，学习目标引领学习过程，学习过程又影响和决定了学习结果。学习过程又可分为学习内容与学习方式两大要素。在以上各个要素中，学习内容与学习方式是学习活动的核心要素。

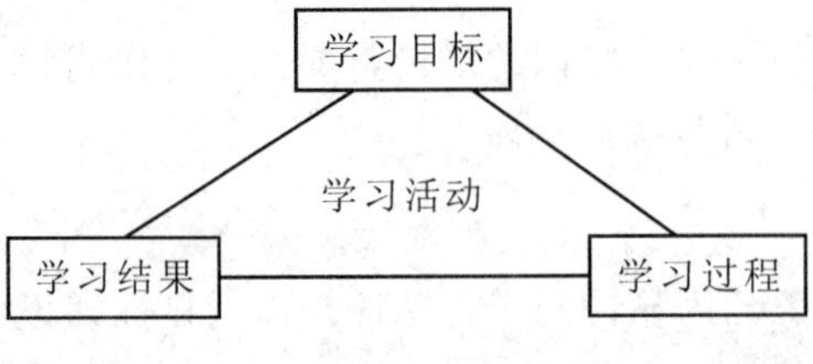

教师在教育活动中的一切教学行为都是围绕着一个共同的直接目的，即促进和改善学生的学习——促进学生学习的有效发生、改善学生的学习质量。而这也同样包括两个方面，一是完善学生的学习内容；二是改进学生的学习方式。

学习方式是学生在完成学习任务时基本的行为和认知的取向，它不是指具体的学习策略和方法，而是学生在自主性、探究性和合作性方面的基本特征。

信息化学习方式是目前教学论和教育技术学共同关注的重要研究领域，也是近年来在教学实践中出现的一类新的学习方式，更是教学工作的难点之所在。信息化学习方式是指在现代信息意识指导下，学生在学习过程中，利用信息技术进行有效学习所表现出来的学习活动的基本形式，它揭示了学生利用信息技术进行具有各种基本属性的学习活动的取向。它是以学生有效利用信息技术获得主体发展为目的，以现代信息技术为基础的学习方式。

2. 信息化学习方式的特点

学习是人的一种积极的更新绽放状态，有不断发展、超越、积极向上之意，学习方式的本质是人的生存方式，是学生自我更新时所表现出来的样式，学习方式的基本形态包括接受、探究、自主、合作和体验。信息化学习方式的基本特点是：

①学习的随意性。基于网络环境的学习为学习者提供了丰富的学习资源，学生在网络和各种资源库上获得所需要的课程内容和学习资源，学生的学习不受时间、空间的限制，可以随意进行信息浏览、传递、组织、整理等。

②学习的实效性。有了数字化学习平台，学生能够充分利用互联网上的有用信息实现自主学习，并将学习内容融入当前课程当中，学生之间的信息交流会更丰富，这必然带来学习效果的有效提升。

③学习的多样性。信息化学习使得学生学习的场所由单一的课堂转变为课堂、互联网、校园与社会环境的相互结合上来，数字技术的特点使得资源获得的便利性大大提高，资源的呈现方式也由单一的课堂呈现转变为视听刺激、模拟体验、典型题闯关训练等形式，这使得学生的学习变得多样而有趣。

④学习的共享性。信息化学习使得学生与学生、学生与教师、教师与教师之间的资源实现共享。特别是在网络普及的今天，建立网上学习资源库、资源的转移与利用、学习小组的分工与合作、学习成果的分享等都是十分容易的。

⑤学习的创造性。信息化学习使得课程学习内容具有了可操作性，既把课程内容进行数字化处理，同时又利用共享的数字化资源融合在课程教学过程中，这些数字化学习内容能够被评价、被修改和再生产，它允许学生和教师用多种先进的数字信息处理方式对它进行运用和再创造。这样，不仅能很好地激发学生的创造力，而且为学生创造力的发挥提供了更大的可能。

3. 信息化学习方式的种类

信息化学习方式与传统学习方式最根本的区别在于人们对知识加工理解的差异。传统学习方式长期以知识精加工学习为主，而信息化学习方式以知识贯通式学习为主。前者中学习者的学习路径是同质的和线性的，学习方法单一且相对僵化，不利于创新能力的培养，后者中学习者的学习路径是差异化的，既有线性的路径，又有从点到面或从整体到局部的学习路径，学习方法灵活，更有利于创新能力的培养。根据两者的差异，信息化学习方式可以归纳为以下几类：

①移动学习

在传统学习中，“去上学”是学习的代名词，学校为学生提供了获得成功学习的各种条件，使学生在学校里可以有效地进行正规化学习活动。学习空间和学习时间都是固定的，非移动的，如果有移动因素的话，也只是学生主体从四面八方移动到学校来。然而，信息技术给学习方式带来了另外一种“移动性”，这种移动性主要是指学习主体在移动之中的学习。信息技术给予人们一些希望，将过去的理想变成了现实——学生不去上学也可以学习。对这种移动性，Paul Harris 认为，它能使学习者获得一种进行学习的体验，移动学习应该能够使学习者通过移动电话或 PDA 等技术随时随地享受一个受教育的片段。综上所述，移动学习是指在信息技术的有效帮助下，学习者在任何时间、任何地点都可以进行的学习。

②分布式学习

“分布式学习”这个概念是互联网促进学习方式多样化的产物，它是指一种通过分布式学习系统支持的学习方式，主要源于“分布式资源”概念的发展。分布式学习是指学习者、指导者和学习内容等学习资源分处于不同的地理位置，借助于互联网将各个要素形成一个学习系统，使得学习与教学能够独立于时空而发生，进而支持学习者进行学习的一种方式。分布式学习强调学习资源的“去中心化”，课堂、教师、学习同伴、图书馆网络等都可作为学习资源分布在不同的地点，不存在一个如同学校一样的学习中心式的物理空间，学习者可以独立于时空而接触到各种学习资源。

③适应性学习

这里所讨论的适应性学习是指利用适应性学习系统，为学习者提供适应其个别需求的个性化的学习。适应性学习的产生主要是因为传统的远程学习虽然为学习者提供了平等的学习机会和高质量的学习资源，但也存在着不少问题，如缺乏学生与学习资源和教师之间的交互，忽视不同学生不同的学习起点和个性特征，缺乏足够的学习支持和及时的反馈，不能很好地为学习者提供个性化服务，不能充分照顾到学习者的学习风格……在有了这些需求的前提下，20 世纪 70 年代，人工智能技术被应用到计算机辅助教学之中，从此以后，学习者的学习可以由线性转变为多样的适应性的方式。

适应性学习的特点主要是资源的适应性和自主的学习方式，强调个别化、人性化，需要及时反馈的支持，需要高级的计算机技术支持。适应性学习重点强调学习环境的适应性，创设个性化学习环境，最大可能地适用不同学生的具体情况，更适合于学生的个别化学习和针对不同智商的“因材施教”，力图使得机器变得更加聪明起来，让机器的教学更接近人类的教学。

④WebQuest 学习

WebQuest 是一个以学生积极主动探究为取向的活动。在这种活动中，学习者通过互联网来获取所需要的信息，是学习者在学习中使用互联网的一种方法。WebQuest 十分强调学生对信息的使用而不是信息的查找，教师为学习者提供一定量的信息资源，它着重关注培养学习者有效解决问题的能力，培养学习者的协作精神，综合多学科知识的能力等。具体说来，它是指“在网络环境下，利用互联网资源，由教引导，以一定的目标任务驱动学习者对某个问题或某类课题自主地进行建构、探索和研究”。可以认为是学生利用信息技术进行探究式学习。但是，它不适合教那些既成事实的内容，也绝不仅限于事实的讲授，最好用于教那些不确定的内容——那些需要创造性的研究，有多种解决途径的问题。可以说，WebQuest 是现代学习理论思潮的具体体现，特别是深受建构主义的影响。

⑤CSCL

CSCL 作为一种学习方式，即计算机支持的协作学习，Koschmann 认为“CSCL 的核心研究领域所关心的是在共同活动环境中意义形成的实践，以及实现这些实践活动的途径”。黄荣怀则认为，CSCL 是指利用计算机技术来辅助和支持协作的一种学习方式。这里的计算机技术主要指多媒体技术和网络技术。前者能够提供界面友好、形象直观的交互式学习环境，后者除了能实现学习者之间的信息传输通道突破时空限制外，还能按超文本、超链接方式组织管理学科知识和各种教学信息。

如果从理论上挖掘人们对 CSCL 不懈研究的原因，可以追溯到维果茨基的“文化历史发展理论”。他认为“在儿童的发展中，所有的高级心理机能都两次登台：第一次是作为集体活动、社会活动，即作为心理间的机能；第二次是作为个体活动，作为儿童的内部思维方式，作为内部心理机能”。这两次登台机会说的是人的心理机能不是从内部自发产生的，它只能产生于人的社会性活动或人的交往之中，人的心理过程最初必须在人的外部活动中形成，然后才能移至内部，这就是“内化”过程。没有集体活动的出现，第二次的个体活动就失去了基础，就没有了外部活动环境，内部的心理机能的产生就受到影响。实际上他在强调合作、协同和交流在学习中的重要作用。信息技术正是利用自己的优势为学习者提供了一个学习环境和工具系统，可以实现超越时空的协作学习。

⑥混合式学习

学习者学习方式的现代化，并不一定只是以是否使用信息技术作为唯一衡量标准，没有使用信息技术照样可以称为现代学习方式。现代学习方式的本质特征并不是使用现代技术进行学习，而是看其是否有效实现现代社会的培养目标和高效学习。虽然 E-learning 被越来越多的人所使用，但人们也逐渐意识到 E-learning 并非无所不能，在其不断完善的体系中，一些负面影响以及乏力无能之处开始凸显。在这种情况下，教育专家又提出了一种新的学习方式——混合式学习(B-learning)，它是指在“适当的”时间，通过应用“适当的”学习技术与“适当的”学习风格相契合，对“适当的”学习者传递“适当的”能力，从而取得最优化的学习效果的学习方式。

目前出现的信息化学习方式表现出了一些共同特征，使用信息技术的目的是为了解决传统教学不便解决或无力解决的学习问题，解决的是特殊问题，是信息社会给我们提出的新问题，从而形成新的学习方式。使用信息技术的价值取向已经不限于传统的意义，诸如自动化等追求，而是向着交往、资源、环境等概念倾斜，在课堂讲授中使用信息技术具有有限性，应该注重发挥信息技术在课下的积极作用。

第二章　数字化校园与有效学习

以游府西街小学为例，从20世纪末学校开始建设校园网至今，学校信息化的发展经历了十余年。在这十余年里，从开始争论什么是校园网，到讨论校园网的管理和应用，到信息化为学校教育教学整体服务，再到提出数字化校园的概念，学校对教育信息化的认识在实践中不断深入。目前，对数字化校园的认识还在不断地讨论，这也是正常的学术问题。不过，现在可以明确的是，数字化校园不是仅仅指某种网络或某项应用，而是学校信息化发展到一定程度的一种必然教育形态——这种教育形态以计算机技术、网络通信技术搭建的校园网作为数字化校园的物质基础；在稳定的网络系统下构成统一的用户、资源和权限管理，从而形成数字化校园的软件应用环境；科学规范地对教学、科研、管理和服务等所有学校教育教学功能进行全面的信息化管理，实现环境、资源、活动的全面数字化。更为重要的是，通过对学校中人的行为所产生的信息流进行改造，使学校内每一个人的行为所产生的信息，在信息化环境中进行重组和利用，从而形成一种全新的教育形态，在传统校园的基础上构建一个数字空间，以实现现实传统校园在时间和空间维度上的巨大拓展，全面提升传统校园的运行效率，扩展传统校园的业务功能，最终实现教育过程的全面信息化，从而为有效学习提供有力的保障。

第一节　数字化校园的特点

数字化校园的特点应突出体现在几个方面：资源共享化、管理智能化、服务系统化、形式网络化、教学个性化。数字化校园的这些特点为实现教学的有效化提供了有力的支持。

一、资源共享化

数据资源是数字化校园的统一的数据存储访问集合，由共享数据中心以及文件、目录、关系型数据库等基础构成。建立以一个共享的数据库平台，形成一个唯一的可信数据资源，使整个数字化校园的新系统、不同时期已经建设的已有系统的数据能够有机的集成，保持所有应用数据的统一和一致，并为整个学校的信息查询和决策分析提供可靠的、足够的、全面的数据保障。有了资源的共享，资源本身发挥的效应就放大了很多，省却了很多重复搜寻、甄别的时间，确保了优质资源的共享。

二、管理智能化

数字化校园突破了原有的校园管理体制和管理模式，利用信息技术实现学校多方位的变革，随着数字化校园建设与管理的深入发展和不断实践，数字化校园的研究已从重技术研究转向重管理研究。数字化校园的管理既包括行政管理，也包括教学管理，从根本上突破了原有的校园管理体制和管理模式，自上而下的利用信息技术实现学校多方位的变革。学校管理的效率提高，必然会促进教学的有效性。

三、服务系统化

数字化校园不仅是为学校创设一个高速、高效、资源共享的管理环境，而且也是一种影响教育教学观念、手段、方式及管理思想、管理体制和管理方法的文化。数字化校园彻底变革了以往办公的传统模式，由以往的人工模式转变为网上办公、无纸化办公的智能模式，大大简化了工作程序，提高了办公效率，各项工作高效运转，在教师办公、教科研活动、各类考勤等方面，数字化办公系统发挥了重要作用。

四、形式网络化

以网络为基础，利用先进的信息化手段和工具，实现环境、资源、活动及管理的数字化，建立网络智能办公系统、学校管理平台、教学平台，教师们便可在网络环境下开展教育教学活动，同时把新的理念、方法和措施落实到课堂，落实到每个管理的环节。

五、教学个性化

在学科教学中充分发挥网络资源优势、突出新课程的理念后，师生活动由被动无“趣”向自主学习发展，实现以学生为主体的互动式个性化教学，应用新课程理念重新设计教学过程，便能充分发挥教学的整体功能，提升整体教学水平。

数字化校园是一个网络化、数字化、智能化有机结合的新型教育、学习和研究的校园平台，它涵盖了教育信息化在学校的方方面面，有着很丰富的内涵，数字化校园意味着我们正在向自动化、高效化、便捷化发展，其最终目的是为教学服务，通过信息化手段提高教学质量，提升工作效率，为学生的发展服务，为学生的有效学习提供了有力的保障。因此，校园数字化建设需要数代人的努力，需要有长远的眼光与对卓越的追求。

第二节　数字化校园建设的现状

目前数字化校园建设大学起步较早，中小学尚处在初步探索阶段，中小学数字化建设还存在许多问题，这些问题既有学校在认识、组织和应用定位等方面的偏差，也有系统集成商自身经验缺乏、定位不准的问题，这些问题如果解决不好，就有可能对教学起不到预期的促进作用。对于数字化校园建设的基本情况，有关专家作了以下调查，调查表见表 2-1。

表 2-1　学校数字化校园建设基本情况

<table>
<tr><th colspan="2">学校数字化教学环境</th><th>现　状</th></tr>
<tr><td colspan="2">1.“数字化校园”建设规划情况</td><td>所有学校都是在当地教育主管部门的统一规划下建设完成了数字化校园硬件与软件设备的建设</td></tr>
<tr><td colspan="2">2.“数字化校园”计算机教学系统配置情况</td><td>所有学校都在前期规划下配置了教学系统平台</td></tr>
<tr><td rowspan="4">3.“数字化校园”信息网点分布情况</td><td>办公室</td><td>90%的学校都实现了计算机进办公室并接入互联网</td></tr>
<tr><td>教室</td><td>100%的学校都在普通教室预留(改造)了多媒体设备接口，可以随时链接移动多媒体设备进行教学。而且65%的学校已经在教室安装了多媒体设备，随时可以开展多媒体技术支持下的教学活动</td></tr>
<tr><td>多媒体教室</td><td>100%的学校都建设数目不等的多媒体教室，师生可以进入该教室开展多媒体技术支持下的教学</td></tr>
<tr><td>计算机网络教室</td><td>100%的学校都有数目不等的计算机多功能网络教室，师生可以进入该教室开展一人一机的互联网络支持下的教学</td></tr>
<tr><td colspan="2">4.“数字化校园”中教师电教设备配置情况</td><td>85%以上的学校都为教师配备了专用的计算机，方便老师备课、授课和教研</td></tr>
<tr><td colspan="2">5.“数字化校园”与 Internet 连接情况</td><td>100%的学校都实现了百兆到桌面的互联网连接</td></tr>
</table>

从表 2-1 中可以看出，随着多年校园现代化的追求和教育部门的大力投入，加之调研对象都是城市学校，目前的数字化设备环境都能满足教学需要。通过对学校信息化设备环境的调研 5 个题项进行分析得知“学校多媒体教室”最多，个别学校为每个班级都配备了多媒体设备。其次大多数学校都为教师配置了专用的计算机设备，方便老师备课、授课和教研。因此总体来讲数字化校园的硬件环境建设情况较为满意。

表 2-2　教师将数字化设备、资源和信息技术应用于教学的调查　　%

内容＼频度	是	基本是	不是
您能熟练应用信息技术获取信息资源	89	8	3
您能熟练应用信息技术组织实施教学	85	14	1
校园网的资源对能够对您的教学起到很好的支持作用	30	40	30
您使用计算机和网络备课的频度很高	72	15	13
您每周都开设网络技术支持下的课程	7	10	83
您每周都开设多媒体技术支持的课程	78	16	6
您经常访问学校电子图书馆	3	26	71
您通过作业系统发布作业、批改及反馈	0	12	88

表 2-2 反映了教师在教学中应用数字化设备和资源的情况。调研数据显示，“利用信息技术获取信息资源的熟练程度”、“利用信息技术组织教学的熟练程度”、“使用计算机和网络备课的频度”和“每周开设多媒体技术支持教学课的频度”得分最高，说明信息化的教学已经步入常态的教学活动当中。而“校园网的资源对您的教学支持效果”和“每周开设网络技术支持教学课的频度”得分最低，说明教学资源还不能满足教师的需求。另外网络教室开课也主要是用于信息技术课程，其他学科教师反映由于需要较多的资源和花费大量精力备课，因此使用频度并不高。

调查显示教师将数字化资源应用于教学中时应用效率不高的原因在于数字化资源存在很多问题，主要是：

(1)资源库管理平台不统一，使用方法复杂多样，缺乏对教师资源库应用的相关培训。

(2)资源呈现方式单一，即文本资源过多而动态演示资源过少，另外与课程教材结合不紧密，课件不能解决教学难点、重点问题，质量不高。

(3)资源库存在地区(校际)“封锁”现象，优质资源开放共享性差。

(4)资源内容陈旧，更新缓慢，已不能满足新课程教学的需求。

表 2-3 反映了学生对数字化校园设施应用的情况。分析调查数据得知，学生最经常使用数字化校园的功能是“经常进行多媒体(网络)课的学习”占 90%；“经常查找学习资源”占 95%；“经常浏览校园网站”占 98%，得分最高，但其中浏览校园网的目的只是看到简单的信息发布；

由于电子图书馆资源少且开放时间等问题影响了"经常访问学校电子图书馆"选项频度；而"经常网上提交作业、查询反馈"占69%是大多数学生都有通过BBS或E-mail提交作业的经历；还有"经常校园网论坛发布留言、查看反馈"仅占25%，说明数字化的交流差强人意。

表 2-3 学生利用校园网的数字化环境学习现状调查

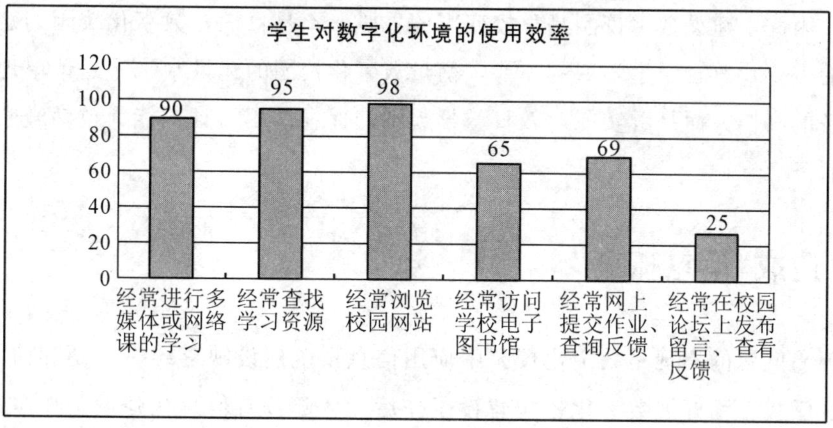

通过以上调查要清醒地看到：由于互联网、信息高速公路、多媒体技术等是全新的技术，从原理到使用方法都是与传统的教学有很大的不同，绝非仅仅连上网络、建造几个多媒体教室、使用一张IC卡给老师打打考勤就所能包含的。有的老师思想停滞不前，认为数字校园网络只是用于教学管理和信息交流，是教学管理工作人员和计算机专业人员的事，他们不是教或学计算机专业的，因此，除收发电子邮件外，校园网的其他应用和他们无关。这些老师没有意识到信息技术对传统教育方式、方法及模式的挑战，没有意识到数字校园网络的应用在信息技术教育中发挥着极其重要的作用。还有一部分老师虽然已经意识到校园网的重要性，但苦于不懂得如何去应用网络为教和学服务，这是限制数字校园网络发展的一个主要障碍。也有一部分老师没有技术更新意识，原先先进的一些信息化教学手段在现在信息高度发展的今天，已经跟不上时代发展的脚步，造成认知上的盲目性和偏见。

一、把机遇当成了负担

尽管数字化校园建设和应用是信息时代的必然选择，但是数字化校园建设是一项投入非常大的工作，客观上要求学校和教师必须为此投入额外的精力，同时要认识到，数字化校园建设和应用给教学带来的影响也是一个长期的过程，其必然趋势和直接连带关系短期内不能显现出来，有些年纪较大的老师、行政人员也不愿意花时间和精力去学习和使用先进的信息技术，把这看做是分外的工作。当学校为校园数字化建设做出了巨额投入，又一时看不到它的作用和效益时，就容易把进一步的投入看做是额外的负担。

二、把手段当做目的

数字化校园是为了应用，建设的目的是以此为基础开展诸多方面的应用，最终为教育教学服务，因此，建设数字校园是学校变革的手段，不是目的，数字化校园的建设方案应符合应用的需要，符合学生发展的需要，衡量数字化校园的建设水平不是单单地看技术的先进，设备的高档，而是看实际对教育教学起到的促进作用，真正能为教育教学服务，为学生发展服务。

三、造成“信息孤岛”

信息孤岛问题的出现是数字化校园中应用信息系统建设缺乏统一规划和协调的结果，一方面，在学校全面开展数字化校园建设工作后，各部分对信息化建设工作越来越重视，教务、办公、财务、图书、后勤、科研等部门都建立了自己的管理建设系统，从而大大促进了校园信息化应用的步伐。另一方面，由于缺乏有力的组织管理和相应的协调机制，随着应用的不断深入，出现了由于所采用软件系统的不一致、数据标准的不统一，人为地形成一个个“信息孤岛”，这种现象不但导致校内大量的低水平重复建设和资金的浪费，还给教学、科研和管理带来了麻烦。因此，与信息化建设相比，数字化校园建设不仅仅是术语的变化，更重要的是整体性、高度和深度的发展以及相应组织机构的建立和配套机制的制定。

第三节　数字化校园建设的发展

从上述数字化校园建设的现状来看，数字化建设是学校一项基础性和日常性的工作，其建设水平是学校整体办学水平、学校形象的重要标志，又是一项长期、艰巨、复杂的系统工程，需要在建设中及时跟进，对现状存在的一些不足进行调整，使校园数字化建设良性发展。

一、保障协调发展

数字化校园建设是以网络、计算机、多媒体等先进的信息化技术手段，实现校园中的教学、管理、科研、服务全面数字化，并构成一个整体的网络虚拟空间，实现管理效率的提升。因此，硬件建设是基础，但只有通过信息技术手段来实现学校的教育教学以及管理，最终促进学生的发展，才是数字化校园建设的根本目标，“有路有车无货”的数字化校园是无法发挥其正常作用的，利用数字化校园的整体规律来解决数字化校园建设中出现的问题，通过规划系统协调数字化校园的发展方向和具体实施，可以更好地避免此类问题的发生，更好地保障教育信息化的顺利发展。

二、健全保障机制

数字化校园的规划是一项需要统筹管理的系统工程，涉及设施建设、资源建设、人员培训、配套政策和规章制度等，规划的制定和实施需要相应的职能机构进行全面有效地管理和协调各部门的关系，这一协调和管理机构要有足够的强制力和约束力，以保证对全局的有效规范，通过专门机构监督执行，才能防止数字化校园建设过程中的需求和可能遇到的问题，合理、全面地系统规划，在实施前就将相应的配套措施和保障措施进行统一规划，更好地预防在建设和实施过程中出现的种种问题。

因此，学校管理功能方面应该加强领导力建设，其对数字化校园全方位的认识、理念方法、规划是至关重要的，因此建立一系列的激励保障体制，建立促进教师应用数字化教学的评价机制是应对调查问卷中教师普遍提出由于激励保障制度不完善，教师数字化应用的积极性不高而导致数字化校园的教学应用率不高，效益不明显的重要原因。学校应该制定完善信息化应用的激励政策，建设完善教学管理平台，积极鼓励教师利用数字化教学设备和信息化技术进行教学，建立促进教师应用数字化教学的评价机制并纳入教师业绩的常态管理。比如，在管理制度上尽可能对教师提供方便条件和完善的服务，如开发一些针对本校教师需要的网上培训课程，鼓励教师积极利用相关教育资源和素材进行电子备课、评课，充分利用网络资源开展教研活动，并积极开展校内网上研讨交流；积极利用信息化手段开展网络环境下的教学，优化教学设计，创新教学方法，提高教学效率，深化信息技术与学科教学的有机整合；积极利用信息化手段对学生知识技能的掌握情况进行检查反馈，对学生作业、学习成绩实行计算机动态管理等，旨在建构网络化、开放性的数字化校园，使教师的专业发展形成一个开放的、动态的成长体系，使得教师能真正喜欢数字化的教学方式并投入其中。

三、避免“信息孤岛”

必须确定统一的系统运行环境、数据库，规定信息集成模式、接口标准和规范是解决

“信息孤岛”问题的有效办法，这些措施的实施要依托统一的规划来进行，对所需要的信息，从采集、处理、传输到使用的全面规划，是每个职能部门内部，职能部门间频繁而复杂的信息流畅通，同时通过规划、梳理业务流程，建立统一的信息标准和信息系统模型，有效地解决数字化校园发展过程中出现的“信息孤岛”现象。

四、改变教学方式

同时，校园数字化环境的建设，在实践中表现为信息技术在校园中的广泛应用。这种广泛应用，在教学上是要实现信息技术教育不只是一门普通的学科，而是成为培养学生将来所有能力的基础，也就须实现信息技术教育渗透和拓宽到其他各个学科之中去，把原来各个学科的教学方式从原来的教育模式下解放出来，放到信息技术教育的宏观背景下进行。这样不仅提高学科的教学质量，而且真正使信息技术教育全方位地渗透到学生日常学习生活之中，因此在实践中需要大量的软硬件设备和强有力师资力量来支持。让师生成为软件环境的利用者和开发者，这样的过程才能让软件的建设符合学校的需求，才能保证数字校园的建设为教学的有效的服务，这些也都属于软环境建设的范畴。由此可见，在数字化发展过程中，在加强教师培训的同时，充分发挥老师和学生的主观能动性，注意加强一些软环境的建设，为学生有效学习提供了有力的保障。

第四节　数字化校园建设的规划

第一阶段　网络集成

主要以基础网络建设为主，目前中小学处于网络集成这一阶段，考虑的是基础网络如何建设，如怎么建设有线校园网、无线校园网、校园网安全加固等。

第二阶段　系统建设

这个阶段以业务系统建设为主，相当一部分重点中小学目前处于这一阶段，考虑业务系统如何建设，如一卡通系统，是作为刷卡消费，还是门禁控制、电梯控制，课程管理、多媒体录播系统怎么建设，如何监控这些业务系统的运行，业务系统的数据安全保证等。

第三阶段　应用集成

这一阶段主要是做统一身份认证平台、单点登录系统等，信息化做的比较好的重点中小学在规划应用集成，如何把有线、无线、远程 VPN 等各种不同接入方式统一纳入一个平台进行管理，多媒体录播、OA 系统、视频监控等一系列业务系统，如何实现单点登录，方便师生的使用。

第四阶段 数据集成

这一阶段主要实现数据开发标准、数据结构的统一，实现各个业务系统间的数据实时共享，由于数据集成涉及应用系统的大量开发工作，周期长，投入大，目前，普教学校涉及数据集成方面的比较少。

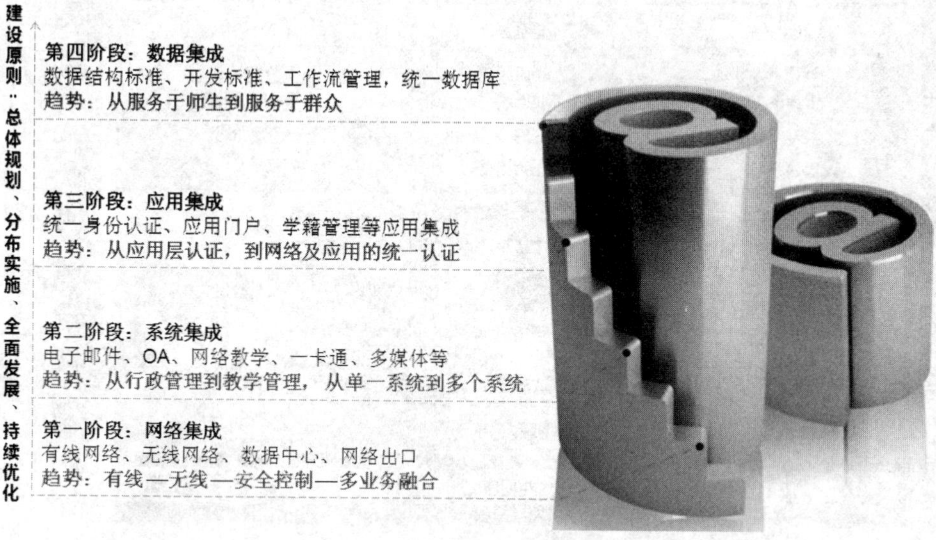

图 2-1 数字化校园建设基本构划图

第五节 数字化校园建设的框架

通过大量的调研，采用“3＋N＋1”整体架构是符合中小学数字化校园建设的发展的，这样的框架结构能从数字化校园建设的硬件和软件上适应学校发展的需求，为教育教学工作服务。这个框架结构中，3 表示 3 个平台，即基础设施平台、应用支撑平台、公共认证平台，1 指的是通过单点登录实现 1 个统一门户，N 指的是重点中小学的 N 个业务系统，这些系统可以根据学校的需求进行设置，具有学校的特色和个性。

基础设施平台，包括软件、硬件、PC、服务器、有线、无线等基础设施平台的建设，这是数字化校园的基础 。

应用支撑平台包括数字化校园的整体安全考虑、整个信息化业务的运维管理等。

公共认证平台主要包括统一的身份认证平台、权限管理系统等平台的建设。

统一门户是整个数字校园的访问入口点，给用户提供个性化的使用界面，用户进入门户后，除了可以看到公共信息外，只能看到与其身份相关的各项服务，成为用户的个性化网络门户。

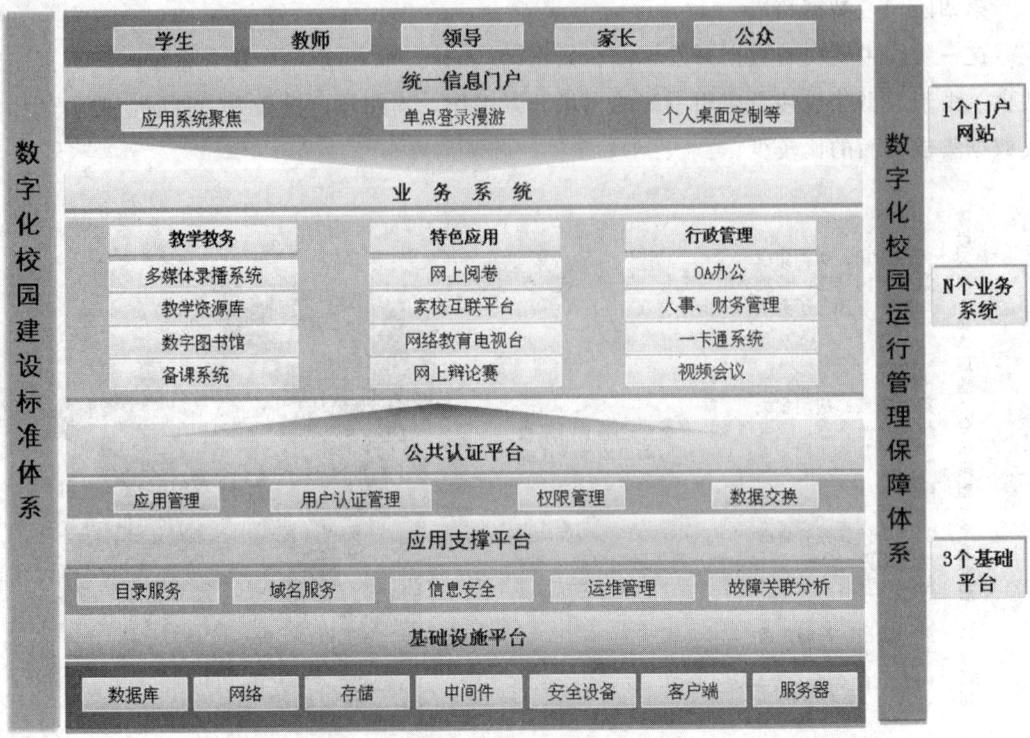

图 2-2　数字化校园的总体架构

N 个业务应用系统，是指用于学校教学、科研、管理、服务的各种应用系统，用于解决各类用户对信息管理和信息服务的需求，是信息化建设的主要内容。

从以上框架中，我们还必须认识到，基于数字化校园发展的现状，为了让数字化校园更好地支撑学校信息化的应用，还需要做好“数据信息标准”及“运行管理保障体系”两个方面，运行保障包括组织机构、人员培训、管理规范等，信息标准包括技术标准(应用开发)、数据结构标准、信息化评估体系等，以避免“信息孤岛”的现象发生。

第六节　数字化校园基础设施建设

先进的数字化校园能为教学服务，能带动起教与学的变革，能为学生学习提供有效的学习环境。在影响学生有效学习的诸多因素中，校园数字化带来的优势资源和引发的教学变革，所起的作用就非常明显，因此，必须在数字化校园的基础设施的建设中加足气力，为学生有效学习提供有力的支撑保障。

一、强大稳定的网络支撑

数字化校园更应该是以网络为基础，利用先进的信息化手段和工具，实现从环境、资源到活动的一体化自动办公，在传统校园的基础上，构建一个数字空间，拓展现实校园的时间和空间维度，最终实现教育过程的全面信息化。这些硬件的建设，都能为学生提供有效的学习环境。基础网络平台的完善很重要，是奠基工程，稳固的硬件平台是整个学校信息化建设的基础，尤其是网络基础平台建设质量，决定了学校未来信息化建设的档次。实验学校信息化建设程度在全国处于前列，为保证龙头院校效应的前提，必须具备 5～10 年的前瞻先进性，硬件支撑平台需要实现 7×24×365 持续不间断运行。具体体现在以下方面：

极高的可靠性——实验学校的生活、教学、管理均全面依赖于信息化，网络故障，其经济损失、社会影响不可估量。

系统稳定可靠性——至少需达到 99.999%以上，同时具备极短的故障恢复。普通网络自愈能力均在秒级，但几秒故障中断，会造成整个信息化业务系统全面重启，对各类高实时性业务有重要影响。

故障恢复——实验学校故障恢复时间需控制在 100ms 以内，故障恢复不能影响各业务系统正常运行，不影响用户的直接体验。

1. 网络中心建设

网络中心作为基础网络建设的心脏，其建设显得尤其重要，网络中心配置 1 台具有三层交换功能的交换机作为中心交换机。根据我校楼宇和楼层分布情况，在相应楼宇或楼层配置接入交换机。还配置了专用服务器，分别用于 WEB、视频资源、教学支持系统及各管理平台、文件共享、各类教学系统应用。同时根据我校实际应用情况，还配置了存储系统。

为了保证运行还要一些细节的要求：例如，中心机房铺设防静电地板。所有路由器、交换机等设备均安置于专用机柜内，机柜及防静电地板的接地达到标准，接地电阻严格控制不大于 1 欧姆。中心机房电源有专线接入，并有防雷设备。安装 UPS 不间断电源系统，保证所有路由器、交换机及服务器等设备(空调设备除外)的不间断供电，确保 UPS 的供电时间不少于 30 分钟。中心机房配置空调设备，空调电源要与机房路由器、交换机及服务器等专用设备电源分开，单独铺设。这些细节的严格要求，为网络中心良好运行提供了保障，有了良好的网络支撑，数字化校园的基础建设才算完善。

2. 网络交换设备

校园网络一般采用扩展星型网络拓扑结构，校园网络中心为核心层，放置高性能的多插槽、路由交换机，在校园各个区域设置多个网络中心作为汇聚层，各放置一台高性能多层交换设备，校园内各个建设设备间作为接入层，与网络中心千兆连接。

3. 三类网络建设

这三类网络具体指外网（互联网）、内网（校园网）和专网（专线网），三类网络定位不同，作用不同，共同构成了数字化校园的基础设施。根据数字化校园的定义，要把学校建成面向校内及社会的、开放的、超越时空的虚拟校园，因此，数字校园规划必须支持用户可以直接通过互联网与数字校园系统进行交换，同时考虑安全性和认证技术等问题。校园网是当前学校网络的基础建设，将完成数字化校园大部分应用的通信任务，基于校园网的应用，应有统一的安全体系和数据加密接口。专线网是学校网络不可缺少的部分，如财务网络有自己的专线网络，数据一般在物理上与外网隔离。这三类网络可以互联互动，也可以物理隔离，视情况而定。

4. 网络安全设备

在校园网络中，将防火墙放置在内网带外网的出口，可以为网络提供安全保护，在路由器上通过诸如访问列表这样的功能也能实现一定的安全防护，但从性能和安全性上都比不过专门的防火墙。最好采用硬件防火墙，因为硬件防火墙可以跟踪源、目的地址、传输控制协议（TCP）序列号、端口号和每一个数据包的附加 TCP 标志，只有存在已经确定连接关系的正确连接时，访问才被允许通过防火墙。通过这样，内部和外部的授权用户就可以透明地访问网络资源，并且同时保护了内部网络不会受到非授权访问的侵袭。

二、各具特色的应用支撑平台

基础平台建设好以后，要根据学校的教学以及管理的需求建立相应的应用支撑平台，这些平台的建设都要有一定的规划和长远的打算，要真正地为提高有效教学服务，这里列举一部分实例，以供大家参考：

1. 数字化交互式多媒体教室

以多媒体网络群控为基础，配合以电子白板教学互动设备，网络备课系统，实现多媒体网络群控，多媒体互动教学。教室采用短焦投影机加交互白板的设备，这种设备能实现白板与计算机之间的双向交互通信与操作，为教师与学生、学生与学生、师生与资源的交互提供了平台，而且可以取消原来的讲台，拉近教师与学生之间的距离，能极大地促进多种多样的交互活动；交互白板支持构建一个课堂教与学的协作环境，师生的教与学的角色和行为都发生了积极的变化。在交互白板提供的交互平台上，可以开展基于丰富的教育资源的协作教学与学习。在基于交互白板的课堂协作教学环境中，有利于教师发挥导学和助学的作用，教师对整个教学过程可以有更灵活的或强或弱的控制，同时也有利于学生充分发挥学习主体的作用，学生会表现出更多的参与和协作、活力和凝聚力。基于交互白板的课堂教学适应教与学的多种模式，实现教学结构与模式的多元化和多样化。

当然，数字化交互式多媒体教室还有以下具体的优势：

(1)与现有应用成果的紧密结合：平台方便使用学校已有互动教学课件校本资源，方便教师调用过去的成果。

(2)易学易用的硬件：方便教师、学生使用的硬件。

(3)紧密结合实际教学需求的教学软件：有针对不同学科的个性化功能，能够满足不同学科的互动教学需求，全面涵盖各学科所有互动教学素材。能够在互动平台上整个各种互动多媒体平台。

图 2-3　数字化交互式多媒体教室

(4)专业化的应用服务体系：有针对不同学科、不同年级的应用培训系列课程，能够针对不同学科出示个性化培训方案和标准化培训服务。能够结合经典案例，深入细致地分析和讲解课堂整合策略和设计方法，帮助在线教师在交互式环境下充分利用交互式技术重新组织和实施教学过程，从而改进教学方法，更新教学观念，改善教学模式，提高教学效率。

(5)教师技能竞技支持：能够全面支持各级全国互动课程大赛，提供想过技术服务支持。

(6)教研支持：搭建科研交流平台，如支持各级课题研究。

2. 全自动录播教室

为了更好进行教学研究，实现个人教学反思、课堂教学评估评价，促进教师专业成长，提高教学的有效性，同时为精品课程及示范教学授课、录制和课程资源，学校建设的全自动录播教室，通过"一键式"录制功能，满足上课老师自己独立操作录制课程，保证常态化教学。教师自主录制课堂教学。开展网络教研活动：以课堂教学为主体的教研活动，可利用"录播"系统直播到每一个教师桌面，也可录制后作为样本在网上进行"微格式"分析研讨。学校录制优质的课堂教学，建设精品课程资源库实现优质教学资源存储可供学生家长课后浏览阅读、可作为示范课示范给他人。

对录播教室的建设要求很高，教室吊顶使用吸声孔的矿棉板，或其他吸音装饰，窗户加装中空玻璃窗体、增加密闭性。窗帘等尽量选择色淡遮光的，教室内的布局尽量简洁。安装静音空调。室内还按需装了比一般教室的两倍照度还强的三基色灯管日光灯，使用电子整流器以减少闪烁。

系统能全过程自动录制，可实现教师、学生、黑板和多媒体设备等多个场景之间，依据动作、声音或其他特征因素应用智能化策略进行自动切换。支持师生互动和生生互动场景的录制。能实现教师讲课、学生答问及课件音频的采集和混音，拾音方式要能满足常态(包括互动分组)的教学需求。同时保证录制声音清晰。

全自动录播课堂教学后，能结合录制软件自动上传至服务器并进行发布，实现点播和直播；可通过 Internet 访问，随时点播相关课堂教学内容，学生即使在家里，也可以实现补漏拾遗和实现"课堂再现"式复习。

3. 校园电视台

本设计方案是全套摄录编播方案。演播室 2 套数字录像机，一套高标清兼容的非编系统，根据需要，平时可以用 DV 磁带记录 25M DV 信号，完成平时工作。如果有要求高的主题片要求，可以选配 P2 卡，通过非编 P2 专用读卡器，直接将视音频文件高倍速读入非编中进行制作，信号无损失，就可以编辑 50M 高质量信号，或者 100M 真正的 1080 高清信号编制好的节目通过非编系统，经过非编系统标配的复合接口，直接输入给学校原有的广播系统进行播出。出于安全考虑，也可以选购一台数字录像机，将编辑好的节目，录制到数字带上，用数字录像机输出的信号，接入给广播系统。

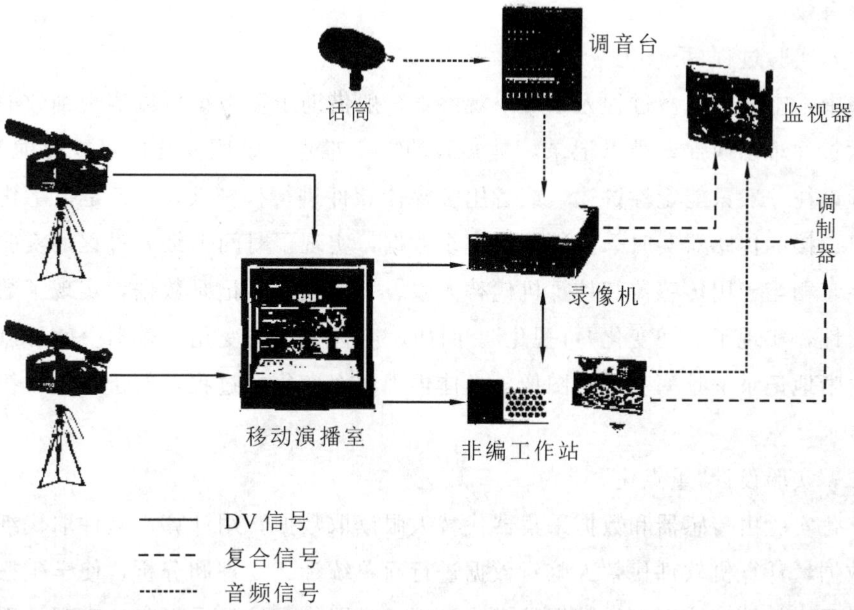

图 2-4 游府西街小学演播室系统连接图

4. 数字化实验室

学校还进行了数字化实验室的建设，数字化实验室是信息技术与传统实验课程整合的重要载体，它既克服了传统实验仪器和实验方式的弊端，又真正实现了信息技术与常规教学、探究性实验的完美结合，这是校园数字化进程的一个有力的尝试，所以，对此部分将做比较详细的介绍。

从有效教学的角度来看，建设数字实验室有以下的优势：

第一，摒弃如天平、弹簧测力器、计时器这些传统测量误差性比较大的实验工具，将学生彻底解放出来，减少烦琐的数据处理，从而更加专注于实验分析本身。

第二，迅速、精确地获得实验数据。数字实验室系统大大缩短用于实验的时间，而且得到的数据更加精确、直观。

第三，数字实验室系统摆脱了学生终端的电脑束缚，可以使更多学生能使用学生终端，自己动手做实验，从而增强学生的动手能力，更好地达到实验目的。

第四，让一些使用传统实验手段难以实现的实验成为可能。在传统的实验条件下摩擦力的测量只能在黑板上“演示”。现在，应用传感器采集数据，摩擦力的细微变化可即时呈现于电脑屏幕上。声音频率的变化等许多过去教学不可能完成的实验，利用数字实验系统均可轻松完成。这对小学操作实验具有非常强的实用性。

在实际运用过程中，我们也充分感受到了数字实验室的独特之处，它也的确让学生的学习变得有效：

第一，实验过程“可视化”

实验中，空间上细微过程人眼难以观察，一般借助于显微镜可以实现细致的观察。时间上细微过程难以捕捉，难以记录，是实验的一个难点，瞬间变化的可视化尤其是难点。有些实验以往一般只能定性讲述，或者用多媒体软件进行模拟演示。但是数字化实验通过与计算机连接的传感器实时采集数据，记录数据，实现了时间上细微过程的实验过程数据自动记录，相当于用传感器和计算机代替人眼、手、纸和笔记录数据，实现了数据记录的时间连续性，实现了瞬间变化“可视化”。例如，声音频率的变化。教学中就可以在很短的时间内清晰地记录下频率变化的图像，具体再现频率变化的过程，便于总结，符合归纳法教学的要求。

第二，实验设计“重点化”

数字化实验由传感器和数据采集器代替人眼读取数据，用计算机软件取代纸笔方式手工记录数据，计算机软件代替人脑对数据进行简单统计、处理和分析，使学生摆脱了烦琐的计算过程，能够直接把测量数据的变化过程通过图像直接显示出来，直观地看出之间的变化关系，从而让学生能够将更多的时间、精力用于实验设计，用于探究和分析，用于验证和修改假设，从而有利于更好地理解概念，掌握规律。

第三，数据采集“精确化”

数据采集“精确化”的基础是计算机信息技术的应用。其“精确”表现如下：

- **表现之一是“自动化”**

系统设置了连续采样、单点采样等多种采集模式，软件可以设置采集器的各种参数，实现数据采集的自动化。功能强大的数据采集器可以自动把整个实验过程中量的变化通过高采样率完整的记录下来，存储在数据文件中。并且由于数据采集器提供了反馈输出，可以通过附加一些器材，通过回控使得整个实验的操作过程也实现自动化。

- **表现之二是“实时化”**

由于采用计算机自动控制，系统能够在很短的时间内采集和处理大量的数据，并利用计算机强大的数据处理和作图功能，将数据反映成图像，使实验结果更加直观。数字化实验数据采集迅速，数据传输迅速，数据存储迅速，数据处理迅速，数据显示迅速，从而实现了数据变化过程与实验过程同步，实现数据的实时采集和实时处理。

- **表现之三是“并行化”**

数据采集器能同时接入四个相同的传感器或四个不同的传感器，能同时采集多个相同或不同种类的变量，实现数据的同步并行采集。

• 表现之四是“定量化”

定量研究是科学的特征。一些传统实验受到实验条件、实验技术的限制，难以量化。数字化实验直接使许多物理定性实验升级成定量实验。

利用传感器测量的各种量都要经过采集器进行处理后才能变为计算机能够储存和处理的数据。从数据的测量到采集再到处理，都是在系统内部完成，避免了传统实验仪器由于估读时人为引进的各种测量误差，使实验结果更精确、可靠。

例如，电压测量可以精确到0.01V，光电门计时可以精确到0.1ms。而且两者的误差都为1%以内，对于普通物理实验来，这个精确度已是相当的高了。又例如，压强传感器采用工业级压敏器件。传感器量程为0～300kPa，测量分度达到0.1kPa，能够精确反映实验过程中的压强变化。

计算机数据处理软件数据可以及时地把同一实验数据用数字、指针或示波器三种显示方式显示出来，实现了实验数据的定量显示。

数字化实验的传感器的精度高，数字化实验的误差比较小，数据的定量显示，这些就使物理、化学、生物学规律的探究发现或者探究验证更具有严谨性和可信性。数字化实验室为学生的“定量化”研究提供了研究平台，有利于学生理解科学的本质。

第四，数据处理“智能化”

“智能化”地进行实验重演。

每个实验的配置、传感器的设置都以模板文件(.exs)存储在硬盘上，每次实验数据都以一定的数据文件(.exd)存储在硬盘上。软件提供了回放功能，只要调用相应的实验模板和数据文件，就能够实现实验的重演，学生可以随意定格展示、随意缩放数字化实验图线，回忆实验情形，复习实验过程。由于保存下来的数据和结果是以通用格式保存的，这使得数据的共享十分方便。利用计算机的网络功能，还可以把实验数据和结果以最快的速度进行网上发布，做到数据共享。

“智能化”地创建实验报告。

软件可以创建各种文档，如实验指导报告文档、实验预习报告文档、数据处理结果文档、实验主报告文档以及需要的文档。Word创建的文档另存为RTF文件就能导入到实验文档中。电子文档的优点如方便多次修订，方便网络共享、同伴交流学习在这里实现。

第五，教学过程“现代化”

(1)教学手段现代化

与传统的实验仪器相比，传感器更具有品种多、技术新、功能强、发展快、性能可靠等优势。过去实验测量器材有电流表、电压表、弹簧秤、水银温度计等，现在则可用电流传感器、电压传感器、力传感器、温度传感器等来测量。

数据采集器已在实际的现代生产、生活中得到了广泛的应用。数据采集器在物理实验的应用，使学生能提早接触和熟悉数据采集器，适应时代要求。教师利用数字化实验设备可以最大限度地率领学生敢于向传统挑战。教师可以利用数字化实验设备创设情境，让学生充满对周围事物关心的激情，促进学生创造性思维的发展。

(2)教学方式现代化

数字化实验提供一种现代的认知工具。认知工具是支持、指导、扩展学习者思维过程的心理或计算与实验装置。前者存在于学习者内部如学习者的认知、元认知策略；后者则是外部的，包括基于计算机的装置和环境；它们都是知识建构的辅助工具。认知工具由学习者控制而不是由教师或技术控制的；认知工具用来促成学习者对所学领域进行努力思考、并达成一些在没有工具情况下难以形成的想法。

学生能否适应当今知识和信息爆炸的社会，是否具备完整的信息处理能力将尤为关键。而以传感器为主的数字化实验室仍以学生的真实实验为基础，很好地抓住了信息处理的三个重要环节(采集、处理和表达)，从而有效实现了信息技术与理科学科的整合。

数字化实验室对转变学生学习方式、提高实践能力、培养创新精神等方面是值得肯定的。

第七节　数字化校园应用平台建设

数字化校园的建设需要丰富的优质应用平台作为内容的支撑，如果说基础设施的建设是数字化校园的骨架，那么，丰富的优质应用平台就是数字化校园的血肉，这些资源平台要能上升到优质的层面，必须注意以下三个方面：

1. 实用性

实用性就是能有效地管理各种校园网的资源平台，同时能确实有效地为信息资源管理、教学信息传递和教学管理提供各种服务。一个具有强实用性的管理软件是十分有必要的，也是管理软件能得到推广和广泛使用的前提条件。

2. 易用性

就是校园网用户能够简单快速地掌握整个软管理平台的使用，从而具体地发挥它的各种设计功能。校园网软管理平台的多个子功能系统集成于一个总管理系统中，实现一个统一入口，统一操作，使得校园网用户操作的简单化，促使他们主动参与“数字化”校园建设。

3. 可持续性

实现子功能系统自由添加和不断完善。数字化校园的资源平台作为一个软件系统，软件的长期维护升级和根据需求不断完善功能是必需的。总之，数字化校园应该包括了硬环境、软管理环境、软信息资源三个主要的环境条件，以及师生教与学的信息化。实现一个适合中小学校园网的软管理平台，优化各种硬件资源，建立一个信息资源存储、管理、共享和传递平台，为实现数字化校园铺设一个健壮、安全、稳定和可持续发展的软管理平台。这就要发动师生积极收集与教学任务有关知识信息充实校园网，使资源平台成为“知识的海洋”。

优秀的数字化校园，具有学校特点的，为了学生发展为目的的各类平台、资源库的建设显得非常重要。

一、教学资源平台的建设

教学资源管理：资源管理人员可以通过该系统平台将资源入库、上传、审核、发布，对资源进行分类管理，对元信息进行维护。教学资源(物理)文件在物理存储结构形式上可以采用集中存储，也可以采用分布存储。这些功能可以让用户可以轻松方便地管理、维护和扩充公共资源库。

教学资源调度：资源管理人员可以通过资源调度系统进行资源的发布和删除、资源的分布管理和资源的负载调度等。

教学资源服务：海量来自丰富的优质教学资源，是校本资源建设的基础，是一线教学的参与者智慧的集大成，是一切互动教学常态化应用推广的关键。在平台建设初期，《互动教学综合应用平台》将部署基础教学资源数据库。随着平台的长期应用，两级数据库将相互补充同步：从教学一线源源不断地将优质课件资源补充进学校级资源数据库，进而补充至基础资源库；同时，基础数据库也会不断地吸收来自于其他系统的优质资源，定时或不定时分发至系统内各校级资源库，以达到优质教学资源的充分共享。

教师培训：教师培训模块是在教学资源服务系统完善后衍生出的一个提高一线教师自身能力和素质的系统。利用 VOD 系统，课堂视频资源，帮助教学观摩，交流。

教师备授课系统：建设终端到教室的班班通、建设丰富优质的资源数据库、建设相关的管理调度系统，一切的一切，都是为了让一线教师通资源，一线教师提升课堂。教师备授课系统作为班班通基础教育网络系统的终端应用，是真正的这一平台、这一解决方案画龙点睛的部分。

系统特性：

◆支持教学资源的科学分类及展现方式，界面直观、美观，操作简便，符合教师操作习惯。

◆支持多种教学资源的(视频、音频、Flash、PPT、图片等)在线浏览、收藏、下载，支持单一资源文件、资源文件包的下载。

◆支持视频的快进、快退、全屏、暂停播放功能，支持 Flash 全屏播放效果，支持图片的连续预览、全屏预览效果，视频能够按备课时收藏的时间段播放功能。

◆教师可以利用教师文件夹、教师收藏、U 盘等方式完成资源调用、课堂教学；个人资源管理，可以建立个人资源目录，能够上传、删除资源，经教师本人授权后可以共享给其他教师使用。

◆支持个人资源校本资源的整合。

◆支持年级、科目、版本设置，根据设置的教材信息，管理相关资源。

教师授课系统：师授课系统主要用于教师日常课堂授课，主要包括在线资源浏览、光盘、U 盘资源浏览等，支持在线播放白板专用课件、视频、音频、Flash、PPT、图片等教学资源。

◆支持教师快速登录系统，无须重复输入教师账号和密码。

资源库中应该包含以下内容(如图 2-5)：

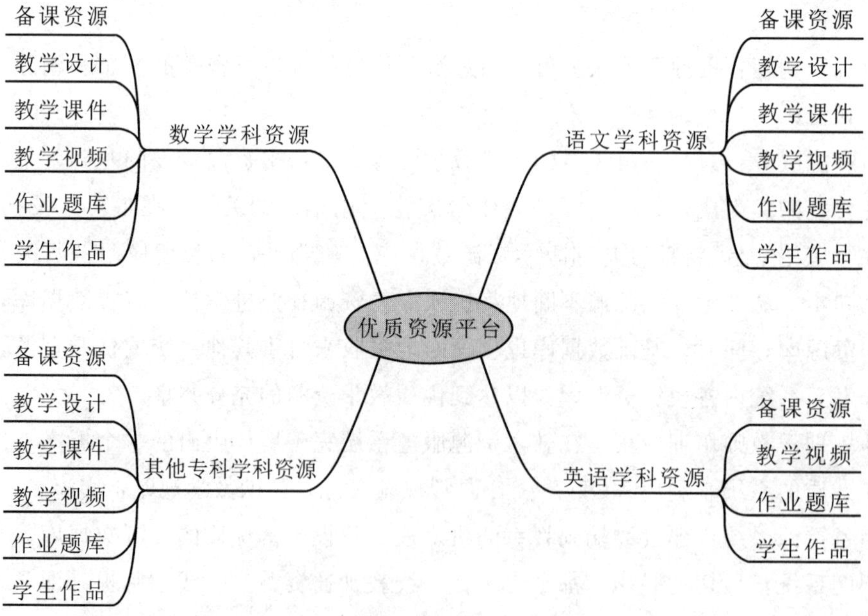

图 2-5　资源库结构

二、教研资源平台的建设

网上教学教研平台是一套基于校园网环境下，开展教育教学、教学研究活动的教育管理系统，与全自动录播教室相配合为教师进行网络备课与授课、网上答疑、网上听课评课、课件点播等教学研究活动提供服务。学校组成了强大的“网络教研团队”，由特级教师、学科带头人组成，各科网络教研团队都有，我们在参加的全国网络教研团队比赛中也获得了一等奖的好成绩，这些成绩的取得都是建立在平时实践的基础上，利用网络教研形式的便捷和强大的互动优势，以及不断提升的教师教学和研究水平。

教研资源平台建设主要体现在：

◆备课与授课：建立以学校教学软件和课件素材等构成的本地化特色资源库，为教师通过网络进行备课提供便利条件，并实现教学资源的共建共享。

◆提供网络化平台，让教师能利用网络的优势，在网络上制作多媒体课件。

◆提供优质教学资源：学科优质资源学习平台。主要由语文学科资源、数学学科资源、英语学科资源、其他专科学科资源四个模块构成。与小学新课标内容相结合，由各学科骨干教师通过网络搜集整理和创造性地研发上传优质资源，供教师教学、学生学习使用，并有利于家长及时了解和检查学生的学习情况。具体栏目设计如下：网上答疑：基于网络的实时或非实时师生交互、答疑平台。听课评课：建立教学反馈与评价信息库。课件点播：基于学生学习的课件点播系统。

三、管理资源平台的建设

学校管理平台是一套基于校园网环境下的校园信息管理系统，针对学校基本信息、教务信息、学生信息等方面实现了数字化管理。包括教务管理、办公自动化、科研管理、人事管理、财务管理、财产管理和后勤管理等模块。

学校的管理平台采用多层框架、统一身份认证等技术保证作为学校领导为主体的管理者和以普通教师为主体的参与者能简单、易行和规范的使用，为学校采用信息技术手段、为学校教育、教学、管理、互通等全面的提升提供可能和保障。主要有以下功能：

①公文流转系统

◆做到文件发送的点与点发送和点与面发送，可指定个人接受，可指定群体接受。

◆接收端阅与未阅均可以反馈给公文的发布者。

◆任务发布集合功能，即对于多人任务的反馈可以集中反馈在发布者所发布的单个任务下。

②教师备课及教案管理系统

◆教师在线备课(有固定的备课模板)。

◆提供二次备课的模式，二次备课有明显标示。

◆检查、浏览均有人员、时间记录。

◆教案具有打印功能，并提供水印功能。

◆检查数据汇总表、备课数据汇总表。

◆教师档案管理系统。

◆教师人事资料档案，可导出、可打印。

◆教师业务档案(含：成果、论文、获奖等)，可导出、可打印。

③学生档案及班级管理系统

◆提供学生学籍管理。可导出、可打印。

◆学生日常管理(奖惩记录、学籍变动等)。

◆班级管理(建班、升级、班主任管理)。

④学生考试及成绩管理系统

◆考试发布功能。

◆成绩录入及校准功能。

◆成绩统计分析功能。

◆成绩导入导出功能。

⑤课表管理系统

◆课表导入功能。

◆课表沿用功能。

◆个人课表、班级课表、总课表展示功能。

◆调课功能。

⑥资料印刷综合管理系统

◆印刷汇报功能。

◆印刷审核批复功能。

⑦报修管理系统

◆设备保修信息汇报。

◆设备保修审核批复功能。

⑧绩效考核管理系统

◆根据现有的绩效考核方案设定教师的业务档案。

◆根据日常的教师业务档案及备课、教学等项目的填制情况逐级汇总。

◆根据逐级汇总的数据构成教师月度、年度绩效考核汇总表。

◆汇总表在管理层加入金额进行换算，形成教师绩效考核的收入参考。

⑨报表管理系统

◆管理的各类报表汇总。

◆上报材料的报表汇总。

◆统一身份管理及权限分配系统。

四、学生成长资源平台的建设

学生学习成长平台是一套以学生为本，基于校园网环境下的学生信息管理系统，平台通过对学生学习过程、成长经历、学习档案、班级活动等记录，有效促进学生主动学习，自我调控，协作互动，健康成长。

学校的学生学习成长平台主要有以下功能：

◆每个学生在班级主页中都有自己的空间，可上传属于自己的内容，并由相关教师审核，包括学生的照片，文章，图片等。

◆学生的空间的内容分为公开和私密两种，私密的内容需要用户登录才能看到。

◆教师可将学生的各科历次考试成绩上传至每个学生的空间，并且该学生的家长可登录查看。

◆学生的各科成绩可以进行汇总统计。

◆教师每月给学生进行评价，评价过后在该学生的空间内反映出来，并且该学生的家长登录后也可以看到。

◆学生的评语可以进行汇总显示。

◆每年的 9 月份系统进行自动升级，所有学生的年级向前跳动一级，六年级变为毕业班。

◆家长可给具体班主任和教师进行私密留言。

◆校长可查看所有的学生和教师的使用情况和使用成果。

◆学生生日提醒功能，到该学生生日当天，系统会自动提醒。

◆专门针对人员管理、权限分配、文章审核、统计报表、文章类别设定、资料上传(含各种文字、图片、图文混排、视频等)管理和使用功能，使其更加简便、丰富和人性化。

◆网站数据采用人工备份和自动备份(可在网络中指定备份路径)相结合的模式，数据库和 Web 程序分开搭建模式，采用这两种模式最大程度上保证了数据的安全、速度和稳定性，同时也考虑了数据的独特处理方式。

五、家校信息资源平台的建设

通过多形式、多渠道实现家长与学校、与教师、与学生之间的信息交流与共享，构建一个家校信息互动平台。家长方便了解学生在校的学习生活情况，对学校教育工作献计献策，教师通过网上辅导、留言、短信互动、作业讨论与学生家校互动，方便了解学生在校外的学习，促进学生的发展。

1. 家校信息平台的优势

①充分利用网络将教育信息资源组织起来，弥补了校内教育的不足

教育信息资源的应用为建构主义学习理论提供了技术层面的实证。从建构主义学习理论看，教育信息资源具有的技术特性，为应用建构主义学习理论提供了广阔的空间，促进了教学观念的根本性变革。

教育信息资源在家校联系中的应用，具有传统课堂所没有的优势，即良好的开放性、广域性和交互性。学习者不受时空的限制，可随时进入虚拟课堂学习，整个教学环境处于自然、开放的状态。教育信息资源取之不尽，用之不竭，学生可在网上随意浏览、下载，与他人交流，获得学习资源，积极主动地探索知识并对所学知识意义的主动建构，使网络成为展示其创造性工作的媒体。

②充分利用网络将家庭与学校联系起来，使家庭和学校形成强大的合力

教育信息资源在家校联系中的应用，突破了时空的限制，利于家长有效地利用校园网资源，家校合力共同挖掘、整合学校和家庭教育资源，共同促进学生全面发展和个性与人格的健康成长。

2. 家校信息平台的建设

①家校互动网上学堂

“家校互动网上学堂的建设”由四个模块组成，包括：语文学堂、数学学堂、英语学堂、专科学堂。此模块的设计意图是将学科知识基本点及拓展知识加以整理，形成课外学习资源，以弥补课内教育的不足，满足学生个性化学习需求，也便于学生之间开展合作性学习，并且为家长指导学生学习提供了明确的目标和具体内容，家长可以有计划地指导和检查学生的学习。课外学习资源要求适合小学生的知识水平和思维特征，具有生活化气息。具体栏目设计如下：

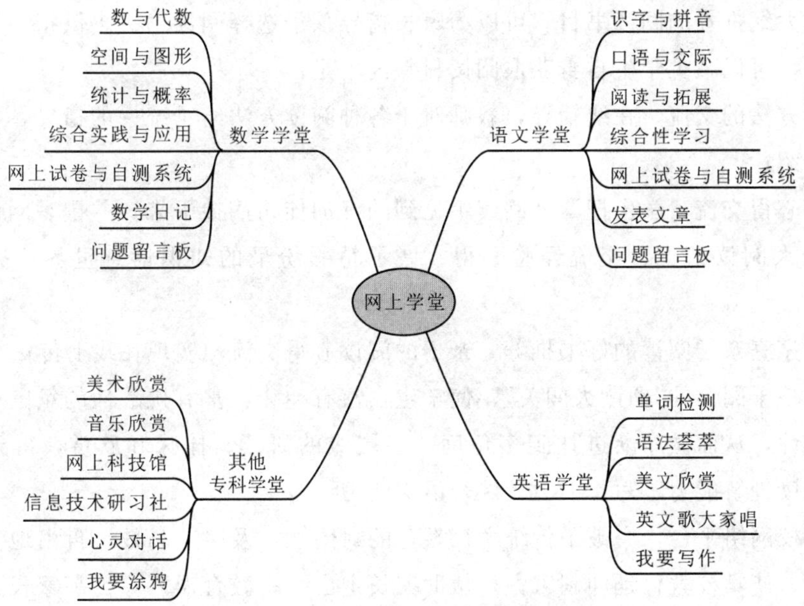

图 2-6 网上学堂结构

②开心阅读资源库

阅读是一项重要的“语文能力”，新课标要求学生九年义务教育课外阅读总量应在 400 万字以上。阅读是识字的目标，也是作文的基础，对于培养学生的学习能力和积极的人生态度具有良好的作用。开心阅读资源库的设计在于提供适合小学生的课外阅读优质资源，构成阅读精品的学习氛围，引导学生有计划地阅读书目，从而提高小学生的品德修养。具体栏目及功能简介如图 2-7 所示。

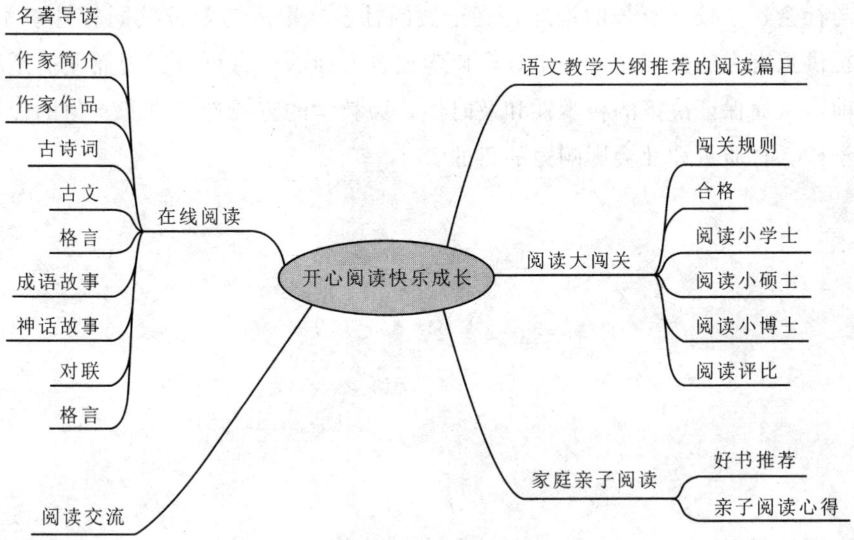

图 2-7 开心阅读资源库结构

◆语文大纲推荐的阅读书目。可以为家长指导孩子选择阅读书目提供指导；在线阅读的电子书籍，可以减少学生自身获取阅读材料的不足；

◆阅读方法的交流、在线辅导，教师对于各种阅读方法给予统一的指导，学生之间读书方法的介绍；

◆读书心得交流，学生把课外阅读中见到的好词佳句摘抄下来，并撰写阅读感悟，让学生显露个人阅读情况、交流经验心得、展示精彩纷呈的知识信息世界，提升阅读的效果；

◆适合家庭亲子阅读的好书推荐，亲子的阅读心得交流，实现在线上传；

◆鼓励孩子阅读的“阅读大闯关”，使学生在富有趣味，富有挑战性的氛围中激发学生的阅读积极性，从而循序渐进达到多角度、多层级的研读、体味和欣赏，得到知识的滋养、提高阅读理解能力、写作能力及综合语文能力。

建立家校网络平台，突破了传统学校教育的封闭性，及时、高效、自由地实现了家校互动与沟通，使学校教育延伸到家庭，帮助家长走出家庭教育误区，提高家长素质，增强家庭的教育能力，既实现了学校教育对家庭教育的指导作用，又促进了家庭教育对学校教育的参与，还有利于老师、学生、家长三方沟通，家校合力共同挖掘、整合学校和家庭教育资源，共同促进学生全面发展和积极个性与健康人格的形成。

总体来说，数字化校园是数字时代学校的必然发展目标，是我国校园文化发展的必然。数字校园必将把学校中的管理和教学带入一个全新的网络信息化时代，是以数字化的方式来体现我们的工作、学习、交流与管理，是一种全新的生活学习和管理模式。它的目标是将校园内的各种信息数字化，以增进交流，改变教师的授课方式与学生的学习方式，增进学校与社会、学校与家长的沟通，真正做到社会、家庭与学校共同教育孩子的目的；此外，还提供强有力的数字化分析工具，使学校各方面的信息可以直观而便捷地反映到管理者的面前，从而保证决策的科学性和及时性，为教学的有效性提供了有力的保障，最终达到提高学校教育质量和社会影响力的目的。

第三章　学习资源与有效学习

有效学习的资源应该是帮助学生花更少的时间，收获更多的知识，让学习变得更有趣；有效学习的资源不应该成为资源海，而应该是在海量资源中尽可能多地进行有效整合，帮助学生掌握尽可能丰富和牢靠的知识。简单地说，有效学习的资源是一种帮助学生在一种愉悦的体验中，用最短的时间最为有效地掌握更多知识的资源。

第一节　数字化与有效学习资源

自1997年教育部开展“全国中小学现代教育技术试验学校”工作以来，数字技术从辅助教学逐渐发展为一门专门课程，伴随着新课程改革的推进，突破一门课程的局限，在与其他课程的不断整合过程中，以观念更新、知识结构、思维方式等形成动力结构，进而对学校课程及其建设的诸多方面(课程理念、内容、结构等)产生深刻的影响。

在这种数字化的浪潮中，学习资源的数字化更是为有效学习提供强大而有力的支撑。数字化环境下有效学习的资源是指经过“以计算机为基础的数字化技术”处理后，在多媒体计算机上或网络环境下，在学习过程中可被学习者利用，并促进学生有效达成学习目的的一切要素。

学习资源数字化不是信息技术与学科课程的简单整合，而是在课程学习过程中把信息技术、信息资源、信息方法、人力资源和课程内容有机结合，共同完成课程教学任务的一种新型的学习资源。学习资源数字化的本质是要求在先进的教育思想、理论的指导下，把计算机及网络为核心的信息技术作为促进学生自主学习的认知工具及情感激励工具，使各种教学资源、各个教学要素和教学环节，经过整理、组合，在整体优化的基础上产生聚集效应，从而促进传统教学资源的根本变革。

数字化学习资源具有切合实际、及时可信、可用于多层次探究、可操作处理、富有创造性等特点。

一、数字化学习资源具有切合实际、及时可信的特点

数字化学习资源依托于信息技术与网络平台，拓宽了资源使用的时间与空间，改变了从教师—学生的单向资源传递方式，使得学生可以突破时空和传递呈现方式的限制。学生可以在任一时间与地点通过使用不同的学习平台获得高质量的课程相关资源，实现即时的信息传送、接收、共享、组织和储存。这些学习资源融入课程学习之中，学习者可以自主利用并与其他学习者进行讨论与交流。这种以学生学习现实为基础，即时交流的资源利用，具有切合实际、及时可信的特点，不仅有助于学生自主发现、理解、掌握知识，并在合作与交流的过程中，改变学习的方式，更有利于学生加深对现实世界的理解。

二、数字化学习资源具有可操作性、多层次探究的特点

数字化资源融为课程学习内容之后，学生可以在课程学习指导下进行探索、交流，并在这一过程中，发现问题、寻找解决问题的方法与途径，进而解决问题。这使得数字化学习资源具备了可操作性。

在学习资源数字化的过程中，教师能够根据本班学生的实际学情和学习能力的差异性，将同一学科相同主题的内容演变为适合不同层次学生的学习内容，有助于学生在达到基本水平的程度后，还可以根据自己的需要、能力和兴趣选择不同的难度水平，进行解决问题的探索。

三、数字化学习资源具有创造性的特点

在学习资源数字化的过程中，经数字化处理的课程学习内容能够有效激发学生主动地

参与到学习过程中，学生不再是被动地接受信息，而是采用新颖熟练的信息加工方法，进行知识的整合、再创造并作为学习者的学习成果。学习资源在师生双方使用的过程中，逐渐融合在课程教学过程中，并得以被评价、被修改和再生产，同时允许学生和教师用多种先进的数字信息处理方式对它进行运用和再创造。

数字化学习资源富有创造性的特点，能很好地培养学生的创造力，并且为学生创造力的发挥提供了更大的可能。

数字化学习资源具有的这些特点与传统的教科书相比，更能促进学习方式的多样和学习成果的高效。

案例：

苏教版小学语文第七册第14课《普罗米修斯盗火》的教学过程中，教师运用专题网站，整合各类学习资源，组织学生课前和课后在线阅读《希腊神话》，运用班级博客交流阅读《希腊神话》的感受。在这一过程中，教师在提供学习平台的基础上，首先给出《希腊神话》这一学习资源，并进行了一定的阅读指导，使学生的自主阅读具备了可操作性，学生在阅读的过程中，对普罗米修斯这一人物的性格进行探索，为课堂学习与交流奠定了良好的学习基础。而作为学生学习成果的个人阅读感受与体会，又在运用班级博客进行交流的过程中成为新的学习资源。在这一学习过程中，原本由教师提供的单向学习资源被丰富，并多向化，学生在享受优质资源的过程中，也成为资源的提供者与生产者，为有效学习的达成提供了有力的资源支撑。

第二节 有效学习资源的分类

有效学习资源是十分丰富而复杂的，主要包括支持学习的人、财、物、信息等，其组成要素包括信息(Information)、人员(People)、材料(Material)、技术(Technology)与设备(Device)。无论从开发者和管理者的角度，都有不同的划分方法。在此我们尝试从多个角度对有效学习资源进行分类。

一、按资源的表现形式分类

按资源的表现形式，有效学习的资源可分为两类：硬件资源、软件资源。

1. 硬件资源

硬件资源是指学习进行过程中所需设备、设施、场所等看得见的有形资源。如教室、电脑、多媒体投影仪、网络服务器等。

以一个录播型多媒体教室为例，它涉及的硬件就有：自动感应摄像机(能够自动捕捉到活动对象，并调整角度，进行摄像，将教学过程中的师生活动完整录像)、电子白板(教师教学的辅助设备，能够将电脑屏幕上的影像通过投影设备在白板上展现，并利用相关软件，由教师和学生与媒体课件直接进行交互)、智能录播编辑机(能够将教学过程中的活动影像，进行编辑)等，如图 3-1 所示。

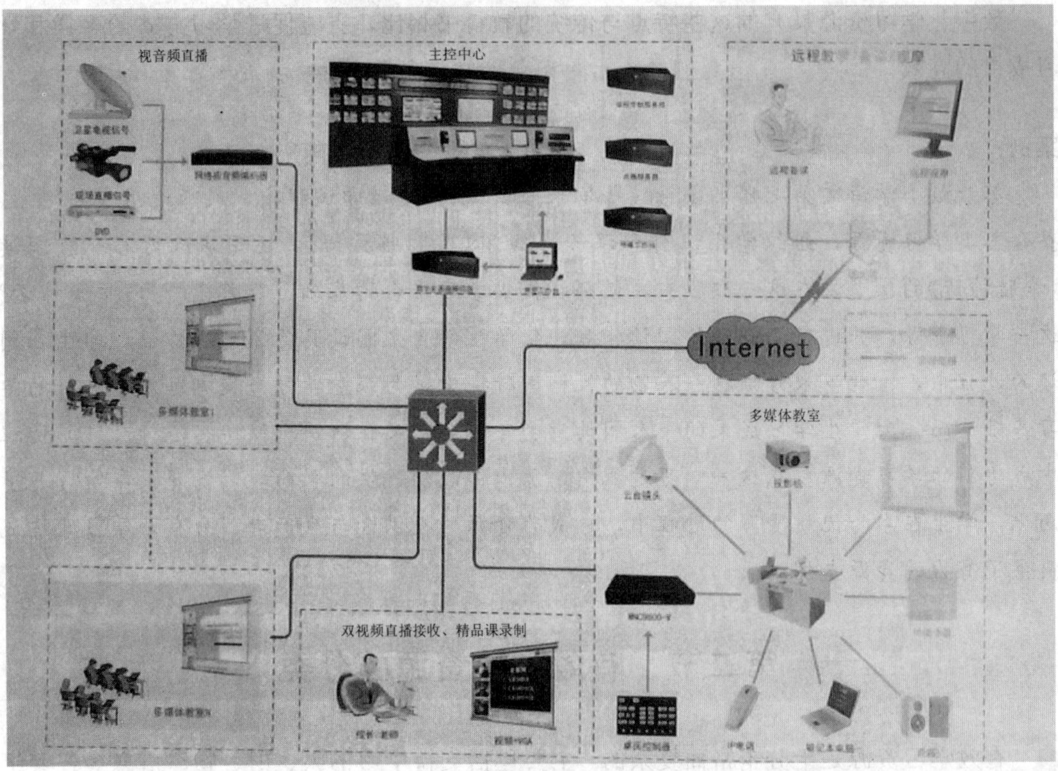

图 3-1　录播型多媒体教室

2. 软件资源

软件资源是指各种学习材料和支持学习活动的各种非硬件资源。根据其存在的形式，包括文本、图片、动画、音频、视频、课件及工具性软件以及网络环境下的各种学习平台，如图 3-2 所示。

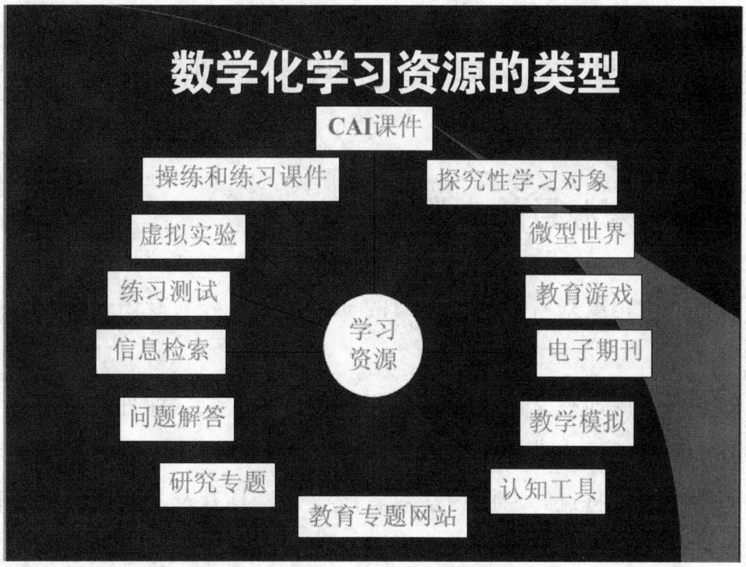

图 3-2　学习平台

文本材料不仅包括以数字化存放的文字材料，还包括纸质的教科书、讲义，主要是学生学习的文本内容。

图片、动画、音频、视频等材料能够帮助学生更好地理解文本内容，如语文课本中将静态的文本描写转化为图片，能够有利于学生对文本的理解，再如数学教学中常常会有一些实验的演示，文本材料的固化特征不利于学生掌握过程中的细节，动手操作虽然能够让学生有亲身的体验，但其中一些稍逊即逝的小细节往往易被学生忽略，因此通过动画或者视频材料的慢速播放，并引导学生对其中关键细节的关注，有利于学生理解并掌握知识。图片、动画、音频与视频资源常常整合于教师为帮助学生理解、掌握学习内容，提高技能技巧而专门设计的教学课件中。这有利于师生在同一界面中，自如的调用各种学习资源，为达成有效学习目的提供服务。

工具性软件提供给教师有效整合各类学习资源，如：PPT 制作软件(较为便捷的幻灯片制作软件，具有自主性、交互性、个性化特点的教学资源。能够整合动画、图片、音视频等多种学习资源，交互式按钮让媒体运用更具灵活性)。交互性白板操作系统(具有强大的交互作用，其资源库的不断充实与使用让学习资源得以不断的丰富)、奇奕画笔(一种图画工具软件)等。

网络环境下的学习平台包括 BBS、Blog、专题网站以及基于 Moodle 的交互式学习管理系统等。BBS 是一种开放式的论坛，教师和学生可以提供学习资源并自由发表自己的言论；Blog 与专题网站的资源提供方式丰富与多样，有利于学生的自主选择与利用；Moodle 的交互式学习管理系统，为师生的学习提供了一个开放的学习平台，其在线测试与即时评价的功能为学生的学习提供了及时的反馈信息。

软件资源除了上述表现形式，更为关键的是建设一个基于资源库的多功能教学系统平台，为教师、学生、管理人员提供方便的支持和服务。这也是教学资源的重要组成部分之一。

二、按资源的来源目的分类

从资源来源目的的角度来看，有效学习的资源又可以分为专门设计的学习资源与非专门设计的学习资源。

专门设计的学习资源即狭义的学习资源。如教科书、教学课件、数字化实验室等，这些学习资源是基于一定的目的性和计划性，由教育者根据教学内容与教学目的，结合学习者的学习现实与学习方式特点，专门为学习者所设计，具有及其明确的教育性。

非专门设计的学习资源也可称为广义的学习资源，虽然没有专门为学习者所设计，但能够影响学习者经验或行为，这些都可称为学习资源。如博物馆、戏剧等，虽然不是专门为某一个学习内容或学习目的所设计，但学习者也能够从中获取丰富有益的知识与经验。

第三节　数字化校本资源支撑有效学习

《基础教育课程改革纲要(试行)》指出："要大力推进基础教育课程改革，调整和改革基础教育的课程体系、结构、内容，构建符合素质教育要求的新的基础教育课程体系"；同时提出"要实行国家、地方、学校三级课程管理"的要求。这说明我国基础教育的课程设置正朝着针对性、适应性和实效性的方向发展，朝着更符合素质教育的方向发展。随着教育实践的发展，大家普遍认为，教学的目标不仅仅是知识的传授，还包括学生对学习过程的理解、学习方法的掌握，以及态度、情感和价值观的培养熏陶。情感态度和价值观是隐性的，是活的教学内容，需要教师在实践中发掘，并结合学生的具体情况进行教学。这样，教学活动就由单向传输变成了双向互动。新课程教材功能也从知识传递转变为引导学生学会学习、学会做人。

新课程倡导的教学观也要求我们开发校本资源：教学是师生共同探求新知的过程，师与生共同参与课程资源的创建与开发，对给定的内容不断地进行变革和创新，教学过程成为课程内容的持续生成与优化，以三维目标("知识和能力，过程和方法，情感、态度和价值观")的整合为核心，课程意义不断建构与提升的过程。新课程的教学模式也由封闭走向了开放。教师的教要服务于学生的学，教师是学生学习的组织者、引导者和帮助者。在教学活动中，教材、教师和学生三者，学生是中心，学生的学是主要矛盾，一切围绕"怎样学，怎样才能学好”这个中心进行。新课程为教师提供了更大的发挥空间，教师要创造性地选择和应用这些教学材料，而不能跟在这些资源后面跑，受其所困。因此以计算机、多媒体、互联网等为主的数字化信息技术已成为新的学习资源，为学生的有效学习提供有力支撑。

“校本课程”是一个外来语，最先出现于英、美等国，已有20多年的历史了。现在在中国新的教育形势下，校本课程成为了课改的重点。“校本”(school-based)的含义是什么？从英文字面来理解是“以学校为本”“以学校为基础”，华东师范大学郑金洲在《走向校本》中这样解释：所谓校本，一是为了学校；二是在学校中；三是基于学校。为了学校，是指要以改进学校实践、解决学校所面临的问题为指向；在学校中，是指要树立这样一种观念，即学校自身的问题，要由学校中的人来解决，要经过学校校长、教师的共同探讨、分析来解决，所形成的解决问题的诸种方案要在学校中加以有效实施。

校本课程(school-based curriculum)即以学校为本位、由学校自己确定的课程，它与国家课程、地方课程相对应。在刘旭东、张宁娟和马丽等人编著的《校本课程与课程资源开发》一书中指出，校本课程的出现在国际上有三种看法：第一种看法认为，校本课程的历史几乎和学校教育的历史一样悠久，在古代时期学校的课程在较大范围内和一定程度上是有学校自己决定的，那是在课程中占主导地位的是校本课程(这是从校本课程的存在形式来考察的)。第二种看法认为校本课程的思想源自于20世纪70年代西方发达国家，认为校本课程实质上是一个以学校为基地进行课程开发的民主决策的过程，即校长、教师、课程专家、学生以及家长和社区人士共同参与学校课程计划的制订、实施和评价活动(这是从校本课程的思想产生来看的)。第三种看法认为，校本课程真正出现在1973年爱尔兰阿尔斯特大学召开的“校本课程开发”国际研讨会上(这是从校本课程概念的出现为依据的)。

对教科书的管理主要有两个制度：一是编写资格认定制度；二是教科书审定制度，给出教科书目录。

一级	国家	制定国家基础教育课程；审议省级上报的课程推广方案；评估全国范围内的课程质量。
二级	地方	开发地方课程。指导学校校本课程的开发，学校是真正发生教育的地方，学校有一定发言权。
三级	学校	开发校本课程。教科书选择权。

校本课程是学校自主决定的课程，它的开发主体是教师。教师可以与专家合作，但不使专家编写教材，由教师用。教师开发课程的模式是实践—评估—开发，教师在实践中，

对自己所面对的情境进行分析，对学生的需要做出评估，确定目标，选择与组织内容，决定实施与评价的方式。目前，校本课程开发的主体是教师小组，而不是单个教师。

校本课程的开发，主要是针对国家课程开发，以学校为基地进行地方性、特色性等课程的开发，实现课程决策民主化。国家在做课程计划时应该把一部分权力下放给学校，强调学校、地方一级的课程运作，主张学校的教师、学生、学生家长、社区代表等参与课程的决策。校本课程开发是学校课程管理的组成部分，它需要有领导的支持，专家的指导，教师的努力和参与，需要得到全社会的理解、支持和评价。

校本课程开发(School-based Curriculum Development，SBCD)的思想源于20世纪六七十年代的西方发达国家，主张学校的教师、学生、学生家长、社区代表等参与课程的决策，以学校为基地进行课程开发，实现课程决定的民主化。它对于学校办出特色，向学生提供最迫切的教育有着重要的价值。

校本课程的开发与实施已成为当前我国课程改革的热点问题。为了顺应时代的要求，展现学校的特色，满足不同个性学生的需要，游府西街小学以“菜单式校本课程”为依托，进行了开发和研究，并设置了20多门校本课程。通过实施教师群体对“菜单式校本课程”开发与实施的体会，教师群体对菜单式校本课程开发有了一定的研究和体会：

①网络环境下，菜单式校本课程开发和实施的必要性

网络环境下的菜单式校本课程最大特点是了解和研究每一个学生的需要及其发展的可能性，注意学生的差异性，并为其设计或提供个性化菜单，尽可能地满足不同学生的不同需要。充分体现以学生为主体的教育理念。随着素质教育的不断推进，教育的心脏——课程教材的改革必然成为教育改革的重点。课程的设置更趋于多元化，特色化，为学生的全面发展、整体提高提供了更为广阔的空间。每一个人都有自己的个性与特长、爱好与兴趣、需要与追求，因而也就需要有一种差别性的教育内容以满足不同学生的需求。每个学生都可以根据自己将来发展的需要形成一个独特的个别化课程或者说是个性化菜单。这种个性化菜单汇总后即成为菜单式校本课程。菜单式校本课程不仅以发挥学生的主体性，给学生充分的自主学习空间，使他们的兴趣、爱好和特长得到发展，而且立足于学校特色，并能充分发挥教师的专业优势。使学生个性发展的目标，教师专业发展的条件，学校特色形成的结果有机地结合在一起。

②网络环境下，菜单式校本课程开发和实施中如何运用环境模式

网络环境下的菜单式校本课程的开发模式很多，有目标模式、动态模式、过程模式、环境模式、问题模式等，在校本课程开发与实施过程中发现环境模式比较适应菜单式校本课程的开发，该模式深受文化分析的影响，其代表人物是斯基尔贝克。环境模式主张，在校本课程开发过程中，应该根据各个学校的不同状况，对学校外部环境和内部进行全面的

分析和评价。环境模式主要由以下五个阶段组成：

第一，通过环境分析发现与确定研究问题。

环境分析包括学校外部环境分析和学校内部环境分析。学校外部环境包括学生生活社区状况、家庭背景、家长愿望等，学校内部环境包括学校历史、学生特点、师资队伍等。通过对学校外部环境和内部环境的分析，发现学生的差异性大，基础设施完备，教师专业性强，适宜开发菜单式校本课程。

第二，根据学校和学生实情确定课程目标。

根据学校和学生的实情，确定菜单式校本课程的总目标。根据具体实情确定下列目标。

(1)菜单式校本课程的开发和实施，有助于扩大学生的知识面，提高学生学习的兴趣。

(2)菜单式校本课程的开发和实施，有助于学生形成至少一门具有自己特长的课程，发挥自己的个性特长。

(3)菜单式校本课程的开发和实施，有助于学生人格的整合与完善。坚持学生的全面发展，为学生提供多方面的学习经历，促进学生态度与价值观、过程能力与方法、知识与技能的和谐发展和健全人格的形成。

(4)菜单式校本课程的开发和实施，有助于学生学会交往与合作，诚实、自信，生机勃勃地享受成长的快乐。

第三，网络环境下，根据总目标拟定校本课程的菜单。

根据总目标，学校在网络平台上公布《校本课程开发指南》《校本课程开发方案》，本校准备开设三四类校本课程。让学生可以在数字化校园环境平台中进行自主选择：

校本课程	学科学习拓展性课程
	科学素养类课程
	人文素养类课程
	技艺类课程

教师参照指南和方案，结合自己的专业特长，申报适合自己的一门校本课程。申报时需要填写课程申请表。如时事热点申报表。

姓名		性别		专业特长	
申报课程		授课对象		计划课时	
课程内容简介：					

学校校本管理委员会根据教师提交的课程申请报进行评审，把通过评审的校本课程汇总成菜单。

序号	科目	任课教师	适用年级	课时安排课时/每周
1	文学阅读		4～6	1
2	古诗词欣赏		4～6	1
3	小记者		4～6	1
4	美妙数学天地		1～2	1
5	数学思维训练		3～4	1
6	数学思维(加强)训练		5～6	1
7	快乐英语角		1～6	1
8	趣味英语表演		1～6	1
9	英语美丽花园		1～6	1
10	身边的科学世界		1～6	1
11	实验操作训练		1～6	1
12	科学与探索		1～6	1
13	社会调查兴趣小队		4～6	1
14	电子百拼		4～6	1
15	时事热点		1～6	1
16	航模训练		4～6	1
17	校蓝球队		4～6	1
18	校田径队		1～6	1
19	棋类小俱乐部		1～6	1
20	书法社团		1～6	1
21	美术兴趣小组		1～6	1
22	民乐欣赏		1～6	1
23	手工制作场		1～6	1
24	摄影、摄像基地		1～6	1
25	电脑小报制作		1～6	1
26	绿色上网基地		1～6	1
27	初级舞蹈培训		1～6	1
28	心理小屋		1～6	1

开学初，把课程菜单发给每个班级，由班主任教师作为协调给全班学生进行各科校本课程的选择报名。学校教导处汇总各个班级学生的选择，开设打破以年级、班级为格局的传统教学，教师跨年级跨学科上课、学生自愿参加。

第四，网络环境下，根据学生选择实施校本课程教学。

学校公布开设的校本课程科目名称，执政教师着手编写校本教材的初稿；学校安排授课时间。采用日课表形式和完整日形式两种时间安排。学科拓展型校本课程一般采用日课表形式，就是以课时为单位，交叉安排不同课程授课时间，贯穿于国家课程、地方课程中。科学素养类课程、人文素养类课程、技艺类课程适宜完整日形式，一般可以安排在周六假日培训。这种形式具有灵活性、机动性的特点，适合安排调查、采访、实践等活动。教师与学生以课程为中介开展教学活动。

第五，网络环境下，根据教学实施情况进行评价、反馈和改进。

校本课程开发要求对教学效果进行进行全面的评价分析，将教学实践中成功的经验、不足的部分反馈总结后，重新写校本教材，使教材得以不断完善。不适合学生实际的科目，该取消的则消取，该整改的则整改，一切以学生为中心，为学生健康发展服务。并根据学生发展需要增加新的校本课程科目。使校本课程在遵循"开发——实施——评价——反思——再开发"中螺旋上升。

学校在菜单式校本课程实施中主要采用以下几种评价方式。

学生自评	学生自我对照参加本组以来的变化，自己对自己评价。如航模训练，侧重对照动手能力的变化，心理感受的变化等。
同事评价	课程是否从学生的实际出发，是否有利于学生的个性发展，即课程开发的实效性如何加以评价，提出改进的一些建议。
学校评价	学校通过学生在学校和各级教育机构举行的各种活动和比赛中发挥特长和取得成绩来评价课程。如美妙数学天地课程，可通过"走进美妙数学花园"数学建模论文获奖情况加以评价。
社会评价	指家长、社会等对学生的评价。如学生的社会责任感，资源意识、环境保护意识的增强，与父母亲之间的关系及心情、学习态度变化角度。

在网络环境下对校本教材开发过程中，学生的个性发展是目标，教师的专业发展是条件，学校的特色形成是结果。我们应该充分认识到自己学校的优势和风格，进而通过菜单式校本课程开发形成特色。

校本资源是以学校建设为主，用于教育和教学过程的各种数字化学习资源，为教师教学、科研，学生学习、探索提供丰富的、多元化的教与学的素材，并以各种媒体形式，以多种展示方式组织、存储、管理，便于使用者查询、下载、应用等，成为学生有效学习的资源支撑。主要包括以多媒体素材、各类 CAI 课件、网络课程等为主的多媒体教育信息资源库。

多媒体素材是传播教学信息的基本材料单元，包括文本类素材、图形类素材、音频类素材、视频类素材、动画类素材五大类，为教师在教学预案的设计与课件制作过程中选用素材提高了效率。

课件库是对一个或几个知识点实施相对完整教学的用于教育、教学的软件，不仅可供教师直接使用，也可提供给学生课前预习或课后复习，根据运行的平台划分，可分为网络版和单机运行的课件。其中带有源文件的课件更适合教师根据本班学生的实际情况进行修改。

试题库是按照一定的教育教学理论，在计算机系统中实现的某个学科题目的集合。教师可以在试题库中按一定的条件进行检索并使用，提供给学生进行学科知识的形成性反馈。试题库与 Moodle 学习平台相结合，可以使用该平台提供的在线检测功能，为学生的学习提供即时反馈，有利于学生根据反馈信息及时调整自己的学习进度与方法。

校园网是基于局域网的学习网，应用安全，是防范学生网络行为失范有效途径。并为学生提供丰富的学习资源，知识更新及时，依托于校园管理、课程管理平台可提高课程数字化效率，为学生的自主学习提供保障。

一、校本资源开发的原则

校本资源的开发和利用是教育数字化有效学习的核心，建立数字图书馆和虚拟实验室、开发网络学习课程、建立开放灵活的教育资源公共服务平台，能促进优质教育资源普及共享，提高学生学习的有效性。进行校本资源开发应当遵循以下原则。

第一，实用性原则。

网络学习资源建设，不应该单纯追求资源的数据量，不能只是纸质材料的简单翻版，要根据教学设计对各种资源进行选择、处理、整合，强调“质”，而不是“量”，让教师和学生真正能用得起来。因此校本资源库在建设过程中首先考虑的就是实用性原则。

我们认为建库的目的和最终意义在于应用，是为用而建的，没有实用的资源可用，校园网这条“高速公路”上的“车”就无“货”可拉，校园网就会出现空耗的状况。以前购买的资源和从各个渠道收集到的资源，种类繁多，有的资源内容陈旧，已成为过期的信息，有的已不能称为资源了，如电子图书中有的内容陈旧，或者不适合学生的阅读等，有的课件在查看、使用时，要点击进入四、五级页面后，才能找到要用的课件，并且多数课件还要下载解压后才能使用，不便捷，不实用。

实用性原则要求我们在建设校本资源库的过程中，要注意资源内容的实用性，讲究能用，在选择的过程中，要考虑对教师的教育活动是否有价值，对学生的学习活动是否能起到促进作用。

第二，规范性原则。

目前网络中学习资源可谓种类繁多、形式多样，但真正便于教学中发挥实际作用的并不多，其中一个重要的原因就是缺乏规范性的体系结构。校本资源的开发必须依托一个资源整合的平台，遵循一个规范统一的格式，其目的是以资源整合的思想对教与学的资源进行重组和优化配置，追求资源的整体结构最佳化和整体效益的最大化，最大程度地实现资源共享。

资源建设的规范性原则，便于整个系统的管理以及资源本身的进一步修改完善。校本资源库建设的时候，我们就对各模块相关技术做了要求，统一标准，统一格式，比如，网页的浏览显示要求统一分辨率，网页中素材分类存放，视频资源，片断素材各自以统一的格式存放，大型视频资源全部压缩成便于在网上点播的流媒体格式，便于各机房、教室、办公室的计算机统一安装和调试播放器等。

第三，开放性原则。

校本资源库是为用而建的，是面对所有使用者的，让师生，包括家长参与资源库的建设，对所有的师生、家长开放，是我们必须一直坚持的原则，也是保证资源库"永葆青春"的不二法则。首先，校本资源库的结构是开放性，灵活的。库中的每个模块，都是根据需要而建立起来的，可以随着使用过程中师生发现的问题和新的建议而进行修改甚至删除重建。资源也可以在各大模块和栏目间自由转移。当然，这些工作都是由校本资源库建设小组根据需要做的，是库管理的一部分。其次，校本资源库的内容是对师生全面开放的(暂不对校外用户开放)。任何校内用户只要打开学校网站，点击校本资源库，教师就可以备课、做课件、学习、研究，学生也可以利用资源库提供的学习资源(学件)进行学习、探索。校本资源库中资源内容的增添，是全动态的，教师、学生都可以通过"资源上传系统"即时上传，并要求对每一资源添加尽可能详细的说明。我们将依据上传时的账户对资源进行评价，一方面，方便其他人根据评价等级选择使用；另一方面，也据此对上传者进行相应的奖励。

开放的体系结构能解决目前资源管理困难和资源互不兼容的问题，实现教学资源的价值最大化。同时，开放性原则应包括内容上要有多样性和扩展性，一方面可以随意选择适合自己的教学和学习资源；另一方面，对于自己教学过程中的一些好的方法、思路，甚至自己制作的学习资源(格式不限)可以方便地加入到资源库中，以便最大范围的交流。开放性还包括学习资源上传中尽量是源文件的形式，这样便于使用者能够根据实际情况进行修改，使之更符合教学实际。

第四，层次性原则。

校本资源建设是一个周期长且规模庞大的工程，需要统筹规划，循序渐进地进行。教师作为教学资源的开发者，由于其技术能力的差异和教学要求的不同，难以在较短的时间内完成全部的资源开发任务。因此，校本资源库建设应该分时、分段进行。不应强制要求每个教师在规定时间内做出同等数量的教学资源，而应该依据教师教学的实际需要开发教学资源，并逐渐完善把握教学资源建设的四个层次：一是素材类教学资源建设，主要分四大类：题库、素材库、课件库和案例库；二是网络课程库建设，便于学生自主选择课程进行学习；三是教育资源管理系统的开发；四是通用远程教学系统支持平台的开发。网络课程和素材类教学资源建设是这四个层次的重点和核心，资源管理系统和远程教学系统支持平台的开发则是属于工具层次的建设。

第五，学科性原则。

校本资源建设必须具有学科性，要与学科知识紧密结合起来。当前资源库的建设，往往为了追求资源数量，把大量的学科教案、试题等素材简单堆积，而对教师教育、教学的实际需要考虑较少。因此，在校本资源建设时，一定要考虑资源的学科特点，按照知识点和学科特点进行资源分类和建设，紧紧围绕知识点来组织资源，以便教师快速检索资源，方便教学。校本资源建设立足本校的教学实际，以改善教育、教学为根本目的，因此校本资源建设中要处理好必要资源和非必要资源之间的关系。如果学校需要网上授课，那么网络课程类资源在这所学校中就属于必要资源，反之则为非必要资源，在资源库建设时就可以不建设该类资源；结构性的教学资源能够很好地支持教师的教育、教学，因此属于必要性资源，就要作为校本资源建设的重点。

第六，实践性原则。

校本资源讲究实用，资源进库后，所有资源都要经过教学实践的检验和用过该资源老师的评价，即用实际应用来检验资源是否实用，是否有错，怎么样改进等。校本资源库建设坚持了实践性原则，坚持为用而建，以用促建的原则。所有资源都应当经过教学实践检验，教学效果好的就保留；结构不严密、主题不好、内容单薄，教学效果差的，一律不收入资源库。

二、校本资源开发的设计思路

校本资源库建设是一个系统工程，要综合学校政策、硬件配置、人力等来考虑各个因素之间的复杂关系，要处理资源库系统的子模块之间的结构关系，更要正确处理与教育这个大系统中其他子系统之间的关系，这是避免重复建设而浪费资源的必要因素。校本资源开发可以围绕从校本资源管理系统、校本资源数据库系统以及支持系统的配置三个方面进行。

由资源管理系统实现对教学资源库中的各类资源进行管理，并保证内容的安全性和可靠性。这一系统还应具备资源上传、资源下载、资源审核、资源查询、资源删除等功能。

教学资源数据库是校本资源的核心，分为三层：底层是媒体素材库及索引库；中层是积件库、课件库、题库、电子图书库及相应的索引库；顶层是网络课程库和索引库。

校本资源建设必须有硬件环境作支撑，旨在解决“有货无车”的问题。校本资源即使开发得再好，没有硬件环境的支持，也不能够在教育教学中得到充分应用。因此，硬件建设是校本资源开发的基础。支持系统是指教学资源库能够正常运行的系统环境，它包括硬件支持和软件支持。主要负责对系统的维护工作，以保证系统的稳定性和可扩展性及对并发访问的支持。

三、校本资源开发应注意的问题

信息技术与课程整合需要营造数字化教学环境，这个环境的核心内容就是数字化教学资源的建设。从而改变以往教与学的观念与方法，支持学生终身学习的能力发展。教育技术标准化建设不断取得进展，也为异构系统的互联互通和资源整合共享提供了条件。没有数字化教学资源就没有真正意义上的“整合”。学校组织和规划。师生共同建设和维护校本教学资源。这样形成的动态资源库，内容将更为丰富，是广大教师和学生喜闻乐见的优质资源。师生可以通过收集、整理和充分利用互联网上已有资源拿来分享，也可以由教师自己动手开发。

校本资源库的建设者与使用者适时互动，使用者不应被动地接受信息，可以建立双向信道，加强沟通。及时收集师生反馈，广泛了解新的信息与资源。在资源开发过程中以应用为导向，完善校本资源服务平台，使资源服务平台不仅能储存数字化教育教学资源，方便广大师生检索下载，同时也能为信息交流和教师协作研究提供服务。建立资源导航或资源库地图，选择或开发适当的搜索引擎，使得使用者面对海量资源迅速地找到适用的资源。

校本资源库的建设过程中要重视积件库的建设，培养积件思想。一个再优秀的课件，不管是由教育专家根据科学的学习理论还是有特级教师根据丰富的教学经验设计开发的，只能适用于某一特定的教学环境，无法适应千变万化的教学情况。从学校的实际情况看，由于地区差异，社会环境、师资素质与个性、学生对象等因素各不相同，因而同一课件很难被不同的教师应用于各自不同的教学情境中。教育学和心理学原理的运用、教学策略与教学内容的选择组合、临堂应变与师生交流等，本应是教师在教学活动中的主导作用的体现，却被课件在事先的教学设计中固化了。显然，这是课件的先天不足之处。而图省事，想一步到位，在资源库中找到适用课件的想法往往是无法达成的目标。因此，许多教师常常感慨面对丰富的资源素材，却找不到自己适用的材料。这提示我们，在资源库建设过程中，应当引领广大参与者，并能根据自己的教学实践，提供第一手的，富有个性特征和校本特色的资源积件。

第四节　数字化环境下的校本资源开发

网络环境下的校本资源开发主要依托于学科网站，基于 Blog 的课程学习资源、基于 Moodle 技术的学习平台等。

第一，学科网站。

学科网站是根据某一门学科的课程标准及教学内容的要求，有针对性制作的专题网站。也可以是针对某一个教学课时的学习内容所制作的专题网站。在专题网站中，各个板块相对独立，改变了以往教学课件以时间为序，学生被动接受的线性结构，成为学生可以根据自己的兴趣和爱好以及学习能力进行自主选择的非线性结构。学习资源可以是用网站内部结构中的网页页面形式呈现，也可以是以链接的方式将其他网站中的资源“为我所用”，这就使得学习资源丰富立体起来。

案例：

苏教版小学数学第六册《认识年月日》

《小学数学新课程标准(实验稿)》中明确指出：“要充分发挥信息技术的优势，为学生的学习和发展提供丰富多彩的教育环境和有力的学习工具：为所有学生提供探索复杂问题多角度理解数学思想的机会，丰富学生数学探索的视野，为一些有需要的学生提供个体学习的机会，以便于教师为特殊需要的学生提供帮助。”为了帮助学生更好地理解学习内容，掌握基础知识和基本技能，形成数学思想与方法，教师建立了《认识年月日》的专题网站。该网站中具有以下学习资源：万年历(便于学生查看日历，了解每月天数，及不同年份的 2 月各有几天)；学习指导(教师根据教学内容与课程目标，为学生探索年月日的规律所给出的指导性学习资源)；故事吧(有关年月日的一些传说，如为什么七月、八月都是大月等)；知识树(闰年的来由与地球的自转等)；回音壁(学生可以在线留言，由教师根据学生的问题给予回答)……

通过这一专题网站的建设，学生利用课前与课后的浏览，并根据教师给予的学习指导进行自主探索，能够有效的利用起学生的课余时间，使得课堂学习更为高效。

专题网站的建设与应用需要认真进行设计和研究，制作者需要具备一定的专业知识，也需要师生共同参与的。

第二，基于 Blog 的课程学习资源。

相对于专门的学习资源管理系统，Blog 具有以下的优势：

(1)零开发、零技术和零费用。建立自己的 Blog 是零技术的，不需要网页制作知识。Internet 上有很多的博客服务提供商(Blog Service Provider，BSP)提供免费的博客空间，我们只需简单的几个步骤就可拥有一个博客。学校也可以在校园网的基础上，使用免费的多用户 Blog 程序(如 www.oblog.cn 提供的 Oblog 程序)构建 Blog 服务器平台。

(2)按时间倒序呈现，具备多种灵活的信息组织形式，满足学生个别化学习、自主学习的需要。发布的文章按时间倒序呈现，后发布的排在前面，符合课程学习规律。Blog 通常具有分类、标签(Tag)等组织形式。一个文章属于一个分类，可以有零个或多个标签。所有文章可按分类、标签、日期或月份进行归档。

(3)提供方便的多方交流，支持协作学习。尽管在日常教学过程中，师生之间有很多交流，但由于主观和客观的原因，这些渠道不一定畅通。利用 Blog 的评论和留言功能，教师一教师、教师一学生、学生一学生之间可进行全新的交流。这些交流会记录下来，便于日后查看和反思。师生间可以围绕同一个主题进行讨论，互相帮助，共同进步；而教师对学生中存在的共性问题的回答，则能节省时间，提高效率。

(4)支持各种多媒体文件的上传和下载，可不断增加和更新学习资源。Blog 上发布的内容包括参考资料、课件、教案、实验指导、学生作品、重点难点讨论和习题，甚至包括教师结合课程开展的研究、科研成果、论文论著、获得的荣誉等。

(5)提供高效的信息搜索功能。Blog 一般都具有全文搜索功能，能加快资源的检索。

案例：

苏教版小学数学第九册《平行四边形的面积》，教师利用 Blog 平台在课前发布了预习导航，引导学生根据教师发布的指导性语言进行课前预热，为课堂教学的有效进行做了良好的铺垫；课后，教师利用 Blog 平台再次发布拓展空间，引导学生的思维向更深、更远的层次发展。如下：

《多边形的面积》学习预热导航

2011-07-02　21227

亲爱的同学，下一周我们即将学习《多边形的面积》，请你们根据预热导航的要求做好课前准备哦！

1. 回忆我们已经学过的平面图形。

a. 关于这些图形你都知道什么？

b. 怎样求长方形和正方形的面积？

c. 关于平行四边形你知道哪些知识？

> d. 请你做出练习十五第二题中平行四边形的高。
>
> 2. 游戏：剪剪拼拼
>
> 把长方形剪一刀，再拼成一个平行四边形。
>
> 日志
>
> 《多边形的面积》课后延伸空间
>
> 2011-07-03　23：00
>
> 课堂学习时间结束，思考还需要继续哦，把你的想法在这里和同学们一起交流吧！
>
> 1. 辨析：周长相等的长方形和平行四边形，面积也相等。
>
> 2. 思考：一个平行四边形的底分别为 4cm 和 6cm，高为 5cm。求它的面积？（先画一画，再计算）
>
> 3. 寻找：生活中还有哪些运用平行四边形的例子。

第三，基于 Moodle 技术的学习平台。

Moodle 是一个课程管理系统（CMS），可以帮助教育者建立有效的在线学习社区。使用者可下载并安装到服务器，建立从一名教师的站点到多名学生的网上学习平台。它支持多种类型课程平台，其中主要包括自主式、引领式、讨论式 3 种主流类型的网络课程。我们在构建与开发这个信息技术课程过程中以主题资源平台为主，服务于任务设计和情境创设教学，并支持学生之间的小组学习与在线反馈与评价。

第五节　菜单式课程支撑学习个性化

一、数字化资源形成课程多样化

学习资源数字化，使得课程的学习领域、科目和模块都得以前所未有的丰富，其所带来的课程信息多元化，为学校课程改革提供了比较研究的范畴与优势整合的空间。

数字化资源推进课程的多元化不仅体现在因网络带来了课程信息多元化的整合与运用，推进了不同国家与地区的课程分析、比较、借鉴、实施，也反映在学习的过程中整体突破学校校原有的课程结构与学科结构，从学生的个性发展出发，创造性地实施课程类型多样化，从而将重基础、有层次、综合性要求整合其中。

游府西街小学作为国家汉办认可的汉语国际推广基地学校，面对不同国家与地区的学生，在课程设置上应当遵循多元化的原则，使不同学习需求的学生得到应有的发展。同时针对同一国家与地区的学生，同样可以在多元的课程信息中获得课程改革的动力，从而实现课程类型的多样化，满足个性潜能的需求。

二、数字化资源促进课程可选性

“一切为了每一个学生的发展”是新课程改革的基本理念，“个性化发展”是以学生发展为本的理念的核心体现。作为人才培养载体的学校课程，要实现学习这个体价值与个性化发展，需要寻求普适性与个性化之间的和谐创生。学习资源的数字化促进了课程的可选性，是数字化内容融入课程后所带来的课程结构变化而产生的。数字化资源的实现对学习者的思维方式、学习观念、知识结构、行为方式的“个性化发展”以及课程建设具有外环境与内动力相结合的激励作用。这是因为“个性化”本身就是数字化的一个最明显的特征。学习资源的数字化可以提供丰富多样的网络课程乃至数字化课程，为学生的发展提供个别化教育的选择空间，为课程的可选性提供了内容与载体上的支撑。

作为技术本身而言，数字技术不可能带来课程的可选性，但学习资源的数字化，使得课程结构在学习领域、科目、模块得以增加，从而丰富和拓展了课程结构的多样性，使得课程内容上在可选性上有了可能；数字平台，又使得课程结构上的类型选择、科目选择、模块选择等多样可选性的实施提供了技术支持，从而使得课程的可选性得到了有效的落实。

三、数字化资源实现课程菜单化

数字化校本资源作为有效学习的支撑，在其开发与建设的过程中，逐渐课程化，进而形成菜单式的课程资源。如游府西街小学在汉语国际推广的校本资源开发过程中逐渐形成了一个菜单式课程资源平台，我们用数字化校园的课程管理平台，实现校本课程的可选择性。学生可以根据自己的爱好、特长……选择适合自己的课程，从而提升学习的有效性（如图 3-3 所示）。

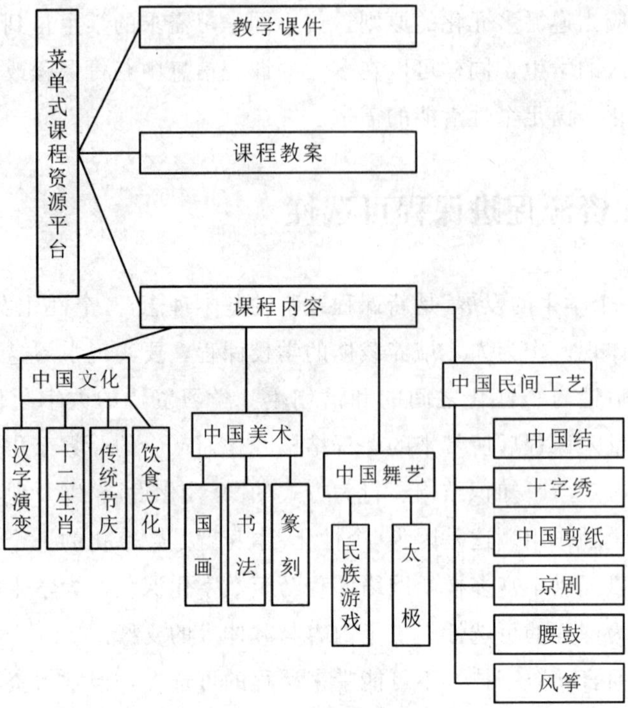

图 3-3　课程管理平台

案例：

我们以友好学校曼彻斯特汉姆社区小学一名来到中国进行短期汉语课程学习的学生为例，当他来到游府西街小学后，可以通过课程管理平台，了解汉语国际推广课程，并通过在线和教师的沟通与交流，进而选择自己喜欢的课程。同时可以通过课程管理平台进行课程预约，并在约定的时间在进行课程的学习。课程学习中途或结束后都可以通过这一平台和教师进行同步的交流，查询有关问题，和其他学生进行交流。

在这一过程中，学校成为一个有效学习资源平台。学生、家长、教师、社会、国外友好学校师生既是这个平台的使用者，也是这个平台的建设者。值得指出的是，在以上校本资源的使用过程中，学生并非仅仅是信息的消费者，同时也是信息的提供者与建设者。

仍以上述友好学校的学生为例，当他在课程学习过程中遇到某个问题时，他将这个问题提交到资源平台。资源平台本身可以就能为其提供一些解决策略，而其他学习同伴也能给出建议，教师、家长等还能为其提供解决策略，使其学习过程与成果更为有效。这个过程，本身就为校园信息资源平台进一步丰富了资源。如图 3-4：学校作为一个信息资源平台并不是单一的信息输出，同时也接受来自于学生、家长、国外友好学校师生及社会提供的资源进行信息输入，使得学校信息资源平台能够为有效学习提供更为优质的资源支撑。其关系如图 3-4：

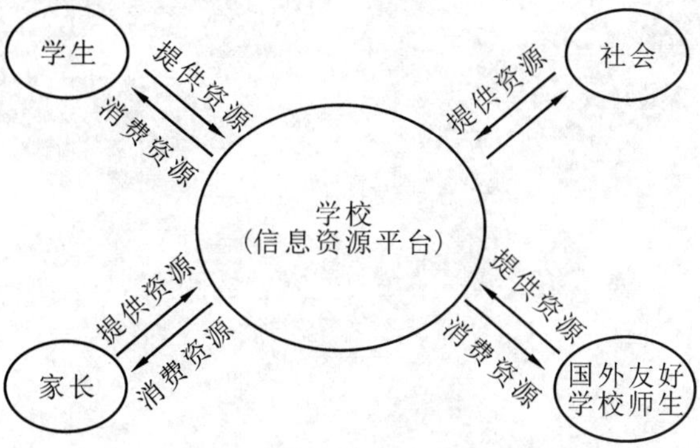

图 3-4　有效学习资源平台

第四章　信息素养与有效学习

第一节　信息素养概述

信息化环境的创建和维护，有效地提高了教师教学和学生学习的效率。教育者和学习者在接触和应用各种信息手段的过程中，不断提升着自身的信息素养。而信息素养的提升，恰恰是人们适应“信息化生活”的必备条件。那么，什么是信息素养？教师和学生的信息素养提升具体表现在哪些方面呢？

一、信息素养的内涵

信息素养，又称信息文化(Information Literacy)，指的是“确认信息、检索及寻获信息、组织及整理信息、使用及创造信息、评估的能力。”[①]它讲求较高层次方面的知识、技

① 吴晓波．略论信息素质培养．中国远程教育，2002(1)．

能与态度，而不是单单指能力或认知上的评估。但是，知识的来源并非独一，且格式也各有不同，所以作为一个信息素养人，需要知道为何、何时及如何使用各种不同的信息工具，并对所获取的信息做出批判性思考。而本书中所提到的“信息素养人”，指的便是教师与学生。本书中的“信息素养”就是指教师和学生对信息的解读及制作能力。此处的信息样式，包括一切印刷以外的文字及非文字的媒体，例如：视觉媒体、听觉媒体、电子媒体、流动媒体、网上媒体等。

“信息素养”的本质是全球信息化需要人们具备的一种基本能力。简单的定义来自1989年美国图书馆学会(American Library Association，ALA)，它包括：能够判断什么时候需要信息，并且懂得如何去获取信息，如何去评价和有效利用所需的信息。具体“信息素养能力”包括如下方面：

(1)信息素养是一种基本能力，信息素养是一种对信息社会的适应能力。美国教育技术CEO论坛2001年第4季度报告提出21世纪的能力素质，包括基本学习技能(指读、写、算)、信息素养、创新思维能力、人际交往与合作精神、实践能力。信息素养是其中一个方面，它涉及信息的意识、信息的能力和信息的应用。

(2)信息素养是一种综合能力，信息素养涉及各方面的知识，是一个特殊的、涵盖面很宽的能力，它包含人文的、技术的、经济的、法律的诸多因素，和许多学科有着紧密的联系。信息技术支持信息素养，通晓信息技术强调对技术的理解、认识和使用技能。而信息素养的重点是内容、传播、分析，包括信息检索以及评价，涉及更宽的方面。它是一种了解、搜集、评估和利用信息的知识结构，既需要通过熟练的信息技术，也需要通过完善的调查方法、通过鉴别和推理来完成。信息素养是一种信息能力，信息技术是它的一种工具。

二、信息素养能力的表现

信息素养主要表现为以下8个方面的能力：

(1)运用信息工具：能熟练使用各种信息工具，特别是网络传播工具；

(2)获取信息：能根据自己的学习目标有效地收集各种学习资料与信息，能熟练地运用阅读、访问、讨论、参观、实验、检索等获取信息的方法；

(3)处理信息：能对收集的信息进行归纳、分类、存储记忆、鉴别、遴选、分析综合、抽象概括和表达等；

(4)生成信息：在信息收集的基础上，能准确地概述、综合、履行和表达所需要的信息，使之简洁明了，通俗流畅并且富有个性特色；

(5)创造信息：在多种收集信息的交互作用的基础上，迸发创造思维的火花，产生新信息的生长点，从而创造新信息，达到收集信息的终极目的；

(6)发挥信息的效益：善于运用接受的信息解决问题，让信息发挥最大的社会和经济效益；

(7)信息协作：使信息和信息工具作为跨越时空的、“零距离”的交往和合作中介，使之成为延伸自己的高效手段，同外界建立多种和谐的合作关系；

(8)信息免疫：浩瀚的信息资源往往良莠不齐，需要有正确的人生观、价值观、甄别能力以及自控、自律和自我调节能力，能自觉抵御和消除垃圾信息及有害信息的干扰和侵蚀，并且完善合乎时代的信息伦理素养。

当然，信息素养并非一蹴而就的神功，而需要慢慢的培养。就好像说话及写作技巧一样，要通过不断练习。取得经验以后，就会做得更好。而经验的积累，正是通过对所研究的题目的数据及见解的搜索、选取、评估而获得。于是，在信息化教学的环境创建过程中，在信息化有效教学资源的开发和运用过程中，教师和学生的信息素养都有所提升。下文将分别阐述。

第二节　教师信息素养与有效学习

所谓“教师的信息素养”，指的是教师应具有将各种信息技术运用于教学的意识，并具备一定的信息检索、加工与利用、常见媒体的选择与开发等技能，从而有效地推进教育信息化，提高教学有效性的素质与能力。通过信息化教学环境的创建和有效教学资源的开发，“教师的职责现在已经越来越少地传递知识，而越来越多地激励思考，集中更多的时间和精力去从事那些有效果和创造性活动：互相影响、讨论、激励和鼓舞。”①这就说明了教师的信息素养与素质教育息息相关。在职责转变的过程中，教师的信息素养是否有所提升呢？其判断标准又如何？

一、教师信息素养的衡量标准

首先，笔者将阐述衡量教师信息素养的标准。《中国教育技术标准》对教师的信息技术应用水平提出了如下五点标准。

① 祝智庭，顾小清．信息素养——信息技术教育的核心．中小学信息技术教育，2002(1)．

（一）掌握相关技术的知识和技能

1. 理解技术的概念和相关知识，知道技术对教学改革的意义和作用。

2. 随着社会的发展，不断增强技术方面的知识和技能。

3. 充分理解各种资源和环境在教与学过程中不同的作用及其优缺点。

（二）运用技术优化教与学的过程

1. 充分理解教与学过程的相关理论、策略。

2. 熟悉“学生教育技术标准”的具体规定，运用技术促进课程标准、学生教育技术标准与教学内容的整合。

3. 运用技术和策略支持学习者的不同需求，使学习者获得必要的学习经验。

4. 运用教学设计的理论和方法对教与学的过程进行科学的设计、实施和评价。

（三）运用技术改进教与学的评价

1. 选择合适的评价方法和技术，正确评价学习者的学习水平。

2. 使用多种评价方法，从不同角度衡量学习者将技术用于学习、研究、交流和解决问题的能力。

3. 收集和分析数据、解释结果、交流最终成果，以改进教与学的实践并优化学习者的学习。

（四）运用技术提高教与学的绩效

1. 利用技术资源促进学习者学习能力的提高，培养他们的创新精神和创造能力。

2. 运用技术资源提高自己的专业水平和教学能力。

3. 运用技术提高教与学的效率。

4. 和同事、学生家长、社区以及更大范围的人们交流与合作，促进学习者的学习。

（五）具有信息意识，遵守与技术相关的社会伦理道德、法律和法规

1. 在使用和教授技术时，要符合法律、法规和社会伦理道德，并有意识地注意不同民族的文化背景和特殊需求。

2. 采取必要的措施，确保每一位学习者都能平等地获得技术资源。

3. 在使用技术资源时，注意安全和有益于学习者的身心健康。

二、教师信息素养提升的内容

参照上述标准，我们认为，新型数字平台逐渐成为教师信息素养提升的新天地，焕发出传统模式所不具备的生机。新型的网络平台，促使教师自主性加强；虚拟空间为教师的个性化发展提供了舞台；传统交流模式的弊端也在网络环境下消失殆尽。教师、学生、家

长三方的沟通，班级、学校、社会三级的联系也因为网络而丰富起来。此处，我们将从基本信息素养、多媒体素养、网络素养和课程整合素养这四方面具体阐述信息化环境的创建过程中，教师信息素养的提升。

(一)基本信息素养的提升

教师的基本信息素养包括以下几个方面：①信息意识情感。指人的信息意识，即具有一种使用计算机与其他信息技术来解决自己学习、工作和生活中问题的意识。②信息科学技术常识。对于信息技术的原理、名词术语是否明白，对于其发展与作用是否了解，应该具有一定的信息科学技术知识，了解信息技术的发展与应用。③具有一定的信息能力。即操纵、利用与开发信息的能力。能利用信息技术，获取自己所需要的信息，评价和分析所得到的信息，并且开发与传播信息。教师的基本信息能力包括信息系统的操作能力、文字处理能力、信息采集的能力、信息通信的能力、信息组织与表达的能力、信息加工处理的能力等。④信息伦理道德修养。教师能够遵循信息应用人员的伦理道德规范，不从事非法活动，同时也知道如何防止计算机病毒和其他计算机犯罪活动。

与传统教育相比，我们发现，在信息化的环境下，多样化信息手段的出现有助于提高教学有效性。那么，这对信息化手段的实施者——教师，提出了更高的要求。而在实施过程中，教师的基本信息素养也得到一定的提升。例如，学校为每位教师配备一台计算机，使得教师有充分的时间和机会接触计算机，熟练掌握通过计算机处理信息的技能；电子化备课、学生成绩录入、课件制作等信息化教学的要求，也有助于教师文本输入、数据处理和分析和软件操作水平的提高。

教师基本信息素养的提升，一方面，是教师自身努力的结果；另一方面，也与信息化校园的建设密不可分。如上文所提，录播型多媒体教室的创建等，这些硬件都需要经过教师的操作来发挥作用。于是教师基本信息素养的提升成为必然。

(二) 多媒体素养的提升

基本信息素养的提高，意味着教师可以合理适量地运用信息技术为教学服务。而信息技术为教学服务的直观体现，在于“多媒体”。在人类社会中，信息的表现形式是多种多样的，我们把这些表现形式(或者说传播形式)叫做“媒体”。通常我们见到的文字、声音、图像、图形等都是信息表现的媒体。随着社会的发展，人们开始尝试着将各种媒体手段结合运用，尤其是计算机技术的成熟与推广应用更是促成了多媒体技术的产生发展。从这个层面来说，“多媒体技术”就是指能够同时抓取、处理、编辑、存储和展示两个以上不同类型信息媒体的技术。这些信息媒体包括：文字、图形、图像、动画、声音、影像等。也就是说，影、音、图、文、动画等结合在一起，能实现一定的功能的有机的整体，就称为“多媒体”。具体到教学实践中，多媒体技术包括幻灯、投影、录音、电影电视、录像、计算机、卫星通信系统等现代教学媒体。

多媒体技术的出现，让我们的教学更加生动直观。但是，在信息技术引入课堂的初期，滥用、乱用多媒体技术的情况屡见不鲜，具体表现有：①“黑板搬家”。把传统课堂上板书的内容全部搬到了电脑屏幕上，再用投影仪设备投射到大屏幕上来取代黑板。②“信息爆炸”。多媒体技术的出现，有助于我们将大量的信息直观呈现。但是，部分教师对技术问题讨论的很多，而对教育本身却淡化了。教育理论告诉我们，课堂教学不能“满堂灌”，要留有思考的余地。可惜的是，在接触多媒体技术的初期，往往大屏幕成了信息海洋，教师也忽略了学生能否来得及阅读和消化的问题。③“画虎不成反类犬”。教师在常规的教学环境下，一般均能表现出良好的教学设计能力。但是在信息技术环境下教师普遍缺乏相应的教学设计能力。这里的“信息技术环境”指多媒体教学环境，网络教学环境。虽然通用教学设计理论和方法也能用于信息技术环境下的教学，但是并没有体现信息技术环境下教学设计的特殊性。

虽然，在尝试的初期，出现了以上种种问题，但是伴随着反复的尝试和反思，教师在选择和使用多媒体手段的过程中，提升了自身的多媒体素养。比如，在集体核对学生课堂作业时，实物展台要比课件或是板书更加高效；在介绍某段文化历史时，视频手段要比图片和音频更加生动；在要求学生模仿朗读时，音频手段要比视频等更加清晰……这些都充分说明了教师在将多媒体手段引入课堂教学的过程中，学会了“适量”和“恰当”；多媒体的应用，是为了提高课堂的效率，但不能取代教学。例一：我校美术教师在教学中为了增加美术教学的直观性，刺激学生的多种感官感受，从而拓宽学生的想象空间，激发他们的创作欲，通常会在教学中采用视频展示、音乐播放、投影示范等方式。但是，在信息化的环境下，如何培养学生跟紧时代，采用电脑技术完成美术作业呢？我们的教师在学以致用的过程中，不断尝试和选择各种媒介。他们发现，一款名为“奇奕画笔”的软件，不仅简单易操作，而且能够通过图层的设置丰富作品的层次性。

百度文库中介绍，“奇奕画笔”被誉为“一款不可多得的普及电脑绘画软件!”它是南京奇奕科技有限责任公司自主知识产权的电脑绘画软件。它功能全面，操作更加简捷，适合专业人士和电脑绘画初学者使用。其功能主要包括：

①铅笔、水彩笔、喷笔、特制笔、滤镜、魔力棒等50多种绘画、效果工具让创作随心所欲。

②所见即所得的图层让创作一目了然。

③ 色彩调节、锐化模糊、风格化等强大的暗房工具使图形、图像的创作锦上添花。

④近千幅植物、动物、人物角色、背景、动画、相框等图片素材随意组合并不断添加。

⑤图形化界面，不用学习即刻上手轻松绘画，方便教学。

⑥对作品进行录音和播放，用语言记录绘画。

⑦易于保存并发送，便于网络分享。

“奇奕画笔”的选择，正说明了教师媒体素养的提升与教学的改革息息相关。教师媒体素养的提升，实现了教学手段的不断更新；教师教学的信息化改革，也促进了教师媒体选择素养的提升。例二：教师媒体素养的提升，一方面，表现在教学媒体的选择上；另一方面，也体现在教学设计方法的选择上。较之传统的记录式和对话式教学环节设计，采用“思维导图”绘制出的教学流程更加清晰易懂(如图 4-1 所示)。

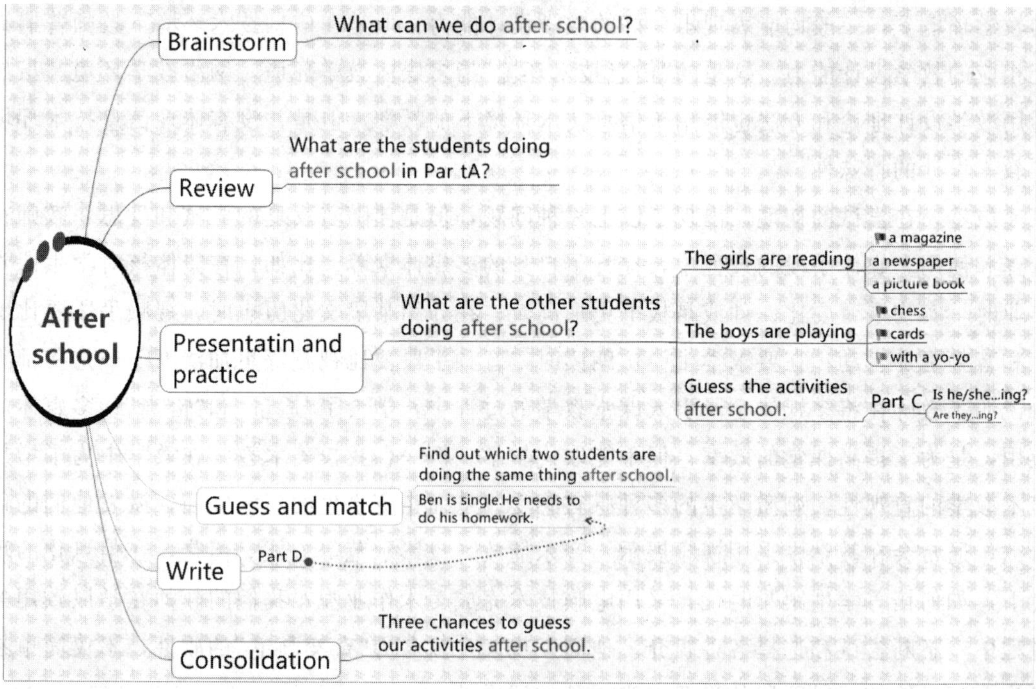

图 4-1　教学流程

(三)网络素养的提升

以计算机为媒介的信息技术，还包括“网络技术”。网络环境下的数字技术，为教师们提供了多种有效的网络平台：教育博客、论坛、专题网站等。教师的网络素养是在一定网络知识的基础上，能够有意识的接触网络、使用网络并通过网络进行与自身学科相关的教学与研究，同时遵守网络规则，具备网络道德的一种综合体。其内涵包括网络知识、网络意识、网络道德与网络能力四个方面。在内涵结构体系中网络知识是基础，网络意识是动力，网络道德是保障，网络能力是核心。专业性、发展性、层次性与融合性是教师网络素养的特征。

教师网络素养的提升主要表现在：①网络资源的共享。以备课为例。传统的备课模式纵然有研讨，但是教案的设计与记录仍然属于个体行为；电子备课的提倡，使得每个教师都能在网上下载到他人设计的教案与课件，也能在网上贡献出自己的设计，达到了资源共享的目的。2. 网络能力的提升。掌握了足够的网络知识，产生了应用网络的意识，具备一定的网络道德，于是教师的网络能力有所提升。以“数字化校园环境建设”为例。在数字化校园平台的操作应用中，教师不仅能够通过网络获悉学校的相关新闻、阅读相关通知公告，而且能够通过网络进行在线研讨，如每周发布教研动态等。教师在数字化校园环境中，借助各种网络平台确保了信息交流和阅览的时效性，突破了空间的限制。而教师也在强化网络意识的同时，提升了自身的网络能力，能够通过网络提高工作效率和条理性。

例一：

游府西街小学 2010—2011 学年第二学期教师网络平台应用实例

游府西街小学结合“白下区教育叙事网”和“校园内部办公平台网”这两处网络平台的功能，鼓励教师上网参与区级教学研讨，区内分享教学课件和教案；定时在叙事网上发布教育案例、感悟等；在校园网上公布各类当天听课安排：如“名师课堂”的班级，推门课，一日视导等；教师按年级在校园内部办公平台上每日发布研讨内容，供其他教师参阅、跟帖；教师在内部办公平台上录入学生的考试成绩，直观清晰地了解学生的横向和纵向考试情况。学校分管领导对上述活动定期进行统计通报，及时进行评价。

具体做法：

1. 教师利用“白下区教育叙事网”中的“教师博客”，每月上传随笔、摘抄各一篇。由学校教科研组长提前安排相关内容和话题供教师思考。教师上传随笔或摘抄后，不仅有教科研组长进行统计核查，每位登录白下教育网的人都能看到所传内容并进行跟帖讨论。另外，置顶或设置精华的文章也将在白下教育网的首页公布，引起更多人的关注。而在“校园内部办公平台”上，各年级教师则以年级组为单位，每日上传“一日所论和一日所得”，进行在线讨论。

2. 利用网上资源提升教师的网络素养。学校有专人将教育改革的动态等相关文章或网页链接公布在办公平台上，要求每位教师及时点击浏览学习。每篇博文下都有每位教师的姓名，点开此页学习过的姓名将变成黑色，反之则是蓝色。有了制度和监督机制，教师能够自觉上网学习，查找所需资料，并能够详细地写出自己的体会。

3. 网络平台的重要性还在于资源的共享和参照对比。利用白下教育网上的“文件交互系统”，本区的教师只需输入密码，便可下载相关教案、课件、文件等资料，分享区域学校之间同行交流教研的所得，集思广益、共享资源、齐头并进、共同提高。在“校园内部办公平台”上，教师则及时录入学生的考试成绩，由系统自动生成每个学生的数据库，便于横向和纵向的发展观察。

例二：

福建某教师对于博客运用的感悟—— 教育博客写作：教师专业发展的助推器[1]

教育写作，是教师生涯痕迹的记录，是充实教师生命的一种泉源。教育博客写作作为教育写作的一个重要组成部分，在知识爆炸的信息时代，它也是教师自我素养实现及时刷新的途径。教师的专业成长，植根于理论的研修与实践的探讨。而教育博客写作则是对理论研修和实践探讨过程的呈现和结果的反馈，它能促进教师的专业成长。基于教师知识基础、兴趣爱好、志向所趋、能力特长等个性前提的、持之以恒的、自觉的教育博客写作，是衡量教师专业效能感的一个值得深入探讨的尺度。我一直以为，在一个有意识的教育博客写作者的视野中，教育博客至少可以在以下诸方面发挥其牵引作用。

1. 教育博客写作引领专业阅读。当前，教育学、心理学、教育技术学、课程论、教学论等教育专业学科门类的知识正处在一个急剧爆炸的时期，新理论、新知识，层出不穷，离开了持久的专业阅读，教育者自身的理论素养与知识储备就难免滞后，往往不易适应课改和教改的需要。通过教育博客写作，教育者可以及时将新近专业阅读中捕获到信息，吸纳、加工、转化为自我专业知识系统的元素；可以运用新理论、新方法来分析新问题、新矛盾，如此以读导写，以写促读，可以极大地提高专业阅读的“产出率”，不至于让自己降格为“两脚书橱”。当前，读书笔记是教育博客写作的一种基础性工程。教师在一个学期或一个学年有计划地选读几本专著，并用读书笔记的形式来记录心得体会，这是一种极好的充电方式。

2. 教育博客写作引领“田野”实践。理论是灰色的，而实践之树常青。对于身在教育管理或教学实践一线的广大教师而言，往往实践经验多于理论建构，或是疲于应付具体而微的实践活动，而疏于对实践进行及时的反思、分析、归纳、总结、提炼，从而在一定程度上导致教学效能感的降低，甚至于沦为按部就班、因循守旧的教书匠。成长为专家型教师、学者型教师，应该是很多教师的一个高尚的职业理想。那么，如何少些匠气的因循，多些专家的法眼，多些学者的睿智呢？我想，这就亟待科学的理论来引导具体的教育教学的“田野”实践。教育博客写作，则可将鲜活的“田野”实践，及时整理记录为典型的案例，并经过滤、提纯，升华为方法、规律、原理等理论层面知识。这样，“田野”实践才能引领教师在不断的反思、研究、改革、验证、归纳等环节的打磨中，结晶为有代表性的、具有借鉴、移植、推广价值的新知识。

3. 教育博客写作实现发表欲望。教育博客写作，不仅仅一种私人化的专业写作，而应该是促进自我与他者对话、交流的平台。强烈的发表欲望，浓厚的对话意识，鲜明的反

① 林城雄．http：//60372.blog.zhyww.cn/archives/2011/201153121517.html.

思勇气，敏锐的批判精神，这些都是激发教育博客写作动机的引擎。或者简而言之，自我实现的追求，是教育博客写作的发动机。教育博客即写即发、易于更新、开放与交流等功能，可以在相当程度上弥补各种有形、无形因素约束下的不自由的对话格局。教育博客写作者应该经营好自己的这块自留地，进行适当的写作规划(短期的和远景的)，确立几个适合自身写作兴趣的点作为主攻方向，诸如班级管理、课程开发、教材教法、文本分析、教学心理学理论与实践、课堂教学设计、测试研究、教育时评等，大胆尝试各种类型教育写作或者文学创作，从中发现自己的专业特长。教育博客写作者，应积极通过博客之友、博客论坛、博客联盟等各种层次的开放性平台，来促进阅读写作和教改实践等方面的广泛而深入的交流；应具备强烈的发表欲望，积极向各级各类教学报刊杂志投稿，踊跃参加各类教育专业写作的征文评奖等活动，在反复历练中，提高博客写作的质量和教育理论研修和教学实践探索的兴趣。当自己的教育博客上的文章被频繁地转帖或者被报刊杂志录用、发表，我想写作者应该会体验到一种强烈自我成就感。

4. 教育博客写作丰富教师的教育生活。丰富多彩的教育生活才能为教师专业发展提供和谐的环境基础，削减职业倦怠感的峰值。教育博客写作，是教师教育生活的一种，用教育博客来记录教育生活的经验，这就为教师的自我专业发展提供了一个参照系统。鉴往而知来，在持续的、深入的教育博客写作中，教师的心灵世界不断拓宽，精神生活不断丰富。教书育人中遭遇的种种酸甜苦辣、喜怒哀乐，用文字用图片或影像等媒介贮存起来，从中我们可以发现成功的秘诀，失败的教训，可以在对曾经岁月的反复咀嚼玩味中不断丰厚生命的体验、抽绎教育教学的本质规律、捕捉到生命昂扬向上的动力。当教育者主体的教育生活丰富了、充实了，则其教育博客写作也就成了源源不断的清泉。

古语云："板凳要坐十年冷，文章不写一句空。"教育博客写作需要教育者的执著。执著是一种真诚的、全身心的投入与倾注。执著地坚守并精耕细作教育博客这片田园，假以时日，那我们就可以在不久的将来，收获一份丰硕的成果。

(四)课程整合素养的提升

上述三点信息素养的提升，有助于教师更好更恰当地将信息技术应用到学科教学中，提高教学效率。这也说明了教师整合"信息技术与学科教学"的能力有所提高。而随着科学技术在教育领域的广泛应用，信息技术与课程整合已成为教育教学改革中人们关注的热点，它也将成为教育教学改革的发展趋势。实现信息技术与课程的整合，就是要在教育教学过程中，广泛应用信息技术手段，充分利用现代信息技术和信息资源，改革教师教的方式和学生学的方法，从而培养学生探究、实践、思考和综合运用的能力，最终达到利用信息技术改善学习的目的。

也正因为教育者和研究者课程整合素养的提升，各门学科的课程要求中，都能看到有关“信息技术”的字眼。以英语课程为例。2007 年 10 月颁布的《英语课程教学要求》规定：英语课程“应大量使用先进的信息技术，开发和建设各种基于计算机和网络的课程，为学生提供良好的语言学习环境与条件”。其核心理念可以概括为“信息技术与英语课程相结合”。信息技术与课程整合，就是通过学科课程把信息技术作为工具与课程融为一体，提高教学效率，实现一种理想的学习环境和全新的、能充分体现学生主体作用的学习方式，从而彻底改变传统教学结构，达到培养创新人才的目标。

而且，教师课程整合素养的提升，也体现在对有关课程整合的认识方面。

1. 信息技术整合于课程，但不是简单地应用与教学，而是应该创造数字化的学习环境，创设主动的学习情境，创设条件让学生最大限度地接触信息技术，让信息技术成为学习者强大的认知工具，最终达到信息技术改善学习的目的，以期最大限度地达到预期学习效果。

2. 信息技术与课程整合，其主体是课程，而非信息技术，切勿为使用技术而使用技术，甚至不惜牺牲课程目标的实现为代价，应以课程目标为最根本的出发点，以改善学习者的学习为目的，选用合适的技术，特别切记在使用传统教学手段能够取得良好效果，生硬地使用信息技术。

例三：

北京某教师对“信息技术与小学数学学科整合”的点滴体会①

信息化是当今世界经济和社会发展的大趋势，以多媒体网络技术为核心的信息技术不断发展，正在越来越深刻地改变着我们的生产方式、生活方式、工作方式和学习方式。“课程整合”的教学模式是我国 21 世纪基础教育教学改革的新特点，它的研究与实施为学生主体性、创造性的发挥创设了良好的基础，使学校教育朝着自主的、有特色的教学方向发展。在这种大环境下，数学教师必须进一步从自己学科的角度来研究如何使用多媒体网络技术来辅助自己的教学，把信息技术有机地融入到小学数学学科教学中，才能更好地适应时代的要求。

1. 通过整合，数学更贴近生活。

新课程标准提出“数学要贴近生活”“数学问题生活化”，事实上，学生也更容易理解和掌握他们有一定生活基础的数学知识，并且对此更感兴趣。因此，数学学习材料的选择应注意联系学生生活实际，注重实效性。我们可以利用网络信息资源丰富、时效性强的特点，将信息技术与小学数学教学内容有机整合，充分利用各种信息资源，与小学数学教学内容相结合，使学生的学习内容更加丰富多彩，更具有时代气息、更贴近生活；同时也让

① http：//www.kjxy8.cn/caibigclass_50/cainews5237.htm.

教师能拓展知识视野，改变传统的学科教学内容，使教材"活"起来，让数学学习更贴近生活。

比如我在小学数学北师大版第三册《生活中的大数》的教学时，事先拍下一段反映校门附近一个十字路口的交通状况的录像，输入电脑并通过大屏幕放映2分钟，让学生通过小组合作数出在这时间内大概有几辆车通过，然后引导学生算出一小时大约有几辆车通过，再算出一天有几辆车通过，从这生活实例中来学习从几十到较大数几百、几千、几万的知识。同时，在课堂上渗透安全教育，教育学生走路或过公路时要注意遵守交通规则。我又在网上下载了一段有关"国庆五十年庆典"的阅兵方阵(近似)，强化了十个百是一千，十个千是一万的概念。同时，在课堂上渗透爱国主义教育，教育学生共和国的成立得来不易，要从小刻苦学习，长大报效祖国。我注意从学生熟悉的现实生活中寻找数学知识的"原型"，依靠学生对感性材料的直接兴趣，激发学生创新。又如人教版小学数学第八册《亿以内数的读法和写法》时，课前我安排学生自己通过各种途径(包括上网)，收集有关数据，堂上让学生代表汇报。他们带来的材料：有的是中国的人口数量，有的是中国土地面积大小，有的是去年中国国民总收入……，通过生动的、富有教育意义的、有说服力的数据、统计材料，学生不仅轻松地完成了本节课的教学任务，而且成功地接受了一次爱祖国、爱社会主义、爱科学的思想教育。

2. 通过整合，数学学习的形式会多样化。

目前我们学校的教学形式主要是班级授课制，受教学时间的统一限制。21世纪人类社会将进入全新的信息时代，信息技术与小学数学学科教学整合是新的教学形式。我有意识地让学生带着目的自己去查阅资料或进行社会调查，把学习数学由课内延伸到课外，不仅开阔学生的知识视野、丰富了课余知识，并且培养学生自主探求知识的能力，提高学生搜集和处理信息的能力。

比如我在小学数学北师大版第三册《时、分的认识》的教学时，运用信息技术网络平台，构建了一个无时空限制的数学大课堂。课前，我根据教学目标对教材进行分析和处理，并以课件和网页的形式呈现给学生，让学生回家或在学校上网查阅、收集有关信息。上课时，学生接受了学习任务以后，组织了材料收集、计算、整理与统计数据小组四个小组，在教师的指导下，利用教师提供的资料(或自己查找信息)进行个别化和小组合作式相结合的自主学习，并利用信息技术完成任务——了解有关时、分的概念、灵活掌握时、分的有关知识和单位之间的转换，了解古人如何识别时间等知识。最后，师生一起进行学习评价、反馈。

3. 通过整合，使数学课堂更精彩。

传统的教学模式中，学生学习方式较单一、被动，缺少自主探索、合作学习和独立获取知识的机会。然而信息技术与小学数学学科整合之后的教学过程却是：学生的学习开放性、全球化；学习过程具有交互性；内容形式呈现多媒体化。改革现行的学科教学方法，使其适应信息环境下的学习要求，看来是刻不容缓。

比如我在小学数学北师大版第三册《一分钟能干什么》的教学时，我在电脑里设计了一个能控制的时钟，先让学生感受"滴答"两声是一秒。在秒针同样是转一圈的条件下，让学生看一段一分钟填满的颜色带，再让学生看一段一分钟放完的卡通片。我发现学生开始一分钟显得很无奈，后面一分钟显得很快乐，再问学生哪段时间长一点，都说第一段。接着让学生边数"滴答"边看一段一分钟填满的颜色带，再让学生边数"滴答"边看一段一分钟放完的卡通片。学生议论了，奇怪！正是快乐日子过得快，苦日子度日如年。随后我还放了一分钟一段的歌曲，又让学生写一分钟的字，读一分钟的书，感受一分钟的长短。通过学生的亲身体会，有关的知识掌握得很好，同时学生在珍惜时间、做时间的主人有了更深的认识。

总之，教师在充分研究学生的认知特点和知识结构的基础上，合理利用多媒体网络技术，制作或下载图文声像俱全的课件，创设良好的学习情境；创设问题情境，通过开设讲座、组织参观访问、上网浏览等，调动学生原有的知识和经验，做好背景知识的铺垫；设计研究方案，通过学生收集、整理、分析和提取信息资料，然后进行调查研究和获取结果，并利用网络进行交流。当然，并不是每节课都要通过与信息技术的整合的，千万不要"有姿势无实际"，浪费大量的人力、物力，而是"该出手时才出手"，要考虑实用性和有效性。

三、提升教师信息素养的策略

在数字化校园的创建和维护过程中，教师的信息素养得到提升。同时学校也从中得出某些关于有效提升教师信息素养的策略。

（一）从教育观念着手，激发教师主动提升信息素养的意识

要提高高校外语教师的信息素养和信息能力，首先要使教师从思想上认识到提升自身信息素养的重要性、紧迫性和责任感，积极主动地参与学习和实践，不断提高认识，培养自己的创新精神和创新能力。如：开展对比教学观摩，从而使教师关注到信息素养对于教学的作用；邀请专家针对信息技术与学科整合进行专题讲座，使教师理解如何高效运用信息技术为教学服务等。

（二）营造氛围，创造条件，帮助教师提升信息素养

良好的信息教育氛围是培养教师信息素养的外在动力。学校不仅通过举办各种信息技

术讲座，使教师不断地充实和更新信息知识，了解信息法规并掌握信息技术发展的前沿知识，还可以通过引进信息技术的硬件设施，配有专门的技术指导培训，鼓励教师利用现代教育技术手段扩展课堂教学，给学生提供更多的学习时间和空间；扩大信息技术在校园服务体系的应用，使广大教师在充分享用各类信息资源的同时，潜移默化地学会使用信息技术；开展各项信息技术应用竞赛活动，激发教师应用信息技能的积极性。这样，在浓厚的信息化氛围中，教师自觉地使用信息技术进行教学、学习和交流，从而使现有信息基础设施得以充分利用，更好地服务于教学和科研。

（三）制订培养计划，提供展示平台，高效提升教师信息素养

在信息时代，信息素养的培养与提高对于教师适应教育发展要求、促进角色转型具有决定性的作用。因此，教师信息素养的培养必须紧扣教师职业和个体特征，针对当前存在的薄弱环节，着眼教育发展需要，构建全方位、多途径的教师信息素养培训体系，实现教师信息素养提高与教师角色转换的双重目标。同时结合实际，建立相应的评估体系和激励机制，鼓励和引导广大教师积极参与信息技术在教学中的应用，主动研究，积极探索，不断提高自身对信息技术的掌握和应用水平，形成教师队伍素质提高与教育事业发展相互促进的良性循环。

第三节　学生信息素养与有效学习

教师的信息素养在信息化教学环境的创建和有效教学资源的开发中不断提升；而教师的信息素养的不断提升也促使着教学有效性的不断提升；教学有效性的不断提升又促进了学生学习水平的提升。在此过程中，学生的信息素养也相应得到一定的提升。数字时代要求学生学会协作学习、创新学习和自我学习，而信息素养是信息时代“学习的能力”，这对任何一门学科、任何一个学习环境、任何阶段的学习都是一样的。我们要培养学生成为具有信息素养的人才，是要培养他们成为“那些学会如何学习的人。他们知道知识是如何组织的，知道如何找到所需要的信息，知道如何利用这些信息使别人从中获益”。而这些人是为终身学习做好了准备的人，他们总是能够为所要完成的任务或所要做出的决定寻找到所需要的信息。[①] 2000 年 10 月，教育部在北京召开“全国中小学信息技术教育工作会议”，会议指出，学生要适应信息化社会的发展，就必须具备收集、分析、处理、交流和呈现信息的素质和能力。教师在教学过程中，要使学生的信息素养成为与读、写、算一样重要的终身有用的基本技能。

① 吴晓波．略论信息素质培养．中国远程教育，2002(1).

一、学生信息素养提升的评价标准

上述得出，学生信息素养的提升与教师信息素养的提升是密不可分的。而关于教师信息素养的提升，教育部制定出了相应的评价标准，那么关于学生信息素养提升的评价标准又是如何呢？

学生教育技术标准(Standards of Educational Technology of China for Students，SETC・S)中的"学生"指从学前至高等学校的在校生，共分为5个学段：第一学段(学前～小学2年级)、第二学段(小学3～6年级)、第三学段(初中7～9年级)、第四学段(高中10～12年级)和第五学段(高等学校学生)。技术标准如下：

(一)掌握相关技术的基本知识和技能

1. 知道与学习有关的技术的种类、作用和基本知识。

2. 熟悉相关技术系统的组成和技术工具的使用方法。

(二)运用技术改进学习方法，提高学习效率

1. 掌握信息处理(信息的获取、储存、分析、评价、加工、创新等)的方法，提高利用信息的能力。

2. 运用技术工具开展协作学习，提高学习效率。

3. 对自己感兴趣的信息能够持续地跟踪、追寻，激发创造力。

(三)运用技术与他人进行合作与交流

1. 在教师指导下，与同伴、家长及其他人合作，创作、发布自己的作品。

2. 通过各种技术手段与人们开展有益的讨论和交流。

(四)运用技术创造性地解决实际问题

1. 运用技术工具从多种信息源中查找、评价和收集信息，处理数据，报告所得结果。

2. 使用技术资源分析问题，做出合理的决策，培养解决实际问题的能力。

(五)具有信息意识，懂得与技术相关的社会责任

1. 具有正确的信息意识，能够准确评价信息，对运用技术持积极态度。

2. 理解与技术相关的道德、文化和社会问题，负责任地使用技术系统、技术资源和软件。

二、学生信息素养提升的内容

本书从收集、分析与处理、交流和呈现信息四个方面，以上述评判标准为支撑，具体

阐述学生信息素养的提升。

（一）信息收集素养的提升

首先，作为受教育的对象，学生所接受到的信息不能局限于书本等文字。网络的出现，拓宽了学生的学用渠道。而教师在教学过程中所渗透到信息技术，也向学生示范了收集信息的过程。

学生收集信息的主要途径有：上网查寻；资料查阅；从广播电视节目中收听收看；交谈、电话、网络、论坛等形式向他人咨询等。学生通过各种渠道收集大量的学习资料，学习资源成了学生的主动猎取的认知对象，成为学生用来获取知识，进行信息交流与传递，数据处理及思想表达的学习手段。这既强化学生的信息意识，培养学生信息处理能力，也为学生的学习和发展提供丰富的教育环境和有力的学习工具。

所以说，信息收集素养的提升是学生信息素养提升的第一标志。虽然学生收集信息的渠道很多，但是若没有恰当的指导，学生并不知如何去高效地收集资料。所以，通过专业信息技术课程的设置和各科教师的课堂示范，让学生记住一些专门的网站网址：如百度、谷歌、维基百科、BBC官网等；他们在信息技术课上学会了打字、输入等计算机技术；他们学会了关键词搜索法；他们会建论坛，并在论坛中发表观点、提出问题等。这些技能的掌握都足以证明，现代的学生收集信息的能力和素养都在逐步提升。

（二）信息分析与处理素养的提升

信息收集是学生获得信息的第一步，而学生分析、处理信息的能力则是信息素养的重要组成部分。网络手段和信息技术带来的信息也是良莠不齐的，学生收集到的信息也是参差不齐。那么在信息化环境下的有效教学是否促进了学生信息分析和处理素养的提升呢？答案是肯定的。

教师在信息化环境下的教学，一方面是为了提高课堂的教学效率；另一方面也是为了培养学生的信息素养。各种开放性问题或探索性研究都给予学生大量的机会尝试信息分析与处理。其实让学生在网络上查找、收集、下载信息，技能和方法都不是问题，学生唯独缺少的就是分析处理能力。换言之，学生在信息化环境下，正逐步通过理解、联想和类化的形式，不断提升自己的信息分析与处理素养。在面对学习任务时，学生首先需要理解任务的目标和要求，然后联系已经学过的知识或生活实际，对如何完成学习任务，根据已有知识经验进行的合乎逻辑的联想，收集相关信息。类化是第三步，指把当前的题目纳入同类的知识系统中去，还可以怎样描述？跟以前学过的哪些知识类似？这样可以实现信息搜索的多样性。通过类化的过程分析收集到的信息资料，并处理它，把信息内化在自己的知识体系中。

在这个过程中，学生分析和处理信息的素养越来越高。

（三）信息交流素养的提升

当今社会不但信息数量多、传播速度快，而且信息更新变化极其迅速。面对如此变幻迷离的信息社会，单靠个体的收集和处理是无法驾驭充满灵性和变幻的信息；只有加强群体内部信息交流、集众人之力，才能更好地捕捉信息、驾驭信息，利用信息，实现信息共享。因此，组织学生开展“信息交流”是学生获取大量信息的捷径。

各类班级论坛、个人博客、魔灯平台等各种形式的平台打破了讨论交流的时间和空间局限，学生能够通过这些平台上传自己的信息，共享他人的信息，在线交流、留言、提问，从而获得更丰富的信息资源。长此以往，学生越来越愿意分享信息，也乐于从他人那里获得不同的信息。信息交流素养得到提升。

例四：

学生与教师、家长的三方交流：班级博客在小学习作教学中的应用研究①

博客(Blog)是一种新型的学习方式和交流方式，是“互联网的第四块里程碑”。博客的版面分为首页、日志、最新评论、博友、音乐、留言等几大板块，其他板块可以根据需要不断添加，如班级公告栏、班级事务早知道、文章发表排行榜、光荣榜和友情链接等。博客可以用来写个人日记，也可以为群体使用。如班级博客，就可以用来为全班学生的学习服务。来博客上浏览的人可以是本班教师和学生，也可以是学生家长，也可以是网络上的每一个网友。

在信息技术日益发达的今天，博客以它独特的魅力深深地吸引着广大的网友，也深深地吸引着孩子和家长。如何把博客引入学生的习作教学，以激发学生的写作兴趣，提高学生的习作水平和修改水平呢？为此，我进行了专门的研究，也获得了很好的效果。

一、加强网络阅读　奠定写作基础

“读书破万卷，下笔如有神。”这是唐朝大诗人杜甫的经典名言。这句至理名言告诉我们读书能有效地促进学生的写作。爱读书是个好习惯，我们应该时时处处为学生创设良好的读书氛围，使孩子们随时有文章可以阅读。只有加强日常的阅读积累，才能使学生厚积而薄发。而班级博客的建设也正为学生的阅读提供良好的网络平台。网络阅读可以从以下四个方面进行建设：

1. 开辟教师下水文专栏

学生往往把教师当做自己行动的楷模，教师的行为无时无刻地影响着每一位学生。每次学生习作前，教师先写好下水文，发送到班级博客上来，对学生的习作的指导起到事半功倍的作用。因为孩子们平时住在学校里，周末时可以充分利用时间提前阅读，事先去准

① http：//www.linhaiedu.cn/jyky/ShowArticle.asp? ArticleID=32424.

备写作所需要的素材，也利于学生在家仿写。

2. 发表相同题材的优秀习作

写作是孩子在学习中感到最困难的。如何激发学生的写作兴趣，提高学生的写作水平呢？有句话说得好：生活是习作的源泉。孩子只有学会仔细地观察生活，体验生活，积累写作素材，才能为写作打好扎实的基础。但仅仅如此是不够的，要想提高写作水平，还得教会孩子学习写作的技巧，如怎样的文章才算是“凤头、猪肚、豹尾”？怎样把文章写具体，写生动，写出趣味，写出个性？怎样使用比喻、拟人、夸张、排比的修辞手法等。同题材的优秀习作恰恰为学生提供了许许多多的参考，降低了孩子写作的难度，为孩子的习作铺上了一条成功之路。

3. 推荐名家经典、链接少儿阅读网站

宋代理学家朱熹在《观书有感》中写道：“问渠哪得清如许，为有源头活水来?”长期而不断更新的阅读为学生提供了源源不断的知识养料。而积累美文佳句，链接少儿阅读网站更为学生的习作学习提供了强有力的保障，使孩子们受到潜移默化的情感熏陶，为孩子们的习作打下基础，作好铺垫。另外，推荐少儿阅读网站，或提供有关阅读方面的信息，都为孩子们提供了良好的阅读平台，使学生能进行有效的阅读，节省了寻找的时间，也把喜欢玩电脑游戏的孩子拉回到阅读上来，可谓一举两得。

二、开辟习作专栏　重点开展评论引导

为了增强孩子们的习作兴趣，引发孩子对习作的重视，我在班级博客上开辟了发表习作的专栏和评论专栏，以激发孩子习作的兴趣，有效地引导学生进行高效地写作，少走弯路。习作专栏专门为孩子发表提供一个空间，事先可以进行专门的培训，使孩子们知道如何进行发表习作。评论专栏重在对孩子们的习作进行评论。评论者主要来自教师、学生、孩子家长、亲戚朋友及来访网友。评论时要求具体指出孩子习作的优点和缺点，同时指明孩子今后习作的努力方向及需要注意的问题。具体可以从以下几个方面入手：

1. 教师及时跟帖鼓励、指导。

2. 倡导孩子跟帖发表评论。

倡导孩子跟帖发表评论主要有三层目的：其一，通过阅读发表的评论，可以使孩子看到别人习作中的优缺点，使孩子学习到别人的长处，避免别人的短处，有利于今后的写作。其二，孩子们对别人习作进行点评，获益的还有习作被评论的孩子。使他们知道相同题材的习作，别人是怎么写的，哪些地方值得自己学习。今后，哪些地方是值得注意的，不能再犯错的。在孩子跟帖发表评论时，还应该要求使所发的评论要有针对性、真实性的特点，不泛泛而谈，不能随意捏造。其三，通过跟帖发表评论，锻炼了学生的习作能力，同时也使孩子知道只有语句通顺的帖子才会有人看，才会有人看得懂，言不达意或是语句不通都是应该避免的。跟帖发表评论无疑提高了孩子的习作水平。

3. 鼓励孩子家长发表评论。

家长是孩子的启蒙老师，是孩子最坚强的后盾。他们阅历深，人生的经验丰富，对孩子思想上的引导起着重要的作用。而习作要求思想健康，积极向上。而有些孩子却不懂得选择，如喜欢在地上玩小卡片，喜欢玩没意义的游戏，沉迷电脑游戏而不能自拔等，这在习作中也会偶尔出现。而家长的正确引导正像一缕春风，吹开了孩子的心扉，教会孩子明辨是非，正确地看待事情，培养了正确的人生观和价值观。另外，孩子家长能在班级博客上发表评论，足以体现对孩子学习的重视，习作的重视，孩子在父母的言传身教下，孩子也变得更加重视习作的学习。

三、开辟多种渠道　激发持久兴趣

为了激发学生持久的习作兴趣，我在班级博客上开辟了多种渠道来鼓励学生，如设立"文章排行榜""每周之星"专栏，为学生习作的发表推荐相关的网站和途径。

1. 文章排行榜

"文章排行榜"指对孩子们平时在班级博客上发表的习作、修改他人习作、阅读他人修改的习作进行统计，并按照发表数量进行评比，按照从高到低的顺序排列，以示奖励，同时激发孩子们写作、修改习作、阅读修改后习作的兴趣。对于排在文章排行榜前面的同学，邀请他们参加班级博客的管理，使他们能更主动地参与到博客管理、习作学习中来，同时又增强了他们的自信心。班级隔一定的时间，进行一次"语文博客习作小标兵""网络管理小能手"等项目的评比，增强学生习作的积极性。

2. 每周之星

"每周之星"指辅导学生每周进行习作的训练，为在博客上发表习作作好充分的准备。习作任务超额完成，或是规定的习作任务完成得出色的同学，可被评为"每周之星"。直接公布到班级博客上去，让所有的亲戚朋友、孩子家长都能及时看到他们孩子的表现状况，从而有针对性的进行指导。"每周之星"还能优先推荐到每周的护旗手行列中来。

3. 推荐习作的发表途径

给孩子们推荐习作的发表途径，让孩子们的文章变成铅字，让孩子们的文章能在知名网站上刊出，这怎么能使孩子们不欣喜雀跃呢？为更好地激发孩子写作的兴趣，我主要从以下四个途径推荐孩子们的习作：其一，将孩子们发到班级博客上来的习作评定等级，可以通过制作一个带星级的网络奖章来实现。对于带星级的习作进行固顶。固顶的文章永远都会显示在前面，这对孩子来说无疑是个奖励。对于固顶的习作推荐到学校的网站上去。其二，将班级中优秀的习作推荐到临海教育网上，使各个学校的老师、同学和其他教育者都能看得到，以增强学生的习作的自信。其三，校刊推荐。学校每年都要推出新一学期的校刊，班级博客中的优秀习作就可以优先推出。其四，向报纸杂志推荐。

“一分耕耘，一分收获!”在我们的共同努力下，学生的博客习作篇数越来越多，习作的水平也在逐渐地提高，这让我感到无比的欣慰。在今后的博客习作教学中，我将作进一步的研究，以更快、更有效地提高孩子们的习作水平。

(四)信息呈现素养的提升

课后学生借助于各类平台交流分享信息，课堂上，往往也会要交流和分享信息。在课后，每个学生都能参与平台上的交流。而在课堂上，受关注更多的不是讨论，而是陈述，这里的陈述是信息呈现的一种外在表现。

在传统教学的环境下，学生呈现信息的方式比较单一，往往以口头陈述的方式呈现信息。而信息环境下，在教师的示范或要求下，学生开始尝试以各种形式呈现信息。掌握PPT制作方法的学生，会为自己的口头陈述设计并制作一份PPT。在PPT里面插入相关的图片、音频、视频等多媒体形式，使得信息呈现的方式更加形象生动，令人印象深刻。比如，在网络论坛的平台上，学生能够共享资料，进行讨论；魔灯平台的使用，学生能够在课后网上答题，回顾在校学习的内容。呈现方法的选择与学生平时所接触到的信息手段有关。

信息化环境下的有效教学能够促进学生信息素养的提升。但是，学生信息素养的提升仍然需要教师系统地指导和训练。于是，常规的信息技术课成为培养学生信息素养的重要渠道。那么常规信息课上如何具体提升学生的信息素养？此处附上具体示例一份。

例五：

游府西街小学信息教师教案设计："设置动画效果"①

教材分析：

风格迥异的动画显示效果，会给演示文稿增色许多。本课内容的呈现，为演示文稿的制作起画龙点睛的作用。许多动画效果在学生手中轻而易举地实现，使学生在感受计算机神奇作用的同时，也提高了自主探究的信心。

学情分析：

本节课的主要内容是给幻灯片添加动画效果，从而使自己的作品更加合理美观。由于通过前面的学习，学生们已经掌握了制作简单演示文稿的技能，考虑到我校学生的基础，所以在教学环节中增加了调整时间顺序及动作路径的设置。通过创设“狐狸和乌鸦”的故事这样一个情境，并将这一情境始终贯穿在学生整个操作学习之中，从而极大的调动了学生的学习兴趣，营造了良好的学习氛围。本节课采取自主探究式的教学方法，以学生为主

① http://blog.njbxjy.net/user1/6227/68194.html.

体，通过引导学生借助学件进行自主学习，培养学生的自主探究能力。

教学目标：

学习自定义动画的方法；学习幻灯片切换的设置方法。

通过对幻灯片切换方式及自定义动画的设置，比较各种不同的动画显示效果，确定合适的动画方案。

通过自主学习与合作学习，提高动手操作能力及发散思维能力。

通过不同动画效果的设置，充分体会适当的动画展示效果对突出演示文稿主题的特殊作用。通过动画效果的设置，增加学习兴趣，增强做学习小主人的自信心。

能根据演示文稿的主题要求，设置不同的切换方式及自定义动画效果，实现演示文稿内容的动画显示。

课时安排：1课时

教学重点与难点

重点：幻灯片的切换方式及自定义动画。

难点：合理地设置自定义动画效果。

教学方法与课前准备

教学方法：情境教学法、任务驱动法、演示法、讲授法、自主探究法。

课前准备：演示文稿、学件

教学过程：

教学环节	教师与学生活动	设计意图
一、引入	师：《狐狸和乌鸦》的故事同学们都听说过吧？ 生：听说过。 师：谁来说一说？ （指名学生回答） 师：老师这有一个用PPT制作的《狐狸和乌鸦》的故事，你们想不想看一看？ （师边演示PPT，边叙述故事） 师：同学们有没有发现，狐狸和乌鸦的对话并没有和幻灯片一起出现，而是跟随着我们的需要而出现的，那你们知道老师在幻灯片中设置了什么吗？ 生：动画效果。 师：（总结）引入课题。 今天我们就一起来学习设置动画效果	通过创设故事情境调动学生学习的兴趣，同时借助《狐狸和乌鸦》的故事引入新课，为后面作铺垫。

续表

教学环节	教师与学生活动	设计意图
二、自定义动画	师：那么这些动画效果是如何设置的呢？有谁知道怎么操作？ 指名学生上台演示操作方法 师：总结操作方法，动画效果是通过设置自定义动画来完成的。 布置任务：完成PPT《狐狸和乌鸦》的第一张幻灯片“标题”动画效果的设置。 注意点：(1)可以多尝试几种效果，看看哪种最合适，你最喜欢。 (2)当我们选择好一种效果后，如何想换成另一种，如何更改？ 学生完成任务 指名学生回答，如何更改动画效果	通过前面的学习，发现有个别学生知道操作的方法，所以通过学生演示的形式让学生学会新知。 提出要求，让学生带着问题完成任务，让学生进一步了解动画效果设置的细节。
三、调整时间顺序	师：第一张幻灯片的动画效果我们已经设置好了，比较简单。第二张幻灯片有一点点的难度了，有三个地方需要我们进行设置，你能完成吗？ (师巡视，提醒做好的同学放映一下，看看做得对不对，有没有什么问题) 师：谁愿意展示一下？ (指名学生演示，此时肯定设置的不对) 师：发现什么问题没有，他做得对吗？ 生：顺序错了。 师：对象的出场顺序错了，我们在对同一张幻灯片里多个对象设置动画效果时，首先应该分析下它们的先后顺序。那么我们怎么修改呢？ (师演示最原始的方法，删除效果，按照正确的顺序重新设置) 师：不过，我觉得这样太烦了，有没有其他简单快捷的方法呢？请同学们打开学件(简单介绍电子杂志软件)，自学如何调整时间顺序，看看你能学会几种方法，并对自己的幻灯片进行修改。 (师巡视指导) 师：做好了吗？老师这张幻灯片你们看看顺序对吗？不通过放映，从哪里能看出来？ 指名学生回答(数字标识) 师：你能用你刚才学到的方法，帮老师修改一下吗？ 师：总结，在幻灯片动画效果的设置过程中，首先要分析对象的出场先后顺序。	通过让学生自主完成第二张幻灯片，从而发现问题，引入知识点《调整时间顺序》，由于此处是课本以外的内容，所以让学生借助学件，自主探究，通过自学来解决问题。同时培养学生的自学能力。 通过指名学生演示，来检验自学成果，并再次加深巩固操作的方法。

续表

教学环节	教师与学生活动	设计意图
四、设置动作路径	师：我们已经完成两张幻灯片的设置，故事也发展到了关键环节了，第二张幻灯片当乌鸦听到狐狸的赞美后，张开了大嘴巴，于是肉从嘴里掉了下来。那么我们该如何设置“肉掉下来”这个动画效果呢？应该选择哪种效果？ （发现自定义动画“进入”里的效果都不能实现，此时可能会有学生知道应该使用动作路径） 师：那我们应该选择动作路径里的哪种效果呢？请同学们打开学件并思考以下三个问题： (1)有哪几种方法可以完成？ (2)路径的长短该怎么设置？ (3)在设置动作路径时应该注意什么？ 师：谁来展示自己的作品，并说说你用的是什么方法？ （此处多选几名同学演示，从中发现问题并评价，师演示路径长短的设置并强调应当选择合理的动作路径）	提出问题，激发学生的学习欲望。继续通过自主探究的形式，让学生找到解决问题的方法。 教师提出问题，让学生有目的地带着问题自学，也利于后面环节对学生的评价，便于总结。 通过展示作品，从中发现问题，从中让学生明白应选择合理的动作路径。
五、幻灯片切换	师：刚才我们给幻灯片中的文字和图片设置了动画效果，那么还有哪些地方可以设置动画效果呢？我们在放映幻灯片时，幻灯片与幻灯片之间的过渡可不可以加上动画效果呢？ 生：可以。 师：那怎么设置呢？这里需要用到幻灯片的切换方式。有谁知道怎么操作？ 指名学生回答 老师补充说明并总结 学生完成幻灯片切换效果的设置。 师：幻灯片《狐狸和乌鸦》的动画效果我们已经全部设置好了，同学们做得都非常好，很多同学都想把自己的作品展示一下。不过，先别急，给大家两分钟的时间从头至尾播放一遍，检查一下有没有什么地方设置的有问题，然后请大家在心里默默地把故事过一遍，接下来老师要请一名同学边放映幻灯片边生动的叙述一下这个故事。	通过让学生边展示作品边完整的叙述故事，一方面让学生了解在给对象设置动画效果时要有一定的先后顺序；另一方面也让学生体会生动活泼的动画效果能使幻灯片更加多姿多彩。

续表

教学环节	教师与学生活动	设计意图
六、总结	1. 你学到了什么？ 2. 欣赏幻灯片，布置课外作业，注意选择合理的、合适的、符合情境的动画效果。	总结巩固所学知识。 通过欣赏幻灯片，让学生了解动画效果可以运用于任何演示文稿。通过课外练习，让学生能根据演示文稿的主题要求，为幻灯片设置合理的动画效果。

三、学生信息素养提升的策略

(一)信息技术教学融入其他学科内容，营造学用结合的良好氛围

信息技术课是培养学生信息素养的重要渠道，但并不是唯一渠道。而且很多学生还没有能够把学到的信息技术知识内化为一种素质，即没有学会自觉运用信息技术。因此，只有在信息技术学用结合的环境下，学生的信息素养才能稳定地提高。比如，魔灯平台的使用。信息技术课上，教师教给学生魔灯平台的操作步骤；学生可在平台上发现今天所学的知识，通过平台完成自我答题检测，回顾所学。这便达到了学习技术、应用技术的效果。

(二)创设信息化学习的机会，形成学生自主应用信息技术的氛围

一个人信息素养的高低，很重要的一条就是他能否应用信息技术解决生活、学习中碰到的问题。学生信息素养的培养决不是一门信息技术课就能解决的问题。各学科教师创设条件，积极倡导学生应用信息技术转变为学习方式，让学生有机会运用信息技术学习，进而学会利用信息技术进行学习。这是培养学生信息素养的重要途径。比如，在数字化校园环境中，教师培养学生使用网络交流信息的能力。学生能够在班级博客中分享信息，能够运用 FrontPage、PPT 等信息技术手段来呈现信息。通过与其他学科教师的合作，并不增加学生的负担，相反却增加了应用信息技术进行学习的机会，一定程度上转变了学生学习的方式，大大提高了学生的信息技术应用能力，切实有效地提高了学生的信息素养。

(三)采用任务驱动教学，让学生自主探索中提升信息素养

所谓“任务驱动”就是在学习信息技术的过程中，学生在教师的帮助下，紧紧围绕一个共同的任务活动中心，在强烈的问题动机的驱动下，通过对学习资源的积极主动应用，进行自主探索和互动协作的学习，并在完成既定任务的同时，引导学生产生一种学习实践活

动。“任务驱动”是一种建立在建构主义教学理论基础上的教学法，它要求“任务”的目标和教学情境的创建，使学生带着真实的任务在探索中学习。在信息技术课中体现“任务驱动”教学法，就是让学生在一个个典型的信息处理“任务”的驱动下展开教学活动，引导学生自主地搜索有关信息，并有选择地利用这些信息完成一系列“任务”，从而得到清晰的思路，方法和知识的脉络，在这个过程中，学生还会不断地获得成就感，可以更大地激发他们的求知欲望，逐步形成一个感知心智活动的良性循环，从而培养出独立探索，勇于开拓进取的自学能力。

(四)鼓励学生自我展示，激发主动提升信息素养的意识

创造大量的机会让学生运用信息技术手段，是为了培养和提升学生的信息素养。但是这还不够。学生需要在肯定和鼓励中主动提升自己的信息素养。所以，要创造条件让学生充分展示。比如，鼓励学生交流收集信息的渠道，请小老师展示课件或软件的制作、操作过程等。在及时的反馈过程中，有效提升学生的信息素养。

现在以制作“美丽的校园”网页为例，具体描述学生信息分析和处理素养提升的过程。简述步骤如下：

1. 信息分析和处理准备

教师将学生分组，并选出一名组长；每小组成员明确本组的制作主题及每个成员的分工；小组讨论在制作前可以使用到的信息手段等。

2. 搜索信息并对信息进行分析、筛选、分类

学生主动地、有目的地从网络、光盘、录像带、书本、杂志等媒介中或者是亲自调查、参观等搜来大量信息资料，面对一组同学搜来的这些资料必须先进行分析、比较，看这些资料是否有价值、是否重复、是否符合主题思想，没有价值的、重复的、不符合主题的东西要删去，然后将本组制作网页所需要的资料确定下来。最后，还要对这些资料进行分类，可按文字、图片、声音、动画等分别装到不同的文件夹中 。在这个过程中，学生在抓图、录入文字、网上下载资料时就要用到相关软件如 Photoshop，“网络蚂蚁”等。这就能调动学生的学习主动性，迫使其要自学一些基本操作技能，这种学习的自主性对今后信息技术课的教学是有很大帮助的。在分类时，可以复习新建文件夹、存储、复制等操作技能。更重要的是在这个过程中可以让他们进一步掌握获取有用信息的能力；增强分析、判断信息的能力。

3. 对信息进行加工、处理

学生用 PowerPoint 或 FrontPage 把本组所找来的资料进行整合，结合自己原有的知

识，重新整理、存储。在完成类似“美丽的校园”这样的任务过程中，学生综合运用所学到的信息技术加工处理收集到的信息。学生都希望把自己的作品做得很出色，这势必要遇到技术难题，这就形成了主动学习的意识，交流和提问的需求也相应产生。这样就增强了学生的自主学习意识，在实践中学会学习、提高能力。一个小组的作品可由几个同学在不同的电脑上分头制作，然后再通过网络连接起来。每个小组都独立完成演示文稿的制作。这样既可以培养学生自己动手对信息进行加工、处理等能力，而且还可以培养学生的合作精神。

4. 互相交流

每组派一名代表利用网络教室的转播功能向全班同学展示自己的作品，可以讲解本组的制作思路，比如说说本组为什么从“学校的绿化”方面呈现“美丽的校园”，也可以说说作品的特点，如本组作品的交互性较强体现在哪些地方等等。讲完后再由其他小组的同学对这个组的作品从选材、制作等方面提出不同的建议，达到相互学习、共同提高的目的。

5. 呈现信息

教师可指导学生把做好的作品发布到校园网上或由学生自己到班级博客上上传作品。能把自己的劳动成果公布于众是件令人开心的事，这对学生会是很好的鼓励。

信息课堂上的任务和活动可以系统地提升学生的信息素养，但这并不是学生提升信息素养的唯一渠道。教师和家长良好的信息素养示范也影响着学生的信息素养水平。所以，教师应充分利用课堂教学的优势，通过各种形式的教育，使学生将上述信息的收集、分析、加工、呈现等能力内化为自身的思维习惯和行为方式，从而形成影响其一生的学习品质。

第五章　有效学习的实施

第一节　有效学习的实施策略

有效学习的目的是为了花更少的时间，学到的更多、更牢、更好，让学生“学一知十”；有效学习应该是让学习变得更有趣，它不应该让学生觉得枯燥乏味，而应该“寓教于乐”。信息化环境下的有效学习，就是充分利用信息化的手段和平台，是学习更加有效。在信息化与学科整合的道路上，要想达到有效甚至高效的目标追求，在信息化与学科整合过程中就必须采用一些符合教育教学规律、符合学生心理以及成长规律的策略，让学生通过探究、合作等学习方式，形成自主学习的能力。

一、精心选择，讲求实效

无论是课内学习还是课外学习，必须了解学习内容、把握学习者的特点，遵循基本的教育、教学规律，精心选择媒体资源，使其为教学目标服务。教者和学者都要借助多媒体，但不能滥用。在使用上应该有所选择，有所偏重，比如诗歌、散文或写景的文学作品借助多媒体，可以增强教学效果，但一些说理性的文章就可以少用或者不用多媒体，有些教师上课只是把板书搬到投影上，其实这种投影方式还容易打断教学的流畅性，达不到应有的表达效果。所以，教师在课件的使用上要注意从教学效果考虑，精选课件，使课件对课堂教学确实能起到画龙点睛的作用。同时要避免花哨，要摈弃只有形式而没有内容的课件，要让信息技术真正成为启发智力、培养思维、利于学习的工具。特别是课外学习，还应关注学习知识的类型、体系，恰当地选用工具，为学习服务。

值得一提的是，信息资源的开发和使用一定要有利于解决教学重点，突破教学的难点。例如，《黄山奇石》这篇课文既有抽象概括的描写，又有具体形象的描写，作者形象生动的语言文字极具感染力，把黄山奇石描写得活灵活现。但学生很少有人到过黄山，缺少对黄山的直接感触，要使他们仅仅通过阅读课文来理解黄山的奇美特色，显然是困难的。如果教师将上网收集的一些有关黄山的视频资料和文本，将文字、声音、图片、视频相结合，制作成教学网页，课堂上让学生通过"视频点播"观看黄山，体会"怪石磷峋""危峰突兀"等词语的确切含义，增强对黄山形成感知。接下来教师提出：喜欢黄山吗？刚刚看到的、听到的，课文都写得很具体。现在请同学们重新走进课文，在语言文字中和黄山再次亲密接触，感受黄山的奇美秀丽，学习作者的表达方式。这样，自然、明确地向学生提出了本课的教学目标。或告知学生学习的平台网站，让学生自学时，进入学习资源库，那里为他们提供系列完备的学习资源，用形象的图片、视频、文字甚至互动的游戏把学生带进文本之中，由于现代教学技术极大地突破了地域局限和感官局限，学生会有身临其境之感，会更投入地研读课文，领会作者的丰富情感。新的课程观强调，教师是课程资源的开发者。我们只有将信息技术整合于教学之中，信息技术才能发挥起实际效用，教师在教学实践中开发的资源才是真正有用的资源。

二、依据需求，优化组合

根据教材内容和特点，将选择的信息资源进行优化组合和综合运用。要根据学生的认知特点和教学内容选择应用教学媒体。认知心理学认为，少年儿童认识和感知事物是有一定的过程和规律的，它往往是由感性到理性、由现象到本质、由直观到抽象等；少年儿童心智发展的根本原因是一种内在的认知需要，而这种认知需要往往是由感知事物的直观现象首先引发的。语文课堂教学中运用多媒体辅助教学，就要符合学生的认知需要，而且不同年龄阶段的学生对事物的接受能力不一样，选用教学媒体必须考虑他们的年龄特点。小学语文教材内容体裁多样，故事、散文、诗歌应有尽有，许多文章文质兼美、形象生动，具有较强的艺术品位。而课外知识则需要整合优化，汲取有用、符合知识系统的信息，为学生提供因需而设的自学知识。因此教师要能根据具体课文的特点，根据学生需求，运用现代媒体为教师的讲授和学生的表演创设特定的情境，为学生学习提供必要的资源和空间。

三、遵循学路，灵活运用

在课内外的学习中，信息资源及其呈现方式要灵活多变，适应教学的需求。教师在制作多媒体课件或准备网络资源的时候，要循序渐进，全面地考虑现场学生的可能反应，要尽量灵活多变，让多媒体具有互动友好的操作界面，为此，可以采用多方链接的方式，让课件具备多种方案，这样教师的思维就不至于被课件限制在固定的内容和步骤上。

例如，在执教《天游峰的扫路人》第二课时，围绕“天游峰的扫路人是一个怎样的人呢？为什么他给作者留下了深刻的印象？这节课，我们就跟随作者一起去认识这位扫路人”。这一总揽全文的大问题引领学生走进文本、走近人物，品词析句、研读感悟。由于学生对文中人物扫路人的感受必然是个性化的，他们对文本的关注点和兴奋点也不尽相同，有的关注外貌，有的注意穿着，有的对扫路人与作者的对话印象深刻，有的可能会对天游峰景物描写情有独钟。再加上这些外貌、穿着、语言以及背景描写分布在文章的各个地方。如果按教的思路做成的课件必然只能牵着学生走，为此笔者以学生的学习思路专门设计了一个菜单式课件：课件集音乐、文字、图片于一体，并且可以链接网络，采用板块式呈现方式，充分考虑学生的认知习惯以及各种课堂生成的可能性，满足学生学习过程中的各种需要，无论学生是整体把握还是字词着手，关注人物或者景物，采用具体还是抽象的思维习惯。因为准备了可以自选的(不必拘于传统课件的固定的流程)，相当于一个教学资源库的课件，因此成为学生感知文本，训练语言的很好的凭借，较好地促进了学生地自主阅读和表达。课外学习意识也如此。

四、主辅明晰，彰显主体

信息技术只是语文课堂教学的一种辅助手段，语文课程不能在信息技术的辅助中迷失自己的方向，在教学过程中，要通过教师的宏观调控，调动学生思维的积极性，参与的主动性。课堂上，教师运用自己的语言，对媒体的运用加以解释、引导，充分调动学生的参与意识，实现由感性认识到理性认识的飞跃。《语文课程标准》要求“拓宽语文学习和运用的领域，注重跨学科的学习和现代科技手段的运用，弘扬人的主体性是现代社会发展的主题”。学生是学习的主人。手段的整合要把学生放在主体地位，弘扬人的主体性，注重开发人的智慧潜能和情感因素，并为学生主动学习，主动发展创造良好的外部条件。无论使用哪种教学媒体，教师应创造性地理解和使用教材，激发学生学习兴趣，引导学生在实践中学会学习。

一位教师在教《揠苗助长》这一课时，发现多媒体创设出的情境使学生产生了浓厚的兴趣，学生在这种特定的情境中去看、去想、去感受，情绪处于兴奋状态，当学生找出种田人怎样拔苗的语句，并且绘声绘色朗读后，教师紧接着问道：那拔苗的结果会怎么样呢？让我们一起去看看吧。这时一片片耷拉着脑袋的秧苗出现在屏幕上。学生们七嘴八舌地说开了，有的说着种田人此时此刻的心情“他一屁股坐在地上，后悔地说道‘我的秧苗全完了！’”有的说着他的内心活动“他想：我真不该那么心急呀！”……在你一言、我一语的发言中，课文的寓意也自然地被揭示出来了。学生学习的主动性被生动的画面充分调动出来了，课堂效果显著。

五、发挥优势，促进合作

在引导学生运用计算机等多媒体资源进行自学，自主地选择学习内容、学习方法和学习进度的同时，也不能忽视协作学习对学生学习能力的培养和良好人际关系的形成具有的明显促进作用。教师依据学生在教学过程中所表现出来的差异，把不同学习能力、学习态度、学习兴趣、性别、个性的学生分配到一个合作小组里，确定组长，重视对组长的培训，提高其组织能力，协调能力和自我管理能力。让学生积极参加小组活动，主动提出自己的想法和建议，在组内学会倾听，把小组的荣誉视作自己的荣誉等。学习中应该充分利用网络平台，尽量创设小组合作、网上交流、甚至远程协作的机会，促进资源共享，成果共享，培育良好的人际交往氛围，因此在课程整合中，要把个别化学习和合作学习相结合以取得最好的教学效果。

第二节　有效学习的实施途径

一、认真学习，转变观念，提升自己的专业素质

信息化背景下，实施有效教学，最关键因素是教师自己。当前，导致课堂教学效率不高的主要原因：一是观念陈旧，拿着新教材进行的还是传统的老一套教学理念。二是惰性

难改，常常做“拿来主义”者，照本宣科，鲜有创新精神。三是关注点上有偏差，教学时只关注教，忽视学生的动态生成。四是反思少，写每一堂课教学反思的更少。因此，在新课程背景下实施有效教学，应注意在以下方面不断提升自己的专业素质：首先，树立先进的教学理念，利用新课程培训学习的机会，转变观念，运用新教学方法来实施新课程。其次，丰富个人知识储备。最后，做一个有反思力的教师。具有反思意识，坚持写教学反思，不断反思日常教学行为：我的教学有效吗？什么样的教学才是有效的？有没有比我更有效的教学？在实践——反思——再实践——再反思螺旋式上升中，实现专业成长。

二、构建和谐课堂，追求愉快教学，培育优质课精品课

注意主要从课前的充分准备、课堂的精心组织、课后的适当练习三个环节来提高教学的有效性，构建了教学的系统工程。如布置课前预习，打好基础，养成良好习惯；早读课，记忆背诵，熟能生巧；课堂教学，寓教于乐，教学相长；作文教学，“听说读写”四位一体的综合性活动；写作兴趣小组，因材施教，个性发挥，体验创作乐趣等。

三、提升能力，建立机制，努力成为新课改优秀教师

注意提升三种教学能力。(1)课堂调控能力。因为上课是个动态的过程，都要根据课堂上的实际情况和学生的反应及时调整课堂教学，有时要改变既定教学环节，引导学生将注意力集中并保持在教学活动上。(2)信息反馈能力。课堂教学反馈是师生之间、生生之间多向信息交流的过程。要及时捕捉来自于学生的各种信息，通过分析，转化为有效的教学资源，从而引发新的学习。(3)评价指引能力。评价就是对学生思维的点拨。注意在课堂评价上真正对学生起到激励、引导的作用，一是语言要饱含激励，用真情真诚地评价学生；二是减少简单确定性评价，倡导发展性评价，做到了这两点，评价的作用就能真正发挥出来了。

四、以学论教，建立教师有效的课堂教学反馈和评价机制

课改把每一位学生放到了多维化和多元化的评价体系中，让每一位学生都得到充分的发展和个性的成长。同样，对于教师而言，教学是否有效、是否符合学生的成长，也要采用多元化评价，不能唯分数是论。特别在信息化的背景下，学校教务处、教研组、备课组建立起一套对教师有效的课堂教学反馈和评价机制，目的在于鼓励和激励教师进步，给教

研集体和教师个人迅速成才的机会。如小组内外听课和互相听课，校级或市级的公开课、每学年的全市教学公开周，这些形式多维度、多层面、实事求是的评价，既保护了教师的工作积极性，也让教师及时发现自身存在的不足。教学反馈的渠道畅通了，教学工作也落实得更有效。

第三节 有效学习的实施方法

实现信息化环境下的有效学习，不是把信息化环境仅仅作为辅助教或辅助学的工具，而是强调要把信息化环境作为促进学生自主学习的认知工具和情感激励工具，利用信息化手段所提供的自主探索、多重交互、合作学习、资源共享等学习环境，把学生的主动性、积极性充分调动起来，使学生的创新思维与实践能力在整合过程中得到有效的锻炼。在教学实践中，我们主要采用了以下五种方法：

一、作为情境创设工具：虚拟场景，还原生活

教学实践表明，一定的社会行为总是伴随行为发生所依赖的情境，抽象概念规则的学习往往无法灵活适应具体情境的变化，所以在具体情境中开展有意义的学习就显得尤为重要。如果要求学习者理解抽象的数学概念和公式，最好的方法是创设具体的情境，让学生具有真实的情境体验，在特定的情境中理解事物本身。而计算机技术可以为学生实现学习对象的情境化、活动化创造了条件，它可以以一定的课程学习内容和教学需要，利用多媒体集成工具或网页开发工具将需要呈现的课程学习内容以多媒体、超文本、友好交互等方式加工处理转化为数学化学习资源，让学生如身临其境，从而激发学生浓厚的学习兴趣和丰富的情感，使每一位学生在课堂上处于积极的思维状态。例如：在教学《轴对称图形》时，教师先用课件展示一幅幅图像清晰、色彩鲜艳的秋天风景，并配以声情并茂地阐述：现在是秋天，你们看，秋天多美啊，火红的枫叶，美丽的蝴蝶，青翠的松树……来到秋天的大自然中，你会发现很多美景。同时，电脑一一抽出枫叶、蝴蝶、松树的图案，接着让学生找出它们的特点。这样美的画面和学生生活经验中的自然美融合在一起，提高了学生们的审美情趣，使得他们饶有兴趣地进入了求知境界。

二、作为演示工具：解决重点、难点问题

多媒体计算机提供的外部刺激不是单一的刺激，而是多种感官的综合刺激。实验心

理学家亦瑞特拉通过大量的实验证实：人类获取的信息83%来自视觉，11%来自听觉，这两个加起来就有94%。另外，通过对记忆规律的研究表明，学习相同的内容，若单纯用听觉，3小时后对所获知识的保持率为60%，3天后为15%；若单纯用视觉，3小时后所获知识的保持率为70%；3天后为40%；若视、听觉并用，3小时后对所获知识的保持率为90%，3天后为75%。这说明多媒体技术应用于教学过程不仅有利于知识的获取，而且有利于知识的保持。"相遇问题"是小学数学教学中有相当难度的一类应用题，在教材中既是重点，又是难点。巧妙地运用信息技术手段把学生难以理解的抽象问题，通过直观形象的图文形式加以强化，可以收到事半功倍的效果。教学中展示课件：屏幕上出现一条笔直的公路表示"全程"，按任意键后，又在公路的两端出现两辆汽车表示"相对而行的两个物体"；再按任意键，两辆汽车在隆隆声中向前行驶表示"相对而行"，在两辆汽车重合时按任意键，汽车刹住并表示"相遇"，两辆汽车经过的路线用不同颜色的线条来表示；同时，在这幅画面上有一个钟表，它随着汽车的运行而运行，随着汽车的停止而停止，它展示给学生的结论是：两物体相遇时所用的时间相同。由于增强了感知度，教师不用讲，学生已经在声、光、色、形中明白了诸如"相对、相反、相遇、路程"等词语，从而加深了对内容的理解，并体会到知识的"动态生成"过程，极大地提高了学生的理解能力和分析问题能力。

三、作为交流工具：协商与对话

目前学生学习方式比较单一、被动，缺少自主探索、合作学习、独立获取知识的机会。而计算机网络技术为实现协作式学习提供了良好的技术基础和支持环境，使学生的学习内容具有开放性；学习过程具有交互性；内容形式呈现多媒体化。这正好符合建构主义学习理论。建构主义认为，学习者的知识是在一定的学习情境下，借助于他人的帮助，如教师和学习伙伴的协作与交流，利用必要的学习资料、信息等，通过意义建构的方式而获得。学生可以借助多种网络通信工具，实现相互之间的交流，参加各种类型的对话、协商、讨论活动，培养独立思考、求异思维、创新能力和团队合作精神。在课堂教学中，多种新型媒体的运用，如电子白板，魔灯平台等，也让学生与教师、学生与学生之间的对话成为了可能。例如：教学《圆锥的体积》一课时，重点为掌握圆锥的体积计算公式并计算，难点是理解圆锥的体积计算公式的推导过程。教师利用魔灯平台首先设计了一个讨论区，在任何一台学生机和教师机上都能进入。每一个学生随时可以看到其他同学提出的问题，以及他们的应答情况，教师自己也可以随时参与其中。在这种网络环境下，学生的合作学习不同于常规环境下的单一分组和固定编制的方式，而是自由开展讨论，每一位学生都可以向任何人(包括教师和同学)提出问题，参与讨论的同学随时都在重组。学生在这片广阔的天地中进行自由发言、民主交流，教师也参与其中，并引导学生的讨论向纵深处发展，保证了讨论的有效性，而学生在自主观察、讨论、概括的基础上和他人交流协作的过程中，逐步学会发现问题、思考问题并能解决问题。

四、作为知识拓展工具：知识建构

信息技术通过远程资源、多媒体技术、空中课堂等先进手段向我们展示全方位、大容量、零距离、共享性等方面的优势，不仅开阔了教师的视野，更为学生的学习提供了最优化的空间，也增加了教学容量。除了增加教学容量，《数学课程标准》指出：数学教学不仅要教给学生数学知识，而且还要揭示获取知识的思维过程。在小学数学教学中，要培养学生的独立思考能力，其中一个最有效的途径就是揭示数学知识的形成产生过程，让学生在“做数学”的过程中主动建构知识。在教学中适当地应用现代信息技术，可以把抽象的文字资料转化为直观的动态画面，给学生呈现出真实、具体的数学探究环境，让学生在直观的学习环境中去探究、体验，主动构筑自己的学习经验。今天，我们有意识让学生带着目的自己去查阅资料或进行社会调查：教师可以在课前将所需的资源整理好，保存在电子白板的资源库中，让学生访问该文件夹来选择有用信息；也可以为学生提供适当的参考信息，如网址、搜索引擎、相关人物等，由学生自己去网上或资源库中收集素材。这样，把数学学习由课内延伸到课外，不仅开阔学生的知识视野、丰富了课余知识，而且培养他们自主探求知识的能力，提高搜集和处理信息的能力。教学《简单的统计》一课时，教师以网面的形式设计了如下的学习计划：①视屏播放一个十字路口的交通场景，启发学生思考：你用什么方法能概括出这个路口各种汽车经过的状况呢？②页面显示：画“正”字统计或列表统计(学生自由选择并完成统计任务)。③集体交流，说说你从这项统计任务中知道了什么？④让学生在网上收集各城市人均收入、各国森林面积等信息，整理数据，自己进行相应的统计，并阐明统计意图。学生在这一自主探索的过程中不仅尽情地汲取知识，而且深深地领悟了其知识在社会生活中的“实用性”和“价值性”，更重要的是学会了分析和正确对待身边的各种信息，教学形式丰富，教学成果丰硕。

五、作为情感激励工具：体现三维目标

《数学课程标准》在知识与技能、数学思考、解决问题领域的基础上设立了情感与态度领域，明确指出了情感、态度、价值观等方面的发展既不是与数学课程无关的目标，也不

是数学知识的“副产品”，其本身就是数学教育的重要目标。在数学教学过程中，学生的情感、态度、价值观等方面的发展并不是在学到一些具体的概念、公式、法则以后就能自然形成，它是贯穿在整个数学教学过程中，它的实现需要日积月累。一旦形成，将使学生终生受益。例如，在讲《统计》前，先去拍摄一段关于环境污染的录像片，进行简单的制作后在课堂上播放。学生通过观看录像，意识到现在的环境污染已相当严重，到了非治理保护不可的地步了。接着引出本节内容《统计》，告诉学生几种简单的统计方法，待学生掌握了这些基本方法后，最后布置一个作业：让学生统计家庭每天丢弃垃圾袋的数量。学生通过统计自家每天丢弃的垃圾袋数量，经历数据收集、处理、呈现的过程，体会塑料垃圾对人类生活产生的危害，从而形成环保意识，养成环保的行为习惯。

第六章　自主学习

自主学习是与传统的接受学习相对应的一种现代化学习方式。以学生作为学习的主体，通过学生独立的分析、探索、实践、质疑、创造等方法来实现学习目标。

第一节　自主学习的概念

自主学习是与传统的接受学习相对应的一种现代化学习方式。顾名思义，自主学习是以学生作为学习的主体，通过学生独立的分析、探索、实践、质疑、创造等方法来实现学习目标。《基础教育课程改革纲要(试行)》在论及基础教育课程改革的具体目标时指出："改变课程实施过于强调接受学习、死记硬背、机械的现状，倡导学生主动参与、乐于探究、勤于动手，培养学生收集和处理信息的能力、获取新知识的能力、分析和解决问题的能力以及交流与合作的能力。"传统的教育教学强调的是接受式的学习方式，现在我们提倡自主学习，是否就是否定接受式的学习方式，一概采用自主学习的方式？根据《基础教育课程改革纲要(试行)》的精神，可以这样理解，我们只是要改变过去的那种"过于强调接受学习"的倾向，而不是完全否定接受式的学习方式，但要倡导学生学会自主学习的方式。

第二节　自主学习实施目标

自主学习是现代学习社会对施教者提出的基本任务，施教者包括学校、家庭和社会。对在校学习的学生来说，学校是学习的主要场所和主要渠道，教师和校长是最主要的施教者。自主学习要求施教者应以学校教育为主阵地，同时辅之以必要而科学合理的家庭教育和社会教育，使儿童和青少年通过自主学习，学会求知、学会做人、学会健体、学会审美、学会生活、学会交往、学会劳动、学会生存，具备与现代社会需要相适应的学习、生活、交往、生产以及不断促进自身发展的基本素质。

自主学习实施目标如下：

愿学、乐学　调动并形成强烈的学习动机，增加学习的兴趣，使学生愿学和乐学，解决学生中存在的厌学、逃学的问题。

会学、善学　要强化学法指导，使学生知道怎么样学习才能省时省力效果好。在新的形势下，使受教育者掌握多样化的学习技能和方法，改变盲目学习的状况，是实现学生自主发展的重要目标之一。自主学习教改实验要把学法研究和新的学习手段、学习技术的研究摆在重要位置。

自醒、自励、自控　这些要求主要属于学生健康心理素质的发展目标。自主学习要求，学生不仅要把学习内容作为认识的客体，而且要将自己作为认识的客体。要对自己做出客观正确的自我评价，从而对自己的行为进行自我激励、自我控制、自我调节，形成健康的心理品质，使自己的注意力、意志力和抗挫折能力不断提高。

适应性、选择性、竞争性、合作性、参与性　要使学生学会适应，要主动适应，而不是被动适应；要适应生活，适应学习，适应环境。允许并鼓励学生根据自己的素质和兴趣发展自己的特长。允许学生有选择学习内容、学习方式、学习方法的权利，按照全面发展与特长发展的要求，对学生的偏科倾向科学引导，并鼓励学生发展自己的优势和特长。要改善办学条件，为学生进行选择性学习提供更多的图书、报刊、信息、学习技术及学习手段。鼓励学生追求与自己情况相适应的较高目标，培养他们的进取心和成功欲望，鼓励竞争。在文化学习、体育比赛、技能训练、生活适应能力等方面鼓励竞争。主动合作、乐于合作、善于合作是人类赖以存在与发展的社会基础，是人的良好品质。要创造环境，使儿童和青少年增强合作意识，培养合作精神。鼓励所有学生都成为学校内一切活动的积极参与者和主动参与者。通过参与，达到主动学习、主动锻炼、主动发展与提高的目的。

第三节　自主学习基本特征

自主学习强调培育学生强烈的学习动机和浓厚的学习兴趣，从而进行能动的学习，即主动地、自觉自愿地学习，而不是被动地或不情愿地学习。因此，“自主学习”这一范畴本身就昭示着学习主体自己的事情，体现着“主体”所具有的“能动”品质；学习是“自主”的学习，“自主”是学习的本质，“自主性”是学习的本质属性。学习的“自主性”具体表现为“自立”“自为”“自律”三个特性，这三个特性构成了“自主学习”的三大支柱及所显示出的基本特征。

一、自立性

1. 每个学习主体都是具有相对独立性的人，学习是学习主体“自己的”事、“自己的”行为，是任何人不能代替、不可替代的。

2. 每个学习主体都具有自我独立的心理认知系统，学习是其对外界刺激信息独立分析、思考的结果，具有自己的独特方式和特殊意义。

3. 每个学习主体都具有求得自我独立的欲望。是其获得独立自主性的内在根据和动力。

4. 每个学习主体都具有“天赋”的学习潜能和一定的独立能力，能够依靠自己解决学习过程中的“障碍”，从而获取知识。学习“自立性”的四层含义是相互联系有机统一的。具有独立性的学习主体，是“自主学习”的独立承担者；独有的心理认知结构，是“自主学习”的思维基础；渴求独立的欲望，是“自主学习”的动力基础；而学习主体的学习潜能和能力，则是“自主学习”的能力基础。可见，自立性是“自主学习”的基础和前提，是学习主体内在的本质特性，是每个学习主体普遍具有的。它不仅经常地体现在学习活动的各个方面，而且贯穿于学习过程的始终。因此，自立性又是“自主学习”的灵魂。

二、自为性

学习主体将学习纳入自己的生活结构之中，成为其生命活动中不可剥落的有机组成部分。学习自为性是独立性的体现和展开，它内含着学习的自我探索性、自我选择性、自我建构性和自我创造性四个层面的结构关系。因此，自为学习本质上就是学习主体自我探索、自我选择、自我建构、自我创造知识的过程。

1. 自我探索性　学习往往基于好奇心。好奇心是人的天性，既产生学习需求，又是一种学习动力。自我探索就是学习主体基于好奇心所引发的，对事物、环境、事件等的自我求知、索知的过程。它不仅表现在学习主体对事物、事件的直接认识上，而且也表现在对“文本”知识的学习上。“文本”知识是前人或作者对客观事物的认知，并非学习主体的直接认识。因此，对“文本”知识的学习，实际上也是探索性的学习。通过自我探索而求知、认知，这是学习主体自为获取知识的方式之一。

2. 自我选择性　自我选择性是指学习主体在探索中对信息的由己注意性。外部信息只有经学习主体的选择才能被纳入认知领域；选择是由于被注意，只有经学习主体注意的信息才能被选择而被认知，(故有“视而不见、听而不闻”的状况)。因此，学习是从学习主体对信息的注意开始的。而一种信息要引起注意，主要是由于它与学习主体的内在需求相一致。由内在所求引起的对信息选择的注意，对头脑中长时记忆信息的选择提取运用从而发生的选择性学习，是自为学习的重要表现。

3. 自我建构性　自我建构性是指学习主体在学习过程中自己建构知识的过程，即其新知识的形成和建立过程。在这过程中由选择性注意所提供的新信息、新知识，是学习的对象。对这一对象的学习则必须以学习主体原有的经验和认知结构为前提，而从头脑中选择提取的信息是学习新信息、新知识的基础。这两处信息经由学习主体的思维加工而发生了新旧知识的整合和同化，使原有的知识得到充实、升华、联合，从而建立新的知识系统。因此，建构知识即是对新信息、新知识的建构，同时又包含了对原有经验和知识的改造和重组；既是对原有知识的保留，又是对原有知识的超越。

4. 自我创造性　自我创造性是学习自为性更重要、更高层次的表现。它是指学习主体在建构知识的基础上，创造出能够指导实践并满足自己需求的实践理念模式。这种实践理念及模式，是学习主体根据对事物发展的客观规律、对事物真理的超前认识、对其自身强烈而明确的内在需求，从而进行创造性思维的结果。建构知识是对真理的认识，是对原有知识的超越；而实践理念模式则是以现有真理性知识为基础，并超越了它(即是对事物真理的超前认识)。这种超前认识是由明确的目标而导引的创造性思维活动。在这种活动中，学习主体头脑中的记忆信息库被充分地调动起来，信息被充分地激活起来，知识系统被充分地组织起来，并使学习主体的目标价值得到了充分张扬。可见，不管是探索性学习、选择性学习，还是建构性学习、创造性学习，都是自为学习重要特征显现，也是学习主体获取知识的途径。从探索到选择到建构、再到创造的过程，基本上映射出了学习主体学习、掌握知识的一般过程，也大致反映出其成长的一般过程。从这个意义上说，自为学习本质上就是学习主体自我生成、实现、发展知识的过程。

三、自律性

即学习主体对自己学习的自我约束或规范，它在认识域中表现为自觉地学习。

1. 自律性是学习主体的觉醒或醒悟性，对自己的学习要求、目的、目标、行为、意义的一种充分觉醒。它规范、约束自己的学习行为，促使自己的学习不断进取、持之以恒。它在行为域中则表现为主动和积极。主动性和积极性是自律性的外在表现。因此，自律学习也就是一种主动、积极的学习。主动性和积极性来自于自觉性。只有自觉到自己学习的目标意义，才能使自己的学习处于主动和积极的状态；而只有主动积极的学习，才能充分激发自己的学习潜能和聪明才智，从而确保目标的实现。

2. 自律学习体现在学习主体清醒的责任感，它确保学习主体积极主动地探索、选择信息，积极主动地建构、创造知识。

综上所述，“自主学习”就是学习主体自立、自为、自律的学习。学习的自立性、自为性和自律性是学习自主性的三个特性的体现，是“自主学习”的三个基本特征。其中，自立性是自主学习的基础，自为性是自主学习的实质，自律性则是自主学习的保证。这三个特性都说明了同一个思想：学习主体是自己学习的主人，学习归根结底是由学习主体自己主导和完成的。承认并肯定这一思想，对于改革矫正曾有的诸多不合理的教育教学手段、模式，从而探索创立崭新的教育教学手段、模式，无疑具有特别重要的现实功能和意义。

网络环境下的自主学习更是激发了以上几点特性，将学生的自立性、自为性、自律性发展到最佳状态。在网络环境下，给学生提出学习任务，让学生通过网上搜索、筛选、分析、整理等方式完成具体的任务。网络中有着浩如烟海的信息，在网上能搜索到相关的信息资料可能会多达数百上千条，内容是丰富多彩的，这是教辅所望尘莫及的。教师的角色将转变为指导学生筛选信息、获取信息的引导者。

第四节 自主学习实施策略

自主学习策略的核心是要发挥学生学习的主动性、积极性，充分体现学生的认知主体作用，其着眼点是如何帮助学生“学”。因此这类教学策略的具体形式虽然也是多种多样，但始终有一条红线贯穿始终——这就是“自主探索、自主发现”。

一、利用论坛、博客平台促进学生自主学习

1. 个人博客，抒发自我

博客(Blog)即网志或网络日志，是一种通常由个人管理、不定期张贴新的文章的网站。博客的内容可以是纯粹个人的想法和心得，包括个人对时事新闻、各种事件的个人观点等。博客的特点是：个人自由表达；知识过滤与积累；深度交流沟通的网络新方式。博客(Blog)进入校园生活并不是取代传统的课堂教学，而是充分借助于Blog在交流及培养学习者反思能力方面的优势，使得师——生、生——生、师——师交流能突破时空壁垒，以弥补传统教学中交流缺位的问题。

①博客是学习、成长的电子档案

这是目前博客在教育中应用最多的场合。这种博客常用于学生对于教学的反馈、家长对学校教育的协作、学生的社会实践活动情况的汇报、研究性学习的学习资源收集整理，学生社团的兴趣爱好活动的合作空间。这种方式可以让教师和家长更容易了解和跟踪学生的学习进度。通过Blog，能真实地展示学生知识积累和认知提高的轨迹，更确切地说反映智慧生命(每一个个体都应该是一个智慧生命)的成长过程。

②博客搭建了拓展兴趣、展示自我的平台

通过博客，学习者能逐步形成个人的学习兴趣生态圈，这样学生不但可以分享到他们已有的研究成果，而且能够分享到他们的经验和思想，从而使得自己某一方面的学习兴趣和知识结构实现跨越式的提升和发展。而且在博客这个网络平台上，可以充分张扬自己的个性，展露自己的才华。

2. 班级论坛，交流学习

学生个人可以通过博客展示自我，表达心声。一个班级建立班级论坛，也可以给班里师生搭建起一起发布信息、交流观点、沟通心声的平台。

①自我组织，相互合作

在班级论坛里，同学们有的在论坛中交流学习经验，有的则把自己写的文章放到了论坛上，在与大家交流中，不断完善自己的观点。教师可以置顶发布最新通知、任务或话题，让学生共同参与，学生获取话题或任务，积极跟帖回应，发表自己的看法。当然话题或任务也可由学生提出，教师的任务是对交流的调节和控制。

②平等对话，自由交流

班级论坛是一个开放的网络，给了学生自由的空间。学生在论坛上可以发帖，可以相互进行交流，可以发表自己的意见，可以袒露自己心底的秘密，可以把自己对课程、时事或自己感兴趣的内容在网上进行讨论而不需要任何人的批准；也可以敞开心扉，和老师像朋友一样的聊天，和家长像同龄人一样的沟通。正是因为有来自于网络的不同声音，才给教师、家长和学校更全面、更真实的了解学生内心的机会。

二、利用网络多样、交互促进学生自主学习

1. 网络激发了学生的学习兴趣

新的教育理念更加注重学生主体地位，要求教师要在教学活动中将教师的教和学生的学有效结合起来，从而优化整个课堂教学，提高课堂教学效果。

孩子天生就好动，兴趣是最好的老师，在教学中恰当地使用网络，以绘声绘色、栩栩如生的形象反映客观事物，图、文、声并茂的三维方式呈现教学内容，才能很大程度上满足学生的视听感官需求，从而激发学生学习的兴趣。可以设想一下，在一堂数学课上，肯定有条条框框的定理和概念，如果我们教师就用手中的一支粉笔一条条的列举出来，然后再滔滔不绝地讲解，相信一定只是达到事倍功半的效果。而我们通过超级连接把教学内容展示出来，让学生发散自己的思维，自己去发现定理，这样的学习方式是极具诱惑力和挑战性的，学生在学习中获得良好的心理体验，从而产生强烈的学习动机。至于我们学后用来巩固的练习，也可以利用多媒体。网络的交互功能，让学生进入个性化学习，网络上的东西可以说是无奇不有的，我们可以自制好多东西，在学生做练习的时候，我们可以针对不同水平的学生给予适当的评价，比如“好极了”“你真棒”“请多努力”“别灰心”等鼓励性配音评价，并辅以学生喜闻乐见的卡通图画形式，使学生能全身心地投入，以饱满的热情进行学习，这样的学习方式一定会达到事半功倍的效果，也就能极大提高学生的学习兴趣，从而不断提高学生学习的有效性。

2. 网络优化了课堂教学手段

教师经过精心准备，运用先进手段，创作出严谨而丰富的电子课件，其目的就是将它应用于教学，从而实现计算机辅助教学。在这样的教学中，教师不必像以前那样，携带地球仪、三角板等烦琐的教具，而是借助网络及投影仪、电子白板等先进的工具向学生展示图、文、声、像相结合的电子课件，而这令人兴奋的一切精彩内容，仅仅通过一根网线，就能够把完成的课件从教学资料中心直接读取并传输到各个课堂。

充分发挥多媒体网络的功能，可优化课堂教学的信息传递结构、学生认识结构、课堂时间结构、师生活动结构等。多媒体网络教学弥补了传统课堂教学结构的不足，丰富、生动的多媒体课件的灵活运用，极大地激发了学生的兴趣，引发学生探究的欲望。多种媒体及多种手段的全方位刺激，使人脑左右协调发展，增强记忆力，学习的效率明显提高。同时，多媒体网络让师生双向交流，及时反馈信息，使学习氛围轻松、愉快。通过多媒体网络的科学运用，可全面优化课堂教学，提高课堂效率和教学质量。

3. 网络便捷地获取、存储、处理信息

网络是一个巨大的、无尽的信息宝库，它的公开性、共享性、自主性以及链接的非线性、学习资源的图、文、声、像、动画、视频并存等特点，可以满足学生的需要，为学生提供了丰富的学习资源，可以说是“取之不尽，用之不竭”。学生可以利用搜索引擎、各类教育网站，利用地区或学校教育资源库等形式方便快速地查找到所需的信息，随时获得在线的帮助和资源，进而对其进行认知过程。如在教学《桥》这一课前，教师可以先让学生上网查找关于桥的产生和发展的历史以及各种桥的图片。因为课堂教学时间是有限的，学生在课前做好相关知识的准备工作，对提高课堂学习的效果是非常明显的。

4. 网络促进了探究学习、发现学习

学生在信息化的学习环境中，通过对呈现的各种社会、文化、自然情境进行观察、分析、思考，能激发学习兴趣与动机，提高观察能力和思考能力。

5. 网络为分层提供了空间

网络可以实现分层教学、个别化学习，为每个学生提供尽可能多的学习内容。孔子早在几千年前就提出了“因材施教”的教育原则，但现行的分班课堂教学在一定程度上束缚了因材施教的可行性。一个班几十名学生，采用相同的教材，受相同教师的相同教育，做相同的作业，接受相同的考试评价，所以经常“有人吃不饱，有人咽不下”的情况发生，基础好、领悟能力强的学生的聪明才智没有得到应有的发挥，基础差、领悟力弱的学生无法达到教学要求，丧失学习信心。而网络资源的丰富性为学生选择适合自己的学习资源提供了可能，学生可以根据个人实际情况，选择适合自己的学习资源进行学习，充分体现了因材施教的原则，保证每个学生都能达到不同程度的提高，确保了教育的实效性，提高了学生学习的有效性。

学生需要学习的东西很多，远非学校课堂教育所能包揽，可以根据课程资源空间分布的不同，将课程资源可以分成校内课程资源和校外课程资源，而网络资源是校外课程资源

的一个重要组成部分。因此，教师一方面要充分利用各种网络资源为教育教学工作服务；另一方面也要积极参与网络资源的建设，运用网络技术贡献自己的教育教学经验和成果，使之成为网络资源的一部分，与学生交流和分享，供众多学生选择学习和提高。教师创建个人网站是一个很好的方法。利用个人网站进行课程资源的开发和内容重组，不仅可以使学生进行继续网络复习，而且也可以根据学生的个性差异为学生提供适合个性发展的学习内容，比如在网络中有些教学软件，学生答对时，计算机给予奖励；学生答错时，则给出是否需要帮助等信息提示，引导学生进行思考，从而构造一种愉快的教学情境。

6. 相互交流　合作共进

网络的交互性和共享性对有效学习提供了有力的支持，学生可以跨越时空的界限，通过 NetMeeting \ ICQ \ E-mail \ Chat Room \ BBS 等网络通信开展合作学习交流，把自己的观念和信息有效地传播给其他人，与教师、同学以及专家学者交流信息，接受他们的评论、指导和帮助等。学生还可以自己建立个人主页或小集体主页，创设个性化的学习平台等。例如学生可以到某些专门的学科网站，把弄不清楚的数学题目、语文题目、英语题目等都发出来向网友提问。如要训练自己的英语口语，还可以来到专门的英语聊天室，和在不同地方的网友在网络聊天室这同一平台上讨论和学习英语。不仅如此，为了锻炼自己的写作能力，在“作文评析”上发表自己的作品，由于网友们和网站专门评析人员的评价和建议，从而使自己的文章能不断得以提升。特别是教师与学生的交流非常重要，学生可以在课余时间与教师进行交流，共同探讨在网络上搜索信息的技巧，共享有用的信息资源。另外，学生之间和师生之间还可以通过网络进行交流。比如，学生会把他们的数学问题，对数学课的看法以及数学学习上的困难写在 QQ 留言里或者发送到教师的邮箱里。如果教师上线，就可以立即帮助他们。通过网络，师生之间的距离拉近了，学生和教师成了无话不谈的好朋友。这样学生学习数学的兴趣有了，教师教起来轻松了，学生学起来快乐了。

三、利用综合评价促进学生自主学习

革新学习评价的关键所在，是把历来颠倒了的学习与评价的“目的与手段”关系颠倒过来，不是评价指挥学习(学力)，而是学习(学力)指挥评价。换言之，评价始于目标。我们需要区分不同维度的目标，采用不同的方法——诸如观察法、作品法、测验法、自评法与互评法，才能做出细腻而适切的学习评价。美国教育家波伊尔倡导“量化评价”与“质性评价”并举，语言(包括语词语言——母语和外语、数学语言、艺术语言)的读写能力，宜采用纸笔测验之类计算考分的量化评价；核心知识(公民、历史、文学、科学等)的理解和通识教养，宜采用划分理解等的综合评价；特定的人格特征素质，宜采用档案袋之类的质性评价等。在学习评价中强调“一切量化，量化一切”的主张是同儿童教育的本性格格不入的。

不言而喻，传统应试教育的制度性因素构成了学习评价革新的“拦路虎”。除此之外，诸多主观认识上的盲点也给我们带来了莫大的干扰，这是必须警惕的。

四、利用信息化环境丰富学习资源促进学生自主学习

1. 信息化资源丰富了学习情境

多媒体计算机教学具有形象直观、内容丰富、动态呈现、信息容量大等特点。它所提供的外部刺激——图片、图像、动画、声音、文字等是多样而丰富的，学生对具体形象事物感兴趣的心理特点，应该说是非常有利于他们对知识的获取与建构，有利于知识的存储。网络技术等创设教学的情境，让学生走进情境、体验学习，在美好的情境中去阅读、发现、质疑、思考、探究，领会义章的内容，品味语言文字，体会文本表达的思想感情，感受学习的乐趣。学生对学习往往没有兴趣，缺乏动机，但信息技术的应用将使这一现象大为改观。

2. 信息化资源提供了学习“媒介”

学生的认知由于受年龄、生活经验等多方面的影响，他们理解、感受语言的能力比较弱，尤其对一些抽象的语言文字——离学生生活实际较远的内容，理解就更加困难。那么就需要教师为学生提供学习的“媒介”，突破学习中的难点，转化学习内容的呈现形式。

3. 信息化资源增加了学习信息量

教学如果依靠教科书、教师、学习的参考资料(书本)等信息，那么是非常有限的，远远不能满足学生的学习需求。现代信息技术体现了很强的网络优势，能收集更多的学习的信息资源，能将教师、学生、图书馆及自建的资料库的信息有机结合起来，增大教学的信息量，充分地开发资源。师生双方利用计算机在教学活动中交流、讨论、启发等实现资源的共享。在听、读、说、看、操作活动中，大量信息刺激着学习主体，学习的容量增加了，信息量加大了。同时信息和知识紧密联系在一起，由于使学生能获取大量的知识信息，这样就可以更好的使学生掌握更多的知识，也有利于知识的保持。

4. 信息化资源提升了学生的全面素质

积极倡导自主、合作、探究的学习方式，是课程标准的理念之一。这一理念不仅强调了学习方式的变化，而且强调了学习和发展的主体是学生。在传统的教学过程中，一切都由教师主宰：从教学内容、教学策略、教学方法到教学步骤，学生只能被动地参与这个过程，而信息技术与其他众多学科的整合，彻底打破了这一局面。在多媒体计算机这样交互式的学习环境中，学生可以平等地共有、共享人类的学习资源，可以按照自己的学习基础、学习兴趣来选择学习内容、方法、策略和发展目标，学生在这种开放式的学习空间中有了主动参与的可能，有了自主学习的天地。

信息技术条件下，知识丰富多样，学生的学习方式也表现得灵活多样，学生能够根据自己所需灵活地进行选择，发展自己的特长，弥补自身的不足，从而使自身的各方面素质得到提升。

五、利用自适应学习系统促进学生自主学习

1. 什么是自适应学习

自适应学习(Adapdve Learning)，Adapdve 译为“自适应”。在学习过程中，个体具有各种各样的差异性，不仅表现在个人的能力、背景、学习风格、学习目标等具有差异性，而且即使是个体本身，在学习过程中的知识状态也在不断地变化。自适应学习就是学习者在考察实例和解决具体问题的过程中，通过积极的思考和操作主动获得知识和技能的学习，是人类获取知识和技能的重要形式。在自适应学习中，学习者面对的不是用语言或其他符号表示的抽象知识和规则，而是具体的实例或待解决的问题，学习者需要通过考察实例或解决问题来获取这些知识和规则。①

2. 自适应学习的分类

一般地说，自适应学习包括以下几种类型：

第一，归纳学习。教学提供的学习材料是一些未经分类的事例或未经整理的经验数据，学习者的任务就是从这些事例或数据中归纳出新的概念及规律。

第二，解释学习。教学提供的学习材料是一个概念、该概念的一个例子和有关规则。学习者的任务是首先构造一个解释，说明给出的例子为什么能满足概念；然后将解释推广

① 赵蔚.《自适应学习系统设计与实现》. 长春：东北师范大学出版社，2006.

为概念。

第三，例中学。即通过考察实例进行学习，根据学习的任务不同，这种学习有两种情况：一种情况是提供某个概念的一系列的正例和反例，学习者的任务是通过归纳推理产生覆盖所有正例和排除所有反例的概念的一般描述；另一种情况是提供一个或几个有详细解题步骤的例题，学习者的任务是考察并理解这些例题，并通过类比学会解决其他类似的问题。

第四，做中学。即通过解决具体的问题进行学习，在这种学习方式中，提供的学习材料是一系列的问题，学习者的任务是利用已经学会的知识解决这些问题，从而学会解决其他类似的问题。

3. 自适应学习的理论基础——条件建构——优化理论

“条件建构——优化理论”从知识表示、知识获取过程以及如何促进认知技能获取这三个角度，系统地阐述了人类自适应学习的心理机制，包括以下三个核心观点。

其一，人的知识可以统一地表示为产生式。从内部表示的角度看，知识在人的记忆中是以符号之间的联结关系存储的，可以抽象地表示为“如果……则……”形式的产生式，在人脑中不存在以命题形式表示的知识；从外部表示的角度看，人的知识既可以用不同的形式表示出来(如言语陈述、图示等)，也可以蕴涵在各种实例或解决问题的行为序列中不被表示出来。根据这一分析，陈述性知识和过程性知识只是外在的表示方式不同，在心理上并没有本质上的差异。任何关于物体是什么的知识或关于过程的知识，如果用命题的形式描述出来，就是陈述性知识；如果表现在各种认知操作中，并用产生式的形式表示，就是过程性知识。因此，包括概念、原则、程序和事实的学科知识就可以统一地表示为产生式。一个人掌握了某一学科的知识，就意味着他在记忆系统中存储了大量的表示这一学科中的概念、原则、程序和事实的产生式，表现为他能够在有关的情境中注意到这些产生式的条件，一旦某个条件被满足，就会激活相应的动作。

其二，通过“条件建构”和“条件优化”直接获取产生式。在获取产生式规则的过程中，被试首先通过考察例题和解决问题来寻找关键线索，并利用这些线索形成产生式的条件部分，与相应的动作结合成产生式规则；然后，在解决问题的过程中，通过对条件的精细加工、逐步修改完善，从而获得产生式。这两个阶段的认知加工都围绕产生式的条件部分进行，前一个阶段可以称为“条件建构”；后一个阶段可以称为“条件优化”。条件建构使被试由“不会”到“会”，而条件优化则使被试由“会”到“熟练”。

其三，加强对产生式条件的学习。在认知技能发展过程中，对产生式条件的再认能力是决定技能水平的一个关键因素。这就意味着学生不仅要掌握产生式的动作部分，而且更重要的是掌握这些动作执行的条件。大量研究结果表明，加强对产生式条件的学习能够有效地促进认知技能的获得，其中一个重要的手段就是引导学习者对条件部分进行自我解释。

4. 自适应学习的两种主要模式

自适应学习有两种主要的模式：示例演练教学法和情境探索教学法。

第一种模式，示例演练教学法

示例演练教学法是以学生为主体、面向全体学生、强调知识获取与心理发展有机结合的教学法。

示例演练教学法开创于20世纪80年代，是中国科学院心理研究所朱新明教授与现代认知心理学的创始人之一、美国著名认知科学家、诺贝尔奖获得者西蒙(H. A. Simon)教授在长期合作研究的基础上创立的一种教学模式。

示例演练教学法以现代认知心理学的思想为基础，根据自适应学习理论揭示的学生获取知识的认知过程指导教学，是支持自适应学习的一种教学模式。这一教学模式强调知识的获取是一个从具体到抽象的过程，在教学中应该遵循这一过程；强调应该使学生通过自主的思考和练习归纳和发现知识，并在获取知识的同时，培养解决问题的技能和学习的方法。

示例演练教学法的课堂教学模式：

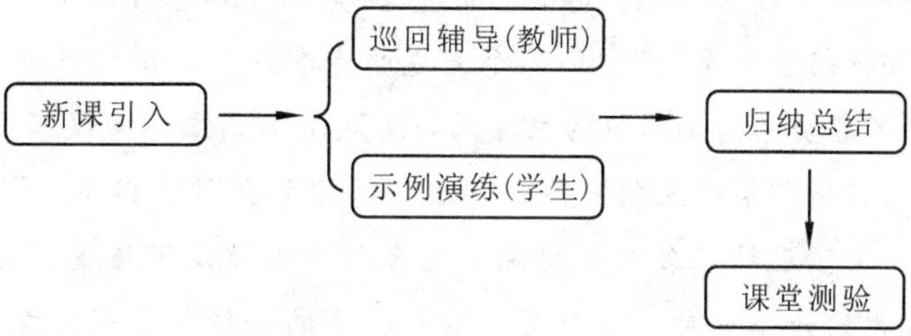

图 5-1　示例演练教学法示意图

第二种模式，情境探索教学法

示例演练教学法是支持自适应学习的一种教学模式。这一教学模式强调知识的获取是一个从具体到抽象的过程，教学应该遵循这一规律；强调使学生通过自主思考和练习，归纳和掌握知识，在这一过程中培养学生解决问题的技能，帮助学生积累学习方法。从形式上看，这时的“示例演练”的提法主要适合于数学，尚不能直接套用到其他学科，需要以“条件建构——优化理论”为指导，在示例演练教学法中采用情境探索教学法。这一模式强调，老师要根据学生的个别差异设置不同情境，并引导其通过自主探索，归纳和发现知识，从而发展解决问题的能力和学习能力。

在情境探索教学法模式中，“情境”是知识产生或使用的具体环境，主要包括：(1)概念的实例；(2)蕴涵一定规律的自然现象或实验现象；(3)利用知识进行推理和判断的案例或任务；(4)利用知识和技能解决问题的案例或任务；(5)利用语言或其他符号系统进行表达和交流的场景或任务等。“探索”是学生在情境中自主进行的各种学习活动，包括为解释观察到的现象和实例，或者为完成某种任务而进行的思考、资料检索、调查、实验、操作、交流等活动。

通过将各种不同的情境和相应的探索活动有机地结合起来，就可以实现多样化的情境探索模式。这种多样化使情境探索教学法可以灵活运用到数学、语文、英语、科学、地理、历史、政治等学科的教学中。

第五节　自主学习实施例谈

自主学习是学习的一个非常良好的方式，可以让学生保持在一个十分良好的状态进行学习，从而提高学习的有效性。

例一：

综合阅读研究《碧螺春》

《碧螺春》教学网站设计说明：

本网站以《碧螺春》一文为设计内容，是一个以素质教育为出发点，注重学生自主探究、进行研究性学习的综合性网站。(既可用于教师的教学，又可用于学生的自学)

《碧螺春》是“红帆船茶坊系列”中第一个完成的专题网站，该课件以碧螺春茶为中心，以它的产地——烟雾缭绕的江南水乡为主界面，主题鲜明。主界面设立了九个按钮，它们是“姑苏茶情”“茶文赏析”“茶叶采制”“茶香飞溢”“茶园放歌”“茶俗茶趣”“茶海泛舟”“茶枝采撷”“茶林讨论”。除了设计了教材所规定的内容外，还增设了与茶有关的大量知识，如对碧螺春的产地苏州的介绍、对与茶有关的名人轶事的介绍、鉴别碧螺春的方法介绍等，旨在在帮助学生理解课文内容的同时，丰富学生的知识和体验、扩大学生的视野，增加学生的实践经验。

本网站紧扣教学目的，为突破教学重难点而设计，利用多媒体集声音、图像、文字于一体，交互性强、表现形式丰富，寓教于乐，让学生在轻松、温馨的氛围中了解碧螺春的采制过程，感受碧螺春特有的色、香、味、形，感受劳动人民的勤劳和心灵手巧。它的最突出的特点是不仅适用于网络环境中的教学，所具有发布功能更为各学科教师的日常教学提供了便利——教师可以根据自己的需要提取信息资源，制作成单机版课件，将网络资源灵活地带进我们平常的课堂中；学生也可使用此功能自主学习，培养他们收集整理加工信息的能力。《碧螺春》多媒体课件设计了“课文赏析”这一重要环节。内容包括：“情境导入”

“文中批注”“焙茶视频”“学后问答”“配乐朗读”，力求体现多媒体技术的优越性与教学过程的有机结合。

除了课文内容的学习外，还设计了“采茶动画”，将江南春光的无限美好和采茶姑娘的勤劳、灵巧生动地展示出来。优美的画面、动听的音乐感染了同学们，引发了他们许多美好的遐想，使他们感受到劳动人民的勤劳和心灵手巧，激发了他们对茶文化的热爱，“采茶动画”的设计，对于突破教学重难点起到了相当大的作用。“茶海泛舟”让同学们可以自己查阅各种和茶有关的资料，丰富学生的认识，为开放性作业打下了基础。“茶林讨论”是一个BBS讨论版，同学们可以将自己的收获通过发帖子共同交流，实现了师生、生生互动。此外还设计了若干道练习题，用于复习所学的知识。练习题形式较多，有配乐朗读、模仿写话、判断选择、写赞美诗句等，这些习题都可有学生自行操作。其中，判断选择的正确与错误由计算机进行判断，并打出相应的得分，激发了学生学习的兴趣。习题的设计，有利于更好地激发学生的观察能力、想象能力、表达能力。

教学过程设计与分析

标志说明：★教师语言　▲学生回答　☆广播教学　◇学生操作　■段落提示

教学过程	设计思路及多媒体应用分析
一、创设情境，复习导入 1.【课件演示】(播放《采茶舞曲》) ★在欢快的采茶舞曲中，我们继续学习17课时，齐读课题。 ★2. 通过上节课的学习，我们初步了解了课文内容，谁能回答碧螺春产于何处？为什么叫碧螺春？ ▲学生回答。	利用欢快的乐曲，将学生带入课文所描写的茶园，激发出学生学习的兴趣。
二、学习新课 ★1. 碧螺春是中国的十大名茶之一。它不仅历史悠久，而且深受人们的喜爱，在中国的茶文化中占有举足轻重的地位。据说乾隆皇帝当年南巡到苏州，就被碧螺春茶深深吸引了，欣然泼墨挥毫，题写了“碧螺春”三个字；一位外国诗人在品茶之余，也写下了这样的诗句。 2.【课件演示】(出示第7自然段最后一句：“在清香的碧螺春茶汤里，我看到了江南明媚的春光。”)★齐读，你读出了什么？	以一代君王、外国诗人对碧螺春的赞不绝口，既强调出碧螺春的历史悠久、广受喜爱又引发了学生的疑问：碧螺春到底独特在哪儿？为什么就连一代君王、外国诗人也被它深深吸引呢？
★3. 碧螺春到底独特在哪儿？为什么就连一代君王、外国诗人也被它深深吸引呢？这节课我们就来进一步研究。你想从哪个方面来研究？ ▲学生回答，教师板书(采摘、制作、品尝) ☆4. 老师再向大家介绍一下本网件的主要栏目(课文评论　茶叶采制　茶园放歌　茶林问答)。 ◇5. 学生根据学习需要浏览网件。 ★6. 按照研究内容自由组合成3～4人的学习小组，用你们喜欢的方式先学习，再完成“茶林问答”中的问题。	按照自学内容组成学习小组进行讨论、研究、交流。在这里，我强调一个“你想”。学生不再是跟着教师从头到尾慢慢道来，充分尊重了学生的情感，以趣激学。因每一个小组都是同学们按照兴趣自发组织的，讨论起来就很有共同语言。在这样的学习中，除了对于知识的掌握外，同学们还体会到合作的重要，同学间的交往也有了质的飞跃。

续表

◇7. 学生自由组合、操作电脑。 ▲8. 学生汇报。(如下) ■第 4 自然段 ☆1. 看“茶林问答”中的答题——“为什么说采茶是一幅美丽动人的图画?” ★你们是怎样学习的? ▲学生回答 ☆2. 集体看批注，学生讲解朗读，表现出“美丽”。(教师点拨词语意思“翠绿欲滴”) ★3. 绿树映衬着俊美的身影，构成一幅美丽动人的图画。采茶这段是按什么顺序来写的?(时间) ◇4. 小组合作配乐读(《西子湖畔采茶忙》)，其余同学想象画面。 ☆5.【课件演示】“在清香的碧螺春茶汤里，我看到了__________。” ■第 5 自然段 ☆1. 看“茶林问答”中的答题——“为什么称碧螺春为‘工艺茶’?”(色、香、味、形俱佳的茶叶　焙茶手娴熟的技艺)。 ★你们是怎样学习的? ▲学生回答 ▲2. 集体看批注，学生讲解朗读，可补充材料。 ☆3.【课件演示】“忽而揉，忽而搓，忽而捺，忽而抓，嫩叶如同一条青龙上下翻飞，煞是好看。” ◇4. 大家来试着做做这一系列的动作。 ★5. 是啊，焙茶手们技艺娴熟，忽而揉，忽而搓，忽而捺，忽而抓，以至于嫩叶也像有了灵气，如同……(引读) 6.【课件演示】“在清香的碧螺春茶汤里，我看到了__________。” ■第 6 自然段 ★1. 原来这碧螺春茶就是这样制做出来的，我们真是大开眼界!(出示几种茶叶)哪种才是碧螺春呢? ◇指名判断，说说理由。 2. 如果说看制作碧螺春茶有一种新奇感觉的话，那么品尝碧螺春茶则是一种陶醉了! 【实物演示】让我们也来沏上一杯碧螺春茶，看看它独特在哪儿?为什么令人陶醉?(沏一杯碧螺春茶) ◇观察色、形　闻香　品味 ★3. 文中是怎样描写的呢? ☆【课件出示】第 6 自然段，学生回答。 ★4. 令人陶醉的除了碧螺春的色、香、味、形，还有什么? 4.【课件演示】(播放古筝《高山流水》)，(出示图片) ★听，古曲幽幽，让我们带着一份悠闲、一份温馨、一份真诚、一份惬意，一起来品茶!师生对读第 6 自然段。	设计思路及多媒体 学生在自学过程中，可以自行观看采茶的动画 CAI 课件的直观演示，使学生在趣中探索，乐于求知。 这一段是本节课的重点朗读部分。利用小组协作学习，汇报展示，使学生法能在自由的空间里按自己的喜好去读书，学习富有了个性色彩，也有利于学生学习责任感的加强。 学生可自行操作观看焙茶的录像，了解碧螺春的炒制过程，CAI 带领学生较好地突破了教学难点。 动手试一试，动脑想一想，动情读一读，多种形式的教学，将语文课上“活”了。 没有实物展示，学生哪来真实的体验。 在切身体验的基础上再看课文，理解更深入、感受更深刻。 幽幽的琴声将学生带入品茶的意境中。 对句子的理解建立在学生已有的学习经验上，循序渐进地突破难点，促进了学生思维的发展。 在此基础上让学生也来咏茶，水到渠成。 每一个学生都是独特的，所以在课后作业的设计上也充满了开放性，学生借助网络已经从不同的方面对碧螺春有所了解，对中国的茶文化多了一份感情、一份兴趣，此时，让学生自己设计作业更有针对性，为学生展示自己的个性才华提供了舞台。

续表

5.【课件演示】"在清香的碧螺春茶汤里，我看到了＿＿＿＿＿＿＿。" 三、总结 ★碧螺春以它特有的色、香、味、形，赢得了人们的喜爱。在清香的碧螺春茶汤里，我们仿佛看到了采茶姑娘们灵巧、勤劳的身影，看到了焙茶手们娴熟的技艺，看到了人们对碧螺春茶的喜爱，看到了人们对江南春光的无限向往。这些全都汇成了一句话，那就是—— 【课件出示】(第 7 自然段最后一句："在清香的碧螺春茶汤里，我看到了江南明媚的春光。")板书：明媚的春光 四、拓展 ★你也来学着外国诗人赞美碧螺春。 ◇学生在"茶枝采撷"中完成练习咏茶。 ▲学生吟诵(配乐)。 五、作业 ★中华民族的茶文化源远流长。作为中国人，我们感到无比骄傲和自豪。通过这节课的学习，你对中国的茶文化是否多了一份了解、多了一份感情呢？你想给自己布置什么作业呢？(在网件上了解更多的茶知识、亲口品尝、亲自炒茶、向外地游客介绍江苏特产碧螺春……)	

板书设计

碧螺春

采摘

制作

品尝(色、香、味、形)

在清香的碧螺春茶汤里，我看到了江南明媚的春光。

教学评价

采用网络形式的教学，提高了课堂 40 分钟的效率，增进了学生之间的交流，扩大了学生的视野，加深了学生对课文内容的理解。形象直观的画面、动听的音乐给学生以美的享受，开放性的学习内容给学生以更大的学习空间……网络课件是由学生自主浏览，所以浏览的顺序，停留的时间节奏受学生自己控制。学生对于如此教学的形式极为感兴趣，能积极主动地参与教学活动，小组合作、自主探究，在很大程度上提高了教学质量。

教学流程图

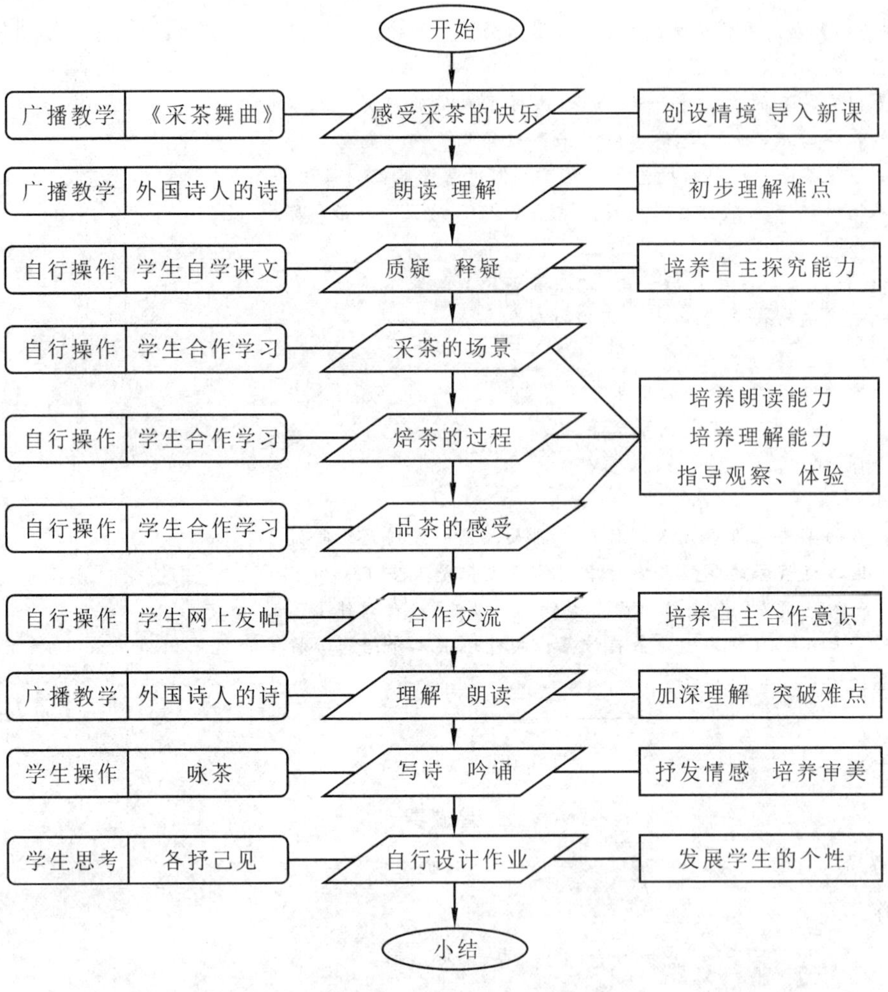

浓浓茶文化　悠悠碧螺春

——网络环境下学生自主阅读能力的培养

《碧螺春》是一篇文质兼美的散文，描绘了久负盛名的碧螺春茶名字的由来以及采摘、制作和品尝的生动情境。通读全文，既可以感受到作者对色、香、味、形俱佳的碧螺春的喜爱之情，又可以体会出作者对勤劳、聪明的劳动人民的热爱之情。笔者以这节阅读课为例来谈谈是如何基于网络环境，依托数字网络平台，充分利用信息化环境的优势进行网络教学的。

(一)依托数字网络平台，激发学习兴趣，培养学生的主动探究意识

培养学生主动探究的能力，首先要激发他们的探究兴趣，使学生从被动获知的状态变为积极主动的求知过程。网络技术在激发学生学习兴趣方面有其显著的优势，生动、形象

的画面可以吸引学生的不随意注意，问题情境或展示所学知识的应用价值等可以激发并维持学生的有意注意和学习兴趣，为学生营造乐学的氛围。如，教学伊始，教师依托网络优势，用一段欢快的《采茶舞曲》将学生带入到课文所描写的茶园，激发了学生的学习兴趣。接着教师引导学生进入以翠绿欲滴的碧螺春茶汤为主界面的数字网络平台资料室，浏览相关的学习资料。资料室里有优美的文章、动听的音乐、精美的画面、焙茶的视频录像、采茶的flash动画……教师在学生浏览资料的基础上，引发他们自主质疑，然后，提炼出三个主干问题：①采茶是一幅怎样美丽的画面？②为什么称碧螺春为“工艺茶”？③品尝碧螺春是怎样的感受？最后请学生选择自己感兴趣的问题自行浏览网件，进行研究。

有疑问才能激发起内部已知和未知的矛盾，激起学生认知的兴趣，激发他们主动地探求未知领域。网络教学结合教学内容和学生实际创设了特定的情境，为学生提供了自主选择学习内容的空间，便于激发学生的体验热情，培养他们主动探究的意识。

（二）依托数字网络平台，引导讨论交流，培养学生的自主合作能力

学生在教师的组织和引导下，一起合作、讨论、交流，在这样的群体中，共同对学习内容考察、协商、辩论，这样学习者群体（指教师和每位学生）的思维和智慧就可以被整个群体所共享。教学中，学生自己对自己感兴趣的内容进行研究后，就根据所研究的内容自主选择学习伙伴进行组合，分别成立“采茶组”“焙茶组”“品茶组”，先在组内进行合作交流，再把本组成员的共识或补充发到BBS讨论版中与全班同学交流。BBS讨论版给学生提供了广阔的交流空间，学生们选择了最喜欢的语言文字进行揣摩，畅所欲言地表达出自己所在的研究小组的研究成果。例如，“采茶组”在课文点评栏中写道：好美的采茶图，景美人更美，采茶姑娘“披着晨雾，踏着朝霞”到茶园采茶，多勤劳啊！；“焙茶组”写道：“要让‘嫩叶如同一条青龙上下翻飞’得下多少工夫啊！从中我们体会到焙茶手娴熟的技艺！”“品茶组”则说道：“我们认为令人陶醉的除了碧螺春的色、香、味、形，还有朋友间真挚的友谊！”

学生通过在网络上进行讨论交流，在教师的指导下，将收集到的信息进行加工、整理、得出结论，举一反三，解决自己提出的问题。教师创设宽松和谐的交流环境，让学生在共享集体思维成果的基础上达到对当前所学内容较全面、正确地理解。学生在展示学习成果的时候，完成了对所学知识的意义建构。

（三）依托数字网络平台，拓展语文学习，培养学生的迁移运用能力

阅读是学生语文学习中的个性化行为，更是学生处理信息、认识世界、发展思维、培养迁移运用能力的重要过程，是学生、教师、文本之间有效对话的重要保证。

在学生研读完课文后，笔者设计了如下迁移训练，让学生任选自己感兴趣的一道题进行实践探究：(1)在网络平台中的“咏茶”——课文中有一句外国诗人赞美碧螺春的诗句，

请你把它复制下来；然后学着诗人的样子也来写一两句诗，赞颂这色、香、味、形俱佳的碧螺春茶。(2)请你结合课文、结合你收集的资料，来当一名小小的推销员尝试着向别人推销碧螺春茶。要求：语言要有鼓动性；要说得有条理，说清碧螺春茶的特点；可运用一些促销手段。学生饶有兴趣地参与了实践活动。在幽幽的古琴声中，学生进入网络平台中的“咏茶”，他们纷纷表达自己对碧螺春的独特感受和真切感受，写出了：“碧螺春，你是我们江苏人的骄傲!”“碧螺春，在你清香的茶汤里，我看到了采茶姑娘们灵巧、勤劳的身影，看到了焙茶手们娴熟的技艺，看到了人们对碧螺春茶的喜爱，看到了人们对江南春光的无限向往!”“你是中国茶文化的代表!”小小推销员将通过网络获取的有关碧螺春的知识重新分析、处理、组合，使出浑身解数进行宣传推销——“碧螺春茶，是苏州著名特产，我国十大名茶之一。它造型优美、卷曲似螺、闻来清香、喝来爽口，向来被人们视作茶中精品。来，先尝后买!”“碧螺春茶全部是用嫩芽制成的，高品质，让你无论是自家品尝、招待客人、还是馈赠亲友，都物超所值。”学生热情高涨地动脑动手动口，学习知识，巩固知识，拓展知识。

采用网络化的教学结构，既激发了学生深入探究的意识与创新性思维，又培养了学生收集信息、处理信息、交流信息的能力，提高了学生的实践能力。

(四)依托数字网络平台，延伸课外学习，发展学生的独特创造能力

“大语文教学”观念下的语文教学，要求师生从语文知识的微观教学中解脱出来，升华为语文能力、思维发展、创造力的培养。每一个学生都是独特的，课文学完后，学生借助网络已经从不同的方面对碧螺春有所了解，对中国的茶文化多了一份感情、一份兴趣。此时，让学生针对自己的特点给自己布置个性化的作业，更有针对性，开放性的作业设计为学生展示自己的个性才华提供了舞台。学生争先恐后给自己布置作业：在网件上了解更多的茶知识、亲口品尝、亲自炒茶、向外地游客介绍江苏特产碧螺春、了解中国的茶文化(十大名茶)……

课外的专题研究性活动对于小学生来说，具有挑战性。利用研究性活动，让学生在一种开放的环境中学会主动学习：学生在实践中，以感兴趣的茶的知识为起点，将兴趣转化为问题，主动地投入到研究活动中去，从多渠道多角度收集了解茶文化，这很有利于促进学生的成长。

综上所述，信息化环境下的教学可以达到超文本的视听新境界，使课堂生动起来；可以为孩子开辟了一个广阔的知识的海洋，到网络上学习，是一个新的天地；还可以为孩子提供交互性的学习方式，这种交互性是以往任何一种学习方式所不能代替的。网络丰富了学生的语言积累，提高了语文综合素养，是培养学生探究性阅读和创造性阅读能力的有效途径。

例二：

美术兴趣小组校本课程——感受线条

(1)兴趣导入：

①教师在白板上随意画一条线，罗丹说过：“生活中并不缺少美，而是缺少发现美的眼睛。”启发学生说一说你发现这条线美在哪里？

②欣赏体操运动员的带操视频。

③引导学生在白板上画一画看到的线。

④播放视频：线条动画

(2)找找生活中的线：

①游戏：找找我在哪？欣赏图片，发现自然界中的线条。

线条，还是我们的好朋友，他就在我们的身边，只要你认真观察，就能找到。在这些图片中你看到了哪些线条？生活中线条给你怎样的感受？

②学生说看到的线条，教师演示归纳线条的种类。

(3)体验线条：

①教师引导学生尝试用奇异画笔软件中不同绘画工具画画生活中的线。

②启发学生说一说不同绘画工具画出的线条的魅力。

(4)用线条表现音乐。

①游戏：考考你。用线条来把听到的音乐画下来吗？

②展示优秀学生作品，说一说你为什么这样画。

(5)游戏：趣味添画：用奇奕画笔中合适的工具完成下列未完成的作品。

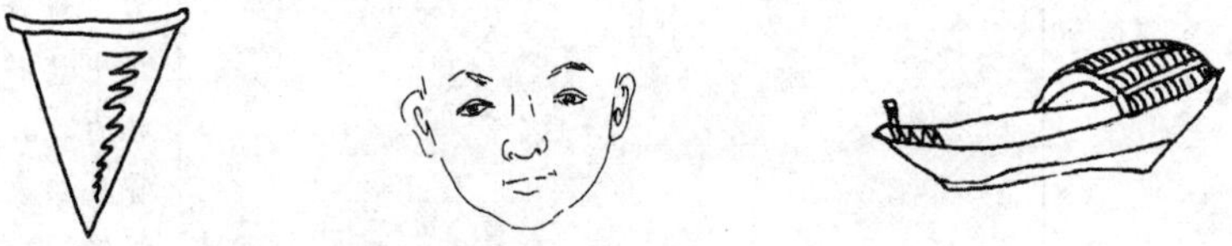

(6)欣赏大师作品，感受线条特点。

①出示大师作品，启发学生看看、说说画中线条都有什么变化？

②总结：线条有粗细、疏密、刚柔、浓淡等的变化。

(7)欣赏学生作品。

(8)教师示范一幅完整的作品。

①演示多种不同绘画工具作画。

②演示相框功能及手绘相框。

(9)学生进行创作，教师巡回辅导。

创作要求：

①尝试用富有变化的线描绘一个形象，充分体验线的丰富表现力。

②表现时注意线条的粗细、疏密、刚柔、浓淡等变化。

(10)展示评价学生作品。

(11)拓展小结：

①拓展：绘画作品用富有魅力的线条来表现各种事物、情感，设计师们用各种线条来装点我们的生活。

②小结：教师从你们的线条中感受到了童真、童趣，只要同学们留心生活中的美，就能用丰富变化有魅力的线条去描绘我们精彩的世界。

【理性分析】

观察视角	课堂记录			分析
多媒体呈现的形式及内容	形式	内容		1. 在欣赏视频的基础上，让学生在白板上体验线条的魅力。线条动画的选择很震撼，能吸引孩子们的目光。2. 通过优美图片的欣赏，让孩子在生活中找到各种线条，体验生活美。3. 用线条表现音乐中的情感，进一步体验线条的魅力。4. 趣味添画环节既激发学生的动手能力、好奇心，又能在游戏中让孩子体现线条的魅力。5. 大师作品的欣赏既启发学生感受大师线条并归纳线条的特点，又提高学生的审美能力。6. 教师的绘画过程直观演示了各种工具的作画效果，为学生作画提供了借鉴。
	欣赏视频	带操表演		
	学生体验	学生在白板上画看到的线条		
	欣赏视频	线条动画		
	图片欣赏	找找生活中的各种线条		
	听、画	用线条表现音乐		
	添画	学生在教师所给造型的基础上添画有趣的线条		
	图片欣赏	欣赏大师作品，归纳线条特点		
	图片欣赏	欣赏学生作品		
	教师演示	示范运用各种工具作画		
	图片欣赏	生活中的设计作品		
多媒体展示的时机	教学环节	恰当	不恰当	多媒体在该节课中展现时机恰当，运用得当，起到了辅助教学的作用。
	导入	√		
	新授	√		
	拓展小结	√		

续表

<table>
<tr><th>观察视角</th><th colspan="4">课堂记录</th><th>分 析</th></tr>
<tr><td rowspan="4">多媒体出现的频率</td><td colspan="2">次数</td><td colspan="2">用时(秒)</td><td rowspan="4">该课为数码手绘技术在美术课堂中的有效运用的研讨课，多媒体课件在该课教学的各个环节中起到了很好的启发和引导作用。</td></tr>
<tr><td colspan="2">导入环节</td><td colspan="2">102</td></tr>
<tr><td colspan="2">新授环节</td><td colspan="2">1200</td></tr>
<tr><td colspan="2">拓展小结环节</td><td colspan="2">110</td></tr>
<tr><td rowspan="4">多媒体制作的质量</td><td>项目</td><td>A</td><td>B</td><td>C</td><td rowspan="4">课件制作较精美，比PPT课件操作便捷，教师在课堂上操作较为流畅。</td></tr>
<tr><td>美感程度</td><td>√</td><td></td><td></td></tr>
<tr><td>便捷程度</td><td>√</td><td></td><td></td></tr>
<tr><td>流畅程度</td><td></td><td>√</td><td></td></tr>
<tr><td rowspan="5">多媒体使用的效果</td><td>目标达成</td><td>√</td><td></td><td></td><td rowspan="5">该课多媒体使用能很好的体现该课教学目标，营造游戏情境，突出美术学科的特色。有多次有效的师生互动，教师能较好的利用多媒体辅助教学。</td></tr>
<tr><td>情境营造</td><td>√</td><td></td><td></td></tr>
<tr><td>学科特色</td><td>√</td><td></td><td></td></tr>
<tr><td>师生互动</td><td>√</td><td></td><td></td></tr>
<tr><td>有效操作</td><td>√</td><td></td><td></td></tr>
</table>

【经验提炼】

有效运用现代教学技术与美术课堂教学，本节课恰当应用奇异画笔绘图软件，在巧妙地引导学生从欣赏和表现两方面进行体验的基础上，理解线条的魅力。比较充分地凸显了现代教学技术所包含的资源丰富性、师生互动性的特点。

【反思提升】

在教学的理念和思路上，我将课堂的时间和空间更多地留给了学生，让他们在引导下去观察、感受、体验线条的魅力，并根据自己的理解进行线条创作的尝试。这种学习方式实实在在地体现了新课程所提倡的学习理念，这就是让学生进行探究性、自主性的学习，在这一过程中去观察、体验和思考，进而发现问题的方法，让学生在这种自主探究的学生活动中获得乐趣。

注重学生对线条魅力的感知与体验。在教学的每个环节中，运用不同的方法引发学生体验与理解线条的魅力。例如用线条表现自己听到的音乐、趣味添画等环节，引导学生通过计算机绘画实践提高对线条魅力的感知与体验；运用 WACOM 板及奇奕画笔软件，让学生轻松自如地获得理想中主观画面的线条效果，激发了学生的学习兴趣。

例三：

英语兴趣小组校本课程

片段Ⅲ． Practice.

1. T：I have a new friend here，listen and tell me who is it.（放 Unit 11 A boy and a girl 的第一段录音，My name is Nancy Black. I'm an English girl. I'm from London. I'm nine.）课件展示填空。听完一遍回答并在电脑上答题 name，age，nationality，hometown，sex. 教授新单词 London. 说明地点的拼写要注意首字母大写。再跟录音读两遍。

T：Who is Nancy's friend? 同法教授第二段课文内容。

Say a new rhyme. Nancy，Nancy，my name is Nancy.
Girl，girl，I'm an English girl.
London，London，I'm from London.
Nine，nine，I'm nine.
Liu Tao，Liu Tao，my name is Liu Tao.
Boy，boy，I'm a Chinese boy.
Nanjing，Nanjing，I'm from Nanjing.
Ten，ten，I'm ten.

课件屏幕上出现 Rhyme，教师带上先示范一遍，然后学生跟着说。因为前面已经做了很好的准备，所以这段话对学生来说没有难度。

T：Well done! I'll give you a present. Games! The game's name is WHO ARE YOU. 教师示范。请一个学生上前来，背对大家。找另一个学生用怪声音说 I'm a Chinese boy/girl. I'm from Wuxi. I'm ten. 要求第一个学生问 WHO ARE YOU? 下面全体同学边拍桌角边齐声说 GUESS~，GUESS~，GUESS，GUESS，GUESS! 第一个同学可作猜测 Are you …? 如果猜对，教师表扬 Oh，you are clever! 并奖励一个小纪念品。如果猜错，其他同学回答 Sorry，you are wrong. Try again. 老师也可参与此游戏。

片段Ⅳ． Consolidation

课件屏幕呈现

招聘小记者。

我校招聘英语小记者 5 名，有意竞聘者请准备简短的英语自我介绍。

教师可做示范。My name is Wu Yanfang. I'm a Chinese girl. I'm twenty－six. I'm from Wuxi. One minute for preparation.

分别选 8 名学生上台讲，班里的其他学生评选前 5 名，并奖励小记者证。其他 3 名奖励小纪念品。

StepV. Homework

课件屏幕呈现

Try to introduce yourself to your friends, your partners, and your teachers.

【理性剖析】

此阶段的学生，已经有大半年的英语学习经历。他们活泼好动，乐于参与，善于模仿，爱表现，喜欢新鲜事物，对语言的好奇能激起他们对英语学习的兴趣。他们不怕犯错误，很少有羞怯感。他们爱玩、爱唱、爱游戏、爱活动，还很在乎老师的激励和表扬。

而且，《小学英语课程标准》"以人为本"的新理念，要求在课堂上通过开展丰富多采的自主交流和合作交流的学习活动，为学生提供自主学习和全面发展的机会，激发学生的学习兴趣，增强创新意识，培养实践能力，让学生成为课堂的中心，课堂的主人，参与实践，体验成功。采用如下途径：歌曲导入，激发学生兴趣；创设情境，让学生进行自主学习；利用多媒体课件开拓学生视野，采用人机对话的方式，激励学生敢于开口对话，大胆创新的意识。学习方法上，学生在用中学，学中用，边学边用，学以致用。通过自主学习，合作交流的方式旁敲侧击地巩固新知识，游戏中让学生感受到合作学习的快乐。

【经验提炼】

本节课，运用多媒体参与英语教学，课堂的生动有趣吸引了学生，抓住了学生的学习兴趣，提高了教学效果。正因为这样，多媒体教学越来越普遍，更为广大教师接受。本课针对的是刚开始学习英语的小学生，启发和保护了他们学习英语的兴趣。

【反思提升】

多媒体在课堂上就是要能很好地为本课时的教学内容服务。本课，通过该课件的制作与运用，解决了课文中的难点句型，使课堂教学效果更加有效。增强了学习的趣味性。使教学内容更加具体化、直观化。用多媒体课件开拓学生视野，采用人机对话的方式，及创设真实的情境，激励学生敢于开口对话，大胆创新的意识。学习方法上，学生在用中学，学中用，边学边用，学以致用。通过自主学习，合作交流的方式旁敲侧击地巩固新知识，游戏中让学生感受到合作学习的快乐。

例四：

家校新干线一对一数字化教学应用方案[①]

一、"家校新干线"简介

"家校新干线"采用国际领先的自适应测评技术，历时五年研发成功。它是一款一对一

① 摘自蔡彤的报告《中小学自适应学习测评系统的开发与应用》。

数字化作业平台。教师能直观洞悉每位学生的薄弱环节，全班的薄弱点，继而进行有针对性的弥补、讲解，能提高教、学的效率，提升学校整体的教学水平。

“家校新干线”针对不同的用户对象，有三个主要的子系统：课堂同步测评系统(校园网版)、教学测评管理系统(教师版)、自适应学习测评系统(学生版)。

1. 校园网版——课堂同步测评系统

“课堂同步测评系统”是一套师生基于课堂互动的测评系统。该系统彻底颠覆了传统的教学评价模式，将传统的“布置作业”“做作业”“批改作业”“讲评作业”四大环节，全部在一堂课内解决，极大地提高教学效率。

2. 教师版——教学测评管理系统

“教学测评管理系统”能帮助教师轻松完成“搜索试题”“组编试卷”“布置作业”“批改作业”“学生数据分析”等工作。一方面，教师可以将课前、课后的工作量大约缩短至原来的60%，使得其有更多的精力放到更重要的师生沟通、教学研究等工作上来；另一方面，教师可以实时、精准、全面了解学生的学习情况，使得教学的目标更明确、效率更高。

3. 学生版——自适应学习测评系统

“自适应学习测评系统”能让学生彻底摆脱低效率、高重复的题海战术。它充分考虑学生的个性化差异，让学生进行完全个性化的针对性练习，使得“好学生能吃得饱、差学生能学得了”。另外，它还能帮助学生养成良好的学习习惯、方法，使得学生的学习能力和学习成绩得到全面提升。

二、学校应用方案

学校采用该教学平台，能使得教师直观洞悉每位学生的薄弱环节、全班学生的共性问题，继而进行有针对性的弥补、讲解，能提高教、学的效率，提升学校整体的教学水平。

1. 常用模式

“家校新干线”在学校的应用，主要有“课堂快速反馈”“课后家庭作业”“个性化作业”三种模式，大多数学生都全部采用了其中两种以上的模式。

课堂快速反馈：在微机室(或无线网络教室)内，利用校园网版开展习题课、章节复习课等。这种模式能实现课堂的快速反馈、高效互动，使得教师对于学生的学习情况了如指掌，提升了课堂教学质量。

课后家庭作业：教师利用“家校新干线”给学生统一布置(或者分层次布置)家庭作业，学生在家登录 www.jxxgx.com 收到老师发布的作业。学生做完家庭作业后，老师立刻能看到每一个学生的作业情况。这种在线的家庭作业模式，解决了纸面作业无法快速批阅和统计等问题。

个性化作业：学生利用“个性化学习”模块进行个性化练习，教师通过“统计分析”模块跟踪学生的练习情况。

“个性化学习”是系统的最大特色，它能做到“因人而异，因材施练”，让学生的每次练习都能针对学生的具体情况，极大地提高了练习的效率。另外，系统也引导每一个学生养成良好的学习习惯，培养一套终生受用的学习法。

第六节 自主学习评价

一、革新自主学习评价方式

利用信息化的环境，可以针对学生的学习评价做到更加客观、真实，建立与素质教育理念相一致的评价方式。主要体现在：

1. 教育评价的反馈与改进功能

利用信息化的高效、快速进行及时的反馈与评价。例如，在信息化环境下的作业批改方面有令人欣喜的收获。传统的作业批改费时、耗力、效果差，主要弊端是：学生的优点成绩不能及时“强化”，错误缺点也无法马上“改正”，特别是高年级，只有等教师带到办公室批改好之后，才可以知晓对错优劣。这时学生已远离作业情境，作业思路也已淡忘得差不多了，再费周折唤回学生思绪，真有强弩之末之感。采用在线及时批复、反馈的方式可以很好地解决这个问题，达到事半功倍的效果，其优势是变传统的背对背为面对面，优点及时强化，缺点则被“扼杀在萌芽中”，大大提高了作业练习效率，巩固学习的效果。

信息化环境下的教学可以详细记录教师的教学过程和学生的学习过程，进行形成性评价。在合作和讨论过程中形成的资料记录可以构成电子学档，对小组及其成员的活动表现进行跟踪评价。

2. 扩大教育评价的范围

借助信息化的现代教育技术，教师可以突破传统教育中时空的限制，对于教学对象进行个性化、针对性的评价。

3. 定量评价和定性评价相结合

在网络环境下，借助现代教育技术的平台可以对学生进行准确的定量评价，同时结合学生之间的交流，进行客观的定性评价。

4. 教育评价中的自我评价

可以利用其强大的信息记忆存储功能生成电子学档对学生在探究过程进行跟踪评价，促进学生及时的自我反思，形成客观的自我评价。

二、明确自主学习的评价策略

1. 宽容接纳，创设自主氛围

提供和创造一种促进学生积极发展的环境和氛围——安全、友善、宽容、鼓励、民主、自由、相互尊重的环境，不仅有利于培养学生的自尊心、自信心，还有利于促进学生进行自主学习。

创设心理安全的环境氛围。这是促进学生自由发展，培养学生学习主动性和积极性必需的气候与土壤。因为每个人都有获得安全的需要，而儿童的心理尚不稳定，对别人更具有某种依赖性或倾向于受保护的心理，所以儿童在这方面的要求更甚。很难想象，一个缺乏安全感的环境能使学生产生学习的兴趣，能激发学习的积极性和主动性。

创设轻松、自由的学习心理氛围。巴班斯基说："教师是否善于在上课时创设良好的心理氛围，有着重大的作用。有了这种良好的气氛，学生的学习活动就可进行得特别富有成效，可以发挥他们的最高水平。"现代心理理论和教育理论也证明，学生如果在被压抑的被动的条件下学习，学习的主动性和积极性极易被抑制，其学习效率也必然是低下的。

创设民主、探究、奋进、合作的课堂教学环境。一个积极健康的课堂教学环境有助于学生主动地、活泼地投入教学过程，良好的课堂氛围是强化和促进主体性发挥的重要因素。因此，我们在教学全过程都应力求创设一种民主的、和谐的教学环境，调动学生积极向上的情感力量。

创设宽松、自主的成长环境。成长环境在校园环境中主要指师生之间，生生之间，干群之间的民主、平等、和谐的人际关系。让学生在宽松、自主的成长环境里，学会自主，学会创新，有利于积极性和主动性的提高。

2. 热爱尊重，建立民主关系

希望与教师建立密切的关系并渴望得到教师的关爱，这是每个学生普遍的内在需要。如果这种需要得到满足，就会增加师生感情，增强学生对教师的信任度，并促使学生积极主动地投入学习。因此，教师应当以尊重、民主的态度对待学生，建立真诚、和谐的师生关系。

热爱学生。爱生是教师获得成功的基础，也是师生建立真诚关系的基础。教师应了解学生，理解学生，尊重、信任学生，承认个性差异，挖掘个人潜能，要使每个学生都有机会表现自己。

教师应做到态度亲切和蔼，以缩短师生之间的心理距离，让学生获得认知和情感上的满足；此外，教师还应具有热心、同情心以及富于激励和想象的倾向性，有研究表明，教师这两个重要的人格特征，对学生的学习积极性及学习的有效性具有十分重要的作用。

民主。民主决不是放任，而是充分尊重学生，只要学生能参与，提出独到的见解(即使是不符合常理的)，也应给予肯定；而当学生遇到问题，则要多给与帮助和鼓励。师生之间应彼此理解、信任和合作。

平等。教师要由过去的"主宰者"变成学生学习的引导者、激励者和点拨者，充分欣赏、激励学生，与学生朋友式相待，让学生真切感受到师生的平等。卡尔·罗卡斯曾说过这样一句话："推动有重要意义的学习靠的是存在于推动者和学习者之间的个人关系中的某些本质的态度——真诚。"这句话不能不引起我们的深思。

3. 兴趣培养，唤醒自主意识

兴趣是推动学生进行学习的内部动力，是影响学生学习自觉性和积极性的直接原因。"兴趣是最好的老师"，学生如果对学习产生了兴趣，就会引起学习动机，推动学生学习，并在学习过程中产生一种积极的情绪状态，鼓舞学生认真而愉快地学习。

怎样才能培养学生的学习兴趣，激发其学习情趣呢？

创设悬念，激发兴趣

亚里士多德说过：思维自疑问和惊奇开始。小学生的好奇心很强，教师若能抓住儿童这个特点，根据教材内容，创设悬念，设置疑点，往往能创造出诱人的学习情境，激发学生强烈的学习兴趣。例如：在教学《凡卡》一文时，可以这样进行设计：一走进教室，教师就挥着手中的一封信说："同学们，这是一个九岁的俄国男孩写给他爷爷的信，这封信中写了些什么，他爷爷究竟有没有收到这封信呢？你们想了解这些情况吗？"学生们的眼睛一下子盯住了教师手中的信。在激起学生强烈的求知欲后，教师就从这封信入手开始进行教学，结果整堂课师生配合默契，教学效果良好。

不断创新，培养情趣

每一门学科都有其特点，教师只要善于挖掘，总能找到学生感兴趣的东西。要增强教学内容的新颖性和多样性，并针对学生心理，精心设计富有情趣的教学过程，不断改进教学方法，变换讲课方式，还可以运用表演、竞答比赛、游戏以及多媒体教学，将枯燥的知识趣味化，从而培养和提高学生的学习情趣，启迪学生的思维。

体验成功，享受乐趣

好奇心是人的天性，求知欲是在好奇心的驱使下在探究活动中经过培养而发展起来的，它是好奇心发展为兴趣的过渡环节，也是兴趣赖以产生和形成的内部基础。因此，激发并极大地满足学生的求知欲是发展学生兴趣的核心。我们在教学中应为每个学生提供展示才能的机会，及时表扬和鼓励，让学生享受成功的乐趣。

此外，我们在培养学生的学习兴趣时，还应注意以下几点：

首先，教师要由激情，感情要投入，那种照本宣科、人云亦云的讲解，学生只会恹恹欲睡。

其次，教师应理解学生的天性，尊重学生的人格，不能在任何时候、任何场合扼杀孩子的创造性。

最后，要激发全体学生都参与到教学活动中来。

4. 信心激励，激发自主力量

第斯多惠说过："教学的艺术不在于传授的本领，而在于激励、唤醒和鼓舞。"激励是激发人的动机、调动人的积极性的重要手段，也是心理教育的重要原则。行为科学的实验也证明：一个人在没有受到刺激的情况下，他的能力仅能发挥到20%～30%，如果受到充分地激励，能力就可能发挥到80%～90%，这充分说明运用激励机制是促进学生进行自主学习的重要举措。

激励的形式有很多种，常见的有以下几种：

第一，语言激励。

我们在教学中，不要轻易否定学生的成果，这样会给学生的心理带来不安全感和怕受批判、紧张的情绪，容易抑制学习的积极性。任何时候，教师都应及时鼓励学生："你真了不起!""你真不简单!""看，我们的学生多伟大!"即使学生做得不够好，你也可以说："你做到这一步确实不容易，你已经努力了。"自信心是创造力的要素之一，教师这种激励性的语言无疑会增强学生的学习信心，有利于调动学习的主动性和积极性。

第二，期望激励。

每一个学生都是具有独立人格的个体，他们都渴望得到别人的注意。皮格马利翁效应证明：如果教师能够准确地把握每位学生的认知特征和人格特征，形成恰如其分的期望，那么这种期望就会产生巨大的力量，激发学生内在的潜能，并转化为积极实践的动力。

第三，情感激励。

学生的学习活动需要认知和情感共同参与。有研究表明：学生的学习情绪良好，大脑皮层就会处于积极思维状态，就易于激发思维力、想象力和创新力。所以我们应和学生建立真诚的友谊，用自己的真情点燃学生心中的圣火，用真情温暖每一位学生。真诚，无私坦荡的微笑，激起的是学生乐观、自信、善良和友好的品性，以及由此而点燃的积极乐观的进取精神。

第四，目标激励。

每个人都有自己的目标，大到人生理想的追求，小到某一具体行为的实现，在学习上也一样。目标一经确定，学生往往就把它作为行为方向和行为尺度的舵，有着积极的导向作用。因此在教学中，教师应因人而宜，为每个学生制定适合其发展的目标，用目标激励学生的学习主动性和积极性。

第五，榜样激励。

榜样是无声的教育。树立先进的榜样，对学生的激励作用不可低估。而榜样可以是多方面的，可以用周恩来总理“为中华之崛起而读书”的雄心壮志来激励学生，也可以用鲁迅先生在三味书屋刻苦学习的事例来鼓励学生，更可以用发生在学生们身边的无数感人的故事来教育和激励学生。教师平时应多注意收集这方面的信息，因势利导，树立先进典型，进行大力宣传，这样就会大大地激发学生的学习主动性和积极性。

当然，教学激励不仅要有恰当的内容，而且还要有灵活地表达。激励可以是正面的激励，也可以是十分得体的反面激励。可以这么说，抓住时机、采用恰当的形式、从关心学生发展的角度出发对学生的得体的激励是促进学生积极主动学习的强大动力。

5. 教学优化，创造自主空间

提高教学效果和节省时间消耗是教学最优化的标准。优化教学过程，就必须树立以学生为本的思想。只有学生积极主动地投入到学习中来，才能达到教学最优化的标准。因此，在教学过程中，教师必须承认学习可能性差异的客观存在，懂得如何去发现和发展学生的潜力，选择恰当的教学模式和教学方法，从而追求教学过程的最优化。

构建新的教学模式。教学模式是指在一定的教学思想指导下，围绕教学活动的某一主题，形成相对稳定的系统化、理论化的教学规范。教学模式必须以学生为中心，有较强的可操作性和可推广性，各门学科要因科制宜，创造性地选用，这样才能充分体现学生的主体性。

精心设计教学过程。教学设计一定要符合学生的年龄特征和认知规律，教学目标制定要适宜，重点、难点要突破，训练要做到深入浅出，化难为易；要给学生创造独立的空间和展现才华的机会，精讲巧练，培养学生积极参与学习活动的意识。在教学过程中，还要特别注意把提问的权力还给学生，并让学生提一些更富批判性和创造性的问题，多关注现实和世界、社会和人生，对课堂提问要允许学生有错误，循循善诱，引导学生发现错误，使学生在错误中走向成功。

选择恰当的教学方法和教学手段。教师应针对不同学生的特点和知识基础，重视学生的个性差异，因材施教，具体指导，尊重不同层次学生提出的与众不同的疑问、见解，肯定不同认知、答案的价值；要采用启发式的教学方法，教会学生善于学习，具有独立获取知识的自学能力，而且还应把现代教育技术等多种教学手段运用到教学上来。

优化作业设计。作业如果过于烦琐和机械，其危害是显而易见的，最直接的危害，则是增加学生的负担，抑制学生的学习主动性和积极性。因此教师在作业设计时应变烦琐为简明，变机械为灵活，变封闭为开放，变枯燥为生动。这样不但能巩固知识，增长才干，还能使学生感到学习也是有趣和有用的。

三、把握自主学习评价原则

1. 要切实推进素质教育

素质教育是以提高全体国民的素质为目标，以促进全面发展为宗旨，以育人为根本，以因材施教为方法的教育。它重视了人的发展性和主体性：在目的上，强调学生整体素质的全面发展、生动活泼的个性化发展；在过程上，强调学生在教育、教学过程中的主体地位，发挥学生的主体能动性、积极性和创造性。因此，只有切实推进素质教育，才能从根本上提高学生学习的主动性和积极性，才能促进学生进行自主学习，最终促进人的发展。

2. 要转变教育观念

转变教育职能观。教育的基本职能不仅是向学生传授双基，更是要帮助学生构建学习基本能力和创新能力，它是以促进人的发展为最终目的的。

转变师生观。树立师生平等民主观，在教育过程中，要强调学生的主体地位，教师更多的是学生学习的指导者、帮助者和伙伴。

转变教学观。要把教学过程当作发现知识的过程，培养学生探究精神的过程。教学过程是师生合作的过程，而学生更应是知识的发现者和探索者。

转变人才观。要树立“人人有才，人无全才”的观点，教师的任务就是发现和挖掘学生的潜能，创造条件让学生的潜能得到充分地释放和发展，从而带动其他方面的发展。

3. 要确立新的评价标准和体系

对学生的评价应以人的发展水平为尺度，评价指标是人格发展、智力发展和身体发展的综合指标。要改变以升学率为核心的评价目标为全体学生素质全面发展的评价目标，改变以考试为主的评价方式为全面调查、综合测评、多元评优的评价方式，改变以绝对性、终结性、结果性为主的评价形式为相对性、诊断性、形成性和过程性等多种评价形式，改变以考试的分数和升学率为唯一标准的评价为以教育目的和基础教育任务以及培养目标为依据的多元和特色评价标准。

四、理清自主学习评价维度

每节课的教学目标要尽可能明确与具体，只有目标具体，措施才具有针对性，也便于检验教师的教学效益。有效教学主张科学地将定量与定性、过程与结果结合起来，全面地评价学生的学习成绩和教师的工作实绩。但是并不能简单地说量化就是好的、科学的。应该科学地对待定量与定性、过程与结果的结合，全面地反映学生的学业成就与教师的工作表现。因此，有效教学既要反对拒绝量化，又要反对过于量化。实现由单一化的评价模式向多元化的评价模式转变。传统的教学评价以学生的学业成绩作为评价的唯一尺度，压抑了大部分学生的个性和创造潜能，有效学习的可测性和量化应该起着激励导向和质量监控的作用。应充分了解学生发展中的需求，关注个别差异，帮助学生认识自我，建立自信。可以从以下几个方面对有效学习的课堂进行量化：

1. 参与状态

是看教师的因材施教过程。从尊重个性差异的角度，看教学中能否尊重每一个学生的个性特征，允许不同的学生从不同的角度认识问题，采用不同的方式表达自己的想法，用不同的知识与方法解决问题；从面向全体学生角度，看教师能否在课堂教学中关注每一个学生，特别是对学习有困难的学生给予切实的帮助。量化的维度包括：

(1)参与的深度——增强学生的独立性、主动性和创造性，实现参与“质”的飞跃。

培养自主意识，增强独立性。“独立性”是指对自己有信心，相信自己能学好，能通过独立思考来认识和判断问题，对自己的学习结果和策略能做出适当的评价，并进行调控。

调动积极因素，增强主动性。“主动性”是指学生在学习时表现出的自觉性、积极性特征的总和。表现为对学习有兴趣，能主动确定较明确的学习目标，主动解决一些实际问题，有积极参与各种教学活动的热情。教学中，教师要创造条件，调动学生的内在积极因素，让学生成为信息的主动摄取者和加工者，以自身的力量去主动作用于教学。

注重思维发展，增强创造性。人才最本质的特点在于创造。对学生创造性品格的培养，主要包括创造意识、创造精神、创造思维、创造能力和创造人格的培养等。

(2)参与的广度——让全体学生运用多种感官参与教学的全过程，实现参与“量”的飞跃。

采取多种形式，让全体学生参与学习。课堂教学必须采取“合作研讨”“分层教学”等多种形式，引导全体学生参与学习活动。

展示知识的形成，让学生全过程参与学习。教师应有意识地创设教学情境，创造条件让学生进行各种实践活动，使学生把握知识的来龙去脉，受到恰当的思维训练，完成知识的“发现”和“获取”过程。

调动多种感官，让学生全方位参与学习。多种感官协同参与学习活动，是最基本的、也是最重要的学习方法之一。教师在课堂上应给学生提供丰富的、充足的、典型的、较为完整的感性材料，有目的的创设学生活动的空间，放手让学生动手、动口、动脑，使学生在生动活泼的实践中发现、认识、理解、掌握知识，发展自己的认知结构。

(3)参与的时机与效率。

教学中，教师对重点、难点知识要慢讲多练，也可用多媒体教学手段，从多视角来帮助学生理解。教师还应努力创造机会，并善于抓住时机，调动学生常常参与学习。这些时机可以是学生需要表达自己思想时，也可以是一种表达方式转化为另一种表达方式时。

2. 交往状态

交往教学论认为，教学过程是一种交往过程，是一种价值赋予、形成和创造的过程，而不仅仅是一种技术性的活动。因此，在课堂教学中实施交往教学，就是要为学生创设一个相互依赖的交往环境(包括物质上和心理上)，使学生在完成学习任务的过程当中，培养个性，充分发展完满人格。

(1)多边的信息传递。

课堂教学信息的传递包括两方面的内容。一是物质信号的传递，如教材上的文字、标点、图案，教师的语言、板书，学生的问答、作业等；二是意识信号的传递，如师生的表情、眼神、动作等。这说明，教学信息的传递不只是单一的教师说、学生听，而是一个多因素配合的过程。课堂教学是师生双方共同处理信息，并力求达到一定目标的活动。教学信息的传递，不仅是教师对学生的信息的传递，也包括学生对教师，学生对学生的信息传递，我们要建立起教学信息的多边传递。

(2)和谐的人际交往。

传统教学中人际关系存在过分强调教师作用、忽视学生主体作用的误区；以情感为核心内容的人际关系，应是教学活动的先决条件，是教学效果优劣的决定性因素，是实施素质教育的首要前提；要将愉快、和谐的人际关系置于学科、知识和技术之上，建立起师生间真诚、平等、理解和关怀的人际关系，有效地将情感和认识活动统一起来，最终达到使学生学会有效学习、完善个性、适应急剧变化发展的社会需要的教育目的。

3. 思维状态

是看学生在学习中的认知过程。从学习方式角度，看教师能否根据具体的教学内容，引导学生开展有效的学习，是否体现自主探索、合作交流等有效的学习方式；从思维发展的角度，看教师能否发展学生的观察力、想象力与初步反思的意识。

(1)基础知识、基本技能落实。

很多教师把主要精力放在难度较大的综合题上，认为只有通过解决难题才能提高能力，因而相对的忽视了基础知识，基本能力和基本方法的教学。教学中急急忙忙把公式，定理推导出来，或草草讲一道例题就通过大量的练习来训练学生。其实定理，公式的推证过程本身就蕴涵着重要的解题方法和规律，不讲公式的推导就让学生去做题，试图通过让学生大量的做题去总结出一些方法、规律。结果却是多数学生不但“悟”不出方法、规律，而且只会机械的模仿，思维水平较低，因此在重视基础知识落实的同时应重视基本技能和基本方法的培养。

(2)提出问题、敢于发表见解。

教师创设问题和探索情境，启发学生自己发现问题，提出问题。所以，从某种角度讲，发现和提出一个有价值的问题就是创造，有时比解决问题更为重要。

(3)思维的求异性、独创性、批判性。

新颖、独创、奇特是创造性想象的本质特征，丰富的想象力是人们漫游科学天空的强劲翅膀，因此，没有想象就没有创新，落实素质教育，保护和发展学生的想象力，对于培养学生的创新能力至关重要。

(4)动手实践、自主探索、合作交流的能力。

有效学习的重点应立足于对“动手实践、自主探索、合作交流”的实施与灵活应用。学生在观察、实验、猜测、验证、推理与交流等数学活动中，逐步形成自己对知识的理解和有效的学习策略。

创设情境，激发学生实践、探索、合作交流的感知兴趣。

设计问题，为学生提供自主探索、合作交流的时间和空间。

组织活动，展现数学知识形成与应用的过程。

改进评价体系，把“动手实践、自主探索、合作交流”融入评价体系中去。

4. 情感状态

是看学生在课堂教学中的情意过程。从教学环境角度，看是否营造了一个平等、民主、和谐的师生关系、生生关系，教师是否鼓励学生发现问题、提出问题，学生是否敢于质疑、大胆尝试、乐于交流与合作；从培养学习兴趣角度，看教师能否充分地调动学生的学习积极性，使全体学生都能够主动、有效地投入到学习活动之中，学生是否有好奇心与求知欲；从培养学生自信心角度，看教师能否让学生在学习活动中获得成功的体验，学生能否在学习过程中建立自信心。

(1)参与活动的主动程度，好奇心与求知欲。

学生主动参与课堂，将好奇心和求知欲转化为稳定的学习动机。

(2)一定的自我调控能力。

古人云：“博学之，审问之，慎思之，明辨之，笃行之”，讲的就是一个通过层层反馈进行学习的成功经验。所以要实现有效学习，必须加强对学生的反馈自我调控能力的指导和培养。因为学生本身也是自控系统，能够对自己的学习活动进行反馈调节。学生学习中的自我调控是学生为促进学习成功，提高学习效果，主动积极地运用调控元认知、动机和行为的过程。

(3)体验成功，建立信心。

教师在教学上采用多种形式，创设一种情感体验环境，帮助学生建立自信和兴趣。让学生享受成功的喜悦和乐。

(4)良好的学习习惯。如合作、思考、笔记等。

总之，我们在教学实践中，应切实转变教育观念，重视人的发展性和主体性，采用正确的方法和策略，这样才能从根本上提高学生学习的积极性和主动性，促进学生自主学习，真正促进每个学生健康、主动地发展。

第七章　探究学习

第一节　探究学习的概念

发现学习是在学生在主动参与的前提下，根据自己的猜想或假设，在科学理论指导下，运用科学的方法对问题进行研究，在研究过程中获得创新实践能力、获得思维发展，自主构建知识体系的一种学习方式。

探究性学习(Inquiry Learning)是一种积极的学习过程，原来主要指的是学生在科学课中自己探索问题的学习方式，现在广泛运用于学习中。要研究探究性学习，首先要明确什么是探究。美国国家科学教育标准中对探究的定义是："探究是多层面的活动，包括观察；提出问题；通过浏览书籍和其他信息资源发现什么是已经知道的结论，制订调查研究计划；根据实验证据对已有的结论做出评价；用工具收集、分析、解释数据；提出解答，解释和预测；以及交流结果。探究要求确定假设，进行批判的和逻辑的思考，并且考虑其他可以替代的解释。"

在美国国家科学教育标准中，探究也指学习过程。它是一种积极的学习过程——"学生去做的事，而不是为他们做好的事”(Something that students do，Not something that is done to them)。换句话说，就是让学生自己思考怎么做甚至做什么，而不是让学生接受教师思考好的现成结论。从美国国家科学教育标准中探究一词的用法可以看出，探究既是学习的过程又是学习的目的。探究性学习指的是仿照科学研究的过程来进行学习，从而在掌握学科内容的同时体验、理解和应用科学研究方法，掌握学习能力的一种学习方式。

第二节　探究学习理论依据

1. 素质教育三个要素是面向全体、全面发展、主动发展，发挥学生主动性是实施素质教育的前提。

2. 课堂出效率。以课堂为主阵地，抓紧每一分时间，才能减轻负担，抓住关键、触发灵感，在集体情境中达到目标。

3. 建构主义理论告诉我们，知识是学生自主建构的，不是老师交给的，通过自己的探究与实践构建自身知识体系符合学生的认知发展规律。

4. 创新性人才要求教育创新、学习创新，只有学生用科学的方式探究新问题，才能更好培养其创新精神与能力。

第三节　探究学习四大特点

一、主题明确

网络环境下尤其是在综合实践活动的研究性学习过程中，学生可以自主选择研究议题，在教师的指导下展开研究。例如，有的学生选择城市交通堵塞问题，有的学生选择空气污染问题，有的学生则选择中国饺子文化发展问题等。这种选题的自由、开放性所涉及的知识面十分广泛，一般不会集中在某一学科的特定的知识或技能上。这样的研究是对学生综合能力的一种挑战，主要是让学生亲历、体验研究的过程。课堂中的探究性学习则属于一种定向探究，学生所探究的问题与课程中知识、技能密切关联。例如，在数学《周长与面积》一课中，学生通过解决托尔斯泰小说中主人公围地的问题，来解决一个学术性问题：周长一定的时候，什么几何图形的面积最大。再如，在科学教材《摩擦力》一课中，学生们探究摩擦力的大小受哪些因素的影响。学生们提出许多假设因素，如物体的重量、接触面的光滑程度、物体接触面的面积大小等，然后通过实验收集数据，来证实某些假设、否定另一些假设，从而建构起有关摩擦力大小与哪些因素相关这一知识。当然，课堂中的探究性学习议题并非完全与课内知识、技能一一对应，而往往需要学生整合学科内部的前后知识和学科之间的知识。

二、规模适当

课堂仍然是学校教学的主平台。教师们在开展网络环境下探究性学习时，最好立足于课堂。一般来说，教学计划分为学期计划、单元计划、单课计划、课时计划。教师在设计探究性学习活动时，最好从某一单课、某一节课入手。由于有些内容并不适合探究性学习，教师不可能将整个学期的课程内容都设计成探究性学习，即使所有内容都适合探究性学习，对在探究性学习方面是新手的教师来说无疑是一个"高难度动作"。再者，教师也很难将一个单元的内容全部贯穿在一个整体的探究性学习活动之中。以某一单课、某一节课为单位的探究性学习与学科知识密切关联，涉及因素少，教师易于把握。在时间安排上，探究性学习有时可以在一节课时内完成，有时可能跨越几个课时。像《周长与面积》《摩擦力》等课中的探究性学习，都是在一节课之中完成的，但《只有一个地球》《长方形、正方形的面积》等课中的探究性学习，则是在两节课中完成的。教师在设计这种规模的探究性学习时，要把握好学生在分析问题、提出假设、设计探究思路、收集数据、处理数据、展示结果等方面的工作量、程度、难度以及时间。课堂中的探究性学习是以单课、课时为起点的，当教师的探究性教学技能稳定了，可以再延伸到单元和学期课程。

三、时机灵活

在网络环境下课堂中的探究性学习中，探究的主体活动是在课堂上展开的，有些活动可以安排在课前、课中、课后。一节课时、一整课的探究性学习，可以只在课堂上展开重点的探究环节的活动，如分析问题、提出假设、展示结果、反思等，另外一些探究环节的活动，如收集数据、调查、实验等，可以在课外进行。例如，在数学《折线统计图》一课中，教师准备让学生通过一个科学规律的探究来建构起折线统计图的相关知识，这个科学问题就是热水温度下降的过程问题。这个问题如果是数学教师与科学教师联合进行跨学科整合探究的话，在科学课堂上学生可以提出假设：用温度计定期测量水杯中的水温，用各种方法记录数据；然后在数学课上，学生处理数据、表达数据，验证假设，并比较各种记录方法、数学表达方法的优劣，体验、分析出折线统计图在表达数据发展趋势方面的实践价值。而如果这一问题只是在数学课上加以探究，重点完成数学目标，那么，数学教师可以在前一节课中用半节课，创设问题情境，指导学生分析问题、提出假设，引导学生掌握收集数据的方法；然后让学生课后以小组为单位，在方便的时候做实验，收集数据，记录数据，用一些方式表达结果。在下一节数学课上，老师让各组学生汇报本组探究的结果，引导各组之间比较各种表达方式的优势和不足，引导学生建构起折线统计图的意义和用法。当然，哪些环节在课堂上进行，哪些环节在课外进行，取决于教学的目标和意图。如果训练的重点是收集数据的方法，那么这一环节就必须在课堂上进行，教师要有意识地对学生进行讲解、示范、提示、反馈、评价等。课堂中的探究性学习可以服务于不同的教学意图，因此，展开探究的时机选择也是灵活多样的。探究性学习可以在初学某一知识时展开，以便学生建构新知识；也可以在学完新知识之后展开，以便学生灵活应用所学习的知识。例如，数学中《认识长方体和正方体》的知识，可以在初学长方体的表面积和体积的关系时，进行简单的探究活动，也可以在复习长方体、正方体的表面积和体积之间的关系时，进行稍微复杂一点的探究活动，以巩固、整合相关的知识并灵活应用。

四、伸缩自由

课堂中的探究性学习可分为全程性的和局部性的。全程性探究性学习需要学生完成所有这5个环节。像《周长与面积》这一课，尽管只有1课时，但5个环节的活动结构简明，学生经历了全程性探究性学习过程。

局部性探究性学习可能重点突出某一个环节，其他环节由教师示范，或者被压缩。一提起探究性学习，大家马上就想到学生要通过搞调查来收集数据，其实探究性学习关键是训练学生的探究思维能力，至于其他事务性的工作，尤其是那些没有什么高层次思维训练价值的活动是可以省略的。萨其曼的探究训练模式或许能给我们一些启示。在这一模式中，学生们对于教师提出的议题，只需要通过向教师提问，来获取证据证明自己的假设。例如，在学习有关生态平衡的知识主题时，教师抛出一个真实故事：“狼被灭掉以后，鹿群的数量反而减少了。”面对这一问题，学生们并不是到课外去找材料，而是自己提出假设，围绕这一假设向教师提问。证据全在教师头脑里，就看学生会不会利用提问，从教师口中获得自己所需的证据。学生不能直接提“是什么”“为什么”的问题，只能提教师能够用“是”或“否”做出回答的问题。如果学生假设这些鹿群是病死的，直接问教师：“这些鹿群中死掉的是些什么鹿?”教师不予回答。学生必须改问：“人们看到的鹿尸都是有病的吗?”这时教师才回答“是”或“否”。这种探究训练重点突出探究思维和提问，完全可以被整合到某一课之中。教师要善于根据学生的探究能力与课中知识特点，来考虑采用全程性或者局部性探究性学习。

第四节　探究学习实施优势

探究性学习有利于发展学生的主体性，有利于学生自主地学习个性发展所需要的知识，使人类群体的智力资源有效转化为个体智力资源，有利于培养学生的可持续发展的能力，使学生学会学习，培养健康的社会情感，培养学生的创造精神。而这些品质都是终身学习所必需的。

1. 学习者通过探究活动生成知识。

2. 学习者通过亲身活动发现答案。

3. 鼓励发散性和创造性思维。

4. 强调高阶思维技巧，如分析、综合和评价。

5. 学习者运用多种多样的方式如图形、图表等组织和分析他们获得的数据，使研究技能与知识掌握统合起来。

6. 学习者不仅能获得更多的科学知识，而且还能亲身发展科学知识，同时能更好地理解科学的本质。

第五节　探究学习实施策略

现代教学论认为，学生是学习的主体，教师的作用是引导学生运用已知去探索未知，并在这个过程中培养他们的主体意识和做“主人”的能力。新的课程标准也要求学生的学习方式要有根本的变化，倡导自主、合作、探究的学习方式。探究式学习方式作为提高小学生学习能力的一种有效途径和方法，随着新课程改革的全面展开，已越来越受到广泛的重视。

探究式学习从学科领域或现实生活中选择和确立主题，在教学中创设类似于学术研究的情境，学生通过独立自主地发现问题、实验、操作、调查、收集与处理信息、表达与交流等探索活动，获得知识，培养能力，发展情感与态度，特别是发展探索精神与创新能力。它倡导学生的主动参与。

信息化环境为探究式学习提供了更加广阔的时空。基于 Web 的探究式学习最大的优势在于学生学习的交互性和探究性，资源的动态性和共享性。对于数字化环境下的探究式学习的研究，目前正在实践的学习模式有：

1.“情境——探究”模式

这一模式的实现方法是在课堂讲授教学过程中，利用信息技术，创设：

(1)社会、文化、自然情境。

(2)问题情境。

(3)虚拟实验情境。

(4)指导学习者对情境进行观察、思考、操作、意义建构。主要适用于课堂讲授型教学，信息技术是作为教师教学辅助工具。

2.“资源利用——主题探索——合作学习”模式

通过社会调查确定主题、分组合作、收集资料、完成作品、评价作品、意义建构等环节来完成课程学习。适用于校园网络环境，信息技术是学生学习认知的工具。

3.“小组合作——远程协商”模式

适用于互联网环境。在互联网环境下，不同地区的多间学校，各自组成合作学习小组，围绕同一主题，建立小组网页，互相浏览，交流意见，进行评比。

4.“专题探索——网站开发”模式

这类整合模式主要适用于在互联网环境下，对某一专题进行较广泛、深入的研究学习，并借此培养学生创新精神和实践能力，提高学生的综合素质。这类学习模式要求构建的专题学习网站。

在以上实践基础上，提出适应不同学科、不同教学内容的探究式学习策略。这些策略，在其运用过程中，根据学科、学段、内容等方面的特点，对以上模式中的某个或某些环节有所突出、有所侧重。

一、探究环境创设策略

1. 以信息化为载体，用“趣”叩开探究的大门

苏霍姆林斯基说过：“在人的心灵深处，有一种根深蒂固的需要，这就是希望自己是一个发现者、研究者、探索者，而在儿童的精神世界里，这种需要特别强烈。”因此，教学中，教师应充分运用一切科学手段来调动学生的学习兴趣，激发他们探究的欲望，使他们乐于探究。信息化让探究环境的创设更容易、更便捷、更科学……

①精制情境图。心理学指出“学习需要动机，更需要情境，一个和谐安定的情境能孕育一个成功的教学，良好的情境能使学生的情感参与认知活动，能充分调动学生学习的主动性”。如：在小学语文五年级《清平乐 村居》一文的教学中，把握好时机，运用多媒体课

件为学生创设探究的情境，先后三次为学生精心设计了茅屋图、锄豆图、卧剥莲蓬图，激发了学生探究的兴奋点，学生在这优美动人的情境中自然而然地产生了疑问，增强了探究的兴趣。

②巧抓兴趣点。这一点，需要教师课前，充分研究教材，吃透文本，从不同的角度出发，去挖掘教材中学生可能感兴趣的地方，既走进教材，又走出教材。在小学数学二年级《认识线段》一课的教学中，两点间画一条线段，三点间画几条？学生尝试后发现，三点间可以画三条，问题来了，四点间画四条吗？五点呢？逐层深入，学生的兴奋点被点燃，激发了进一步探究的兴趣。

③营造探究氛围。探究性学习需要一定的氛围，特别是人际氛围的支撑，只有这样，学生探究的兴趣才能逐步稳定，才能逐步浓厚并趋向长久，因此，对每个学生多肯定、多鼓励，让他们从中体验探究学习的成功和乐趣。首先，建立民主、平等、和谐的师生关系。在课堂教学的全过程中，教师要充当生之师、生之友、生之生，充分尊重学生人格，与学生在同一平台上友好对话；其次，赏识每一个学生，用信任的目光去关注，用激励的话语去赞美，引导学生去探究，组织学生去研讨，成为学生的引导者、合作者、促进者和激励者，是指挥员、指导员、参战员、联络员；最后，注重营造学生之间融洽合作氛围，这样，师生在充满人文的氛围中探究，心理上没有压力，环境上十分宽松，有力激发了他们探究的兴趣。

2. 以信息化为载体，让“生活”成为探究的源泉

单纯的知识往往比较枯燥乏味，难以引起学生的学习兴趣和激发他们的学习情感。因此，要从现代生产、生活实际或社会热点问题出发创设情境，给出一些新鲜的、生动的、有趣的、真实的问题让学生解决，引发学生对真实问题的探究，进而诱发他们学习的兴趣，培养他们形成正确的思想和方法。例如，在小学数学“百分数的意义”教学时，教师可以创设生活情境：某某商店挂出一则广告，所有商品一律“八折”优惠。老师想买一件原价为120元的衣服，你帮老师算算要付多少元人民币？再如教学“统计”知识时，教师可以通过网络搜索2008年奥运会各国夺得金牌情况，让学生绘制奥运会中各国夺得的金牌数的统计表等。

3. 以信息化为载体，让“交互”成为探究的场

这里的“交互”包括人与环境、人与人、人与机器的交互等。具化到实践，就是将环境因素充分利用到探究学习中，有时还需要借助先进的教学手段，通过人与人的交流互动实现探究学习过程。因此，“交互”对探究学习来说必不可少。

学会合作与交流是现代社会所必需的，也是学生学习过程中应当提倡的组织形式。心理学研究表明，小学生具有爱与人交往、好表现自己的心理特征。因此，教学中教师要提供探索材料，在鼓励学生独立思考的基础上，有计划地组织他们进行合作探究，以形成集体探究的氛围，培养学生的合作精神。以小学数学《圆锥体积》教学为例。圆锥体体积的计算方法是由圆柱体的体积计算方法通过实验推导出来的，其中包含“等底等高”和“三分之一”两个要点。教学时先分组实验，在操作中体会圆锥与圆柱的不同，找到两者的契合点，进而寻求解决问题的途径，再分别汇报交流实验结果，可有效强科学生对“等底等高”和“三分之一”两个要素的理解和记忆。合作探究、群体交流，不仅有利于学生个性的发展，更能培养他们和睦相处、协同学习、取长补短的良好品质，使他们逐渐养成既具合作意识、又具有竞争意识的团队精神。

例如，苏教版小学数学《找规律》一课教师设计了这样一个教学环节：你能用白板上的彩色圆片自己设计一组规律吗？让学生自己在白板上操作。学生排出了各种有规律的排列，然后再提个“这样摆下去第多少个图形是什么?”的问题，学生作答。电子白板的运用，给了学生一个创作的平台，探索的空间，真正做到师生互动，生生互动。

又如，苏教版小学数学四年级《观察物体》一课，教师提供一些正方体图示，让学生将自己的摆法呈现出来，再利用电子白板的照相机功能，把这些方法都展示出来。在研究有多少种摆法时，其中最后一种，并没有想到，课前预设，也无法穷尽。当有同学提出后，展示出来，再和学生一起研究。整个学习过程真实自然，也给了学生充分的探索空间，学生对自己找到的方法，总结归纳起来更有信心，实现了传统课堂上无法达到的效果。交互白板支持在课堂教学师生交互情境中，由于教育资源的现场创作和再加工，从而不断形成和积累可重复使用的、新生的、鲜活的教育资源。

二、探究问题生成策略

探究学习作为一种最佳的的学习方式，能培养学生主动发现问题、分析问题、解决问题的习惯和能力。鉴于这个特点，在选择和确定探究问题时就要有所区分，要善于把握学习的动态，引导学生会问、善问，对探究内容进行多元化、开放性的探究，力求体现信息化让探究问题的生成更及时、更有价值……

1. 数字化平台中探究的问题有价值

所谓有价值，就是让学生探究的问题要有可究性，具体讲就是对提高学生的素养、构建学生的认知结构以及终身发展有积极的推进作用。课堂 40 分钟是很宝贵的资源，科学设计每一个有价值的问题就是充分利用资源，引导学生从不同方面发问。以语文为例，可以由文题切入，也可以从文末切入；可以由正面切入，也可以从反面切入。反复比较、思考，提炼出有意义的问题。

探究问题的价值导向，主要体现在：

(1)能够培养学生创新精神、创新能力和实践能力；

(2)能培养学生良好的人文素养；

(3)能培养学生的理解与表达交流能力；

(4)根据小学生现有的资源条件、手段、时间、空间能解决的问题；

(5)符合学生的兴趣、爱好，符合小学生的“最近发展区”，即通过学生的努力能够完成的并能够取得一定实效的问题。

这样的探究问题才能成为学生舒展个性的原点，据此探究问题可从以下几方面生成：

第一，直接针对教材、文本中出现的具体问题进行探究。语文方面可以是小说中的人物、主题、情节、语言特征等方面的问题。如《林冲棒打洪教头的原因分析》。数学方面可以是一些概念、定理、策略的形过程探究。如《用一一列举解决问题的策略》等。

第二，对教材、文本中的零散问题与现实生活中的问题整合。如自然风光、文物古迹、国内外重要事件、日常生活、家庭生活都可以与教材、文本进行整合，从而产生具有创造性的个性化探究性课题。如语文学习了《艾滋病小斗士》，学生可以就艾滋病问题选择不同的研究主题进行探索，相应地再进行关于非典的课文学习，与现实中的各种传染病报道等整合在一起，呼吁大家关爱生命。

第三，对传统性的某些问题进行现代性的转换和激活。如数学教学中有关《三角形面积》的计算公式推导过程，传统的做法是用两个完全相同的三角形先重合再旋转、平移拼成一个平行四边形，利用平行四边形的面积求法转换出三角形的面积求法。探究式学习最典型的特点是关注不同学生学习的背景和起点，千篇一律的推导过程并不能真正促使学生沉入探究过程，享受探究乐趣，因此教师需要激活三角形面积求法这一典型推导过程的现实意义，促使学生利用不同的手段与路径解决问题，这个过程就会形成一个专属某个集体的《三角形的面积如何得到》的探究课题。

2. 数字化平台中探究的问题有启发性

课堂应能够点燃学生智慧的火把，而给予火把、火种的是一个个具有启发性、挑战性的问题，甚至让学生走出教室的时候仍然面对问号怀抱好奇。具有启发性的提问，可以揭露学生认识中的矛盾，引起学生探究知识的欲望，激发学生积极思维，使学生情绪处于最佳状态，有利于学生掌握知识、发展智力、培养能力。

(1)能激起学生的探究兴趣。提问既要让学生感到有困难，又要使学生拥有解决的信心，所谓“跳一跳，摘桃子”。教师的课堂提问内容一般包括事实性问题和思考性问题。事实性问题强调对具体事实或信息的回答，如在教授平行四边形的面积公式推导过程时让学生思考怎样把平行四边形转化成一个长方形。教师提出的问题能引起学生的探究兴趣，就会使学生的学习兴趣处于高涨状态，能激发学生寻找问题答案的欲望。

(2)能启发学生的思路。教师选用恰当的问题不断拧紧学生思维的“发条”，使学生活动起来，全身心地投入学习，汲取知识养料，获得学习能力，这就需要教师根据教学目的和教学要求有步骤地设置问题，以问题引路，启发学生辨析问题、解决问题。所以要通过设疑来激发学生析疑、解疑的兴趣，带领学生参加探求知识的过程，让学生在老师引导下用自己的头脑获得知识。为此，老师必须精心设计启发学生开动脑筋的问题。

(3)能引起学生认识中的矛盾。能引起学生认识中的矛盾的问题，一是在新旧知识的联系处；二是在理论与实践的联系处；三是在低层知识与高层知识的联系处等。教师如果能在这些地方恰到好处地提出问题，就会在学生的认识中引起已知与未知、理论与实践，高层次与低层次之间的矛盾，激发学生去积极探索。

(4)在课堂教学中，做到因人施问，对不同层面的学生提出启发性问题，这样可以激起所有学生的求知欲望，促进学生探究精神和实践能力的发展。如教学语文古诗《游园不值》时，可以设置这样的开场白：同学们，春天是一年四季中最诱人的季节，春暖花开，桃红柳绿，百花争艳，万紫千红，到处是生机盎然的景象。我们的诗人叶绍翁在游春时，会吟诵出怎样的千古绝句呢？

(5)启发性的问题能引导学生用心去探索，能诱发学生展开思维的翅膀，达到非说不可的境地。在教《桂林山水》一文时，为了让学生欣赏课文语言的特色，并领会作者是怎样把景物写具体的，可以设计这样的问题：“如果将原文写漓江水的句子换成——漓江的水真清啊！真静啊！真绿啊！你们想想，是课文原句好还是改换后的句子好？为什么？”问题一出，学生立刻争相发言。都说课文原句好，改换后的句子不好。改换后的句子显得太笼统，只点出漓江水很清很静很绿，而清的程度、静的状态、绿的景况究竟如何，一概没有写清写透。课文原句则显得具体形象，写出了漓江水清的程度——清得可以看到江底的沙石；写出了漓江水静的状态——平静得像一面镜子；写出了漓江水绿的景况——绿得像一块无瑕的翡翠。还有同学发表了他们的探索所得：原文的排比句，不仅使我们好像看到了、感觉到了漓江水独特的美，而且也使我们体会到了作者热爱大自然美好河山的思想感情。

3. 数字化平台中探究的问题有层次性

探究问题有层次性，既指探究时提问要根据学情层层深入，也指设计问题时要考虑学生认知水平的层次性。

(1)课堂提问要有一定的层次性。提问在明确目的之后，还要针对问题的实际情况和目的来设计不同层次的问题，让学生在逐步引导中如剥茧一样明白问题的实质，进而总结规律。如一位教师在讲解《难忘的泼水节》时，从课题着手，先后设计了这样几个问题："泼水节是什么地方的节日？""课文中的'难忘的泼水节'是指哪一年的泼水节？"这两个问题在学生初读完课文后能直接从书中找到答案："泼水节是傣族的节日。""课文中的'难忘的泼水节'是指1961年的泼水节。"然后，又接着提问："为什么说'这一年的泼水节是令人难忘的?"学生又再一次潜入文本，找到"这一年的泼水节令人难忘是因为周总理和傣族人民在一起"的答案，这也是整篇课文的大意，学生在两次读文后对文章的大致内容有所了解。这时，教师再引导学生思考："周总理是怎样和傣族人民欢度这一节日的?"这一问题把学生带入了更深的思考，他们又细细地品读课文，从文字中读出蕴藏"难忘"的真正含义。

(2)由于学生的认知水平有差异，设置的问题应符合学生年龄和知识结构特点，做到难易适度，由简到繁，由易到难，让学生乐于探究和讨论。小学综合实践课程中有这样一个学习主题——汉字开花。一位教师在进行"车"字学习时，先让学生阅读"车"字由来的典故，引发思考：你能根据典故想象一下古代人怎么写"车"这个字吗？紧接着造字活动开始，大家呈现自己的作品，寻求相同点，体会象形字的内在本质后，教师呈现车字的演化过程。问题再次深入，给车下定义：凡是通过车轮转动向前运动、工作的器具人们都叫它车。联想：纺纱用的叫(　　)，灌溉用的叫(　　)，用牛拉的叫(　　)……这样设计一系列有鲜明层次的问题，符合学生的认知规律，既轻而易举地把学生引入学习内容，又在培养学生探究能力的同时，提高了学生思维的深度。

(3)探究性作业设计的层次性。如一位教师在教学二年级下册《解决问题》一课时，设计了以下作业：

A 必做题

1. 看谁算得都对。

$4\times8+23$　　$54\div9\times8$　　$3\times6\div2$

2. 春游时，同学们排队射气球，3人一排，站3排，共击破18个气球，平均每人射中几个气球？

3. 宣传牌上左边有4棵树，右边也有4棵树，每棵树上有3个△，宣传牌上一共有多少个△？

4. 动物园里有8只黑鸽子，24只白鸽子，每个窝里住4只，一共需要多少个窝？

B 选做题

智慧宫里的魔术师把一根长16米的彩带，对折以后，再对折，轻轻一吹，彩带都断开了，每折长几米？你能想出不同的计算方法吗？

以上练习，不同层次的学生按不同的要求完成。基础差的学生和基础中等的学生要求完成A类的四道题目，学有余力的学生则选择A类中的三道题目和B类的一道题目。这样，基础差的学生和基础中等的学生只要根据课堂上学到的知识来直接完成，知识的应用较为直接，重点是让其巩固课堂上所涉及的知识点。而对于学优生，则以提高拓展为主，充分发挥其敏捷的思维能力和综合运用知识的能力，以便提高综合、灵活运用及解决生活实际问题的能力。这样各层次的学生都能在做作业过程中梳理、完善自己的思路，发展、开拓自己的思维。既保证"面向全体"，又兼顾"提优"和"辅差"，有利于全面提高作业质量。

4. 探究的问题有创新性

探究性学习的本质特征是创新性，要引导学生在探究活动中大胆想象、猜测，提出创新的见解，从而使学生的创造性思维、发散性思维得到发展。科学学科教学中的创新性问题是最多的，其他学科也不乏有这样的例子。如《认识风》中，教师让学生想办法找到风，自己制造风；数学《认识角》中，教师让学生用不同的方式表达角；语文教学中，教师经常让学生根据一篇故事续写后面的篇章等。

探究性学习要激发学生的兴趣。因为兴趣会使儿童主动积极的对事物进行观察思考，我们做教师的就应该多给学生创造引起学生观察和思考的情境，进而引起学生的好奇心。尤其在语文课堂教学中，教师多设计该项内容的训练。例如在教《揠苗助长》一文时，学生知道古人帮助禾苗生长的办法是把禾苗拔高，等待禾苗长高心切。抓住学生的好奇心，在观察图画的同时，给学生充分想象的空间，开展积累的讨论，发现学生各抒已见，有的说禾苗死了，有的说禾苗能长高了，因为他拔苗的时候用脚踩实了地面部分的禾苗能活下来，还有的说吃一堑长一智嘛，死了再种就会按照施肥浇水细心管理的方法帮助它生长。答案很多，但大部分都符合实际，启迪学生创新是教学中的重要环节。

三、数字化平台中探究方法引领策略

1. 自主探究策略

自主探究策略，概括地说就是引导学生"自我导向、自我激励、自我监控"的学习策略。这一策略对教师的要求主要有二：一是开放时空。探究是一种摸索、研究活动，需要一定的时间与空间。在学生探究学习的过程中，教师一定要慎重介入，千万不要频频发问、不断插话，去打断学生的思维，甚至使学生陷入"操作工"的境地。否则，探究式学习

的优势就无法展现，无以发挥。二是延迟评价。探究活动充满曲折与挫折，而这正是学生增长智慧与才干的良好时机，是学生的创新思维得以萌发的土壤，所以，教师对此应沉着应战，延迟评价，千万不要急于指点、评论，以致扼杀了探究过程中创新的幼芽，使自主学习流于空谈。

在自主探究中，教师通过为学习者构建学习主题相关的情境，在情境中设置问题，诱导学生积极思维，并启发学生在观察、思考后提出新问题、新想法。学生通过教师设置的问题导向和提供的有关资料进行信息的收集、处理，进入积极的学习情感状态，提取记忆中的有关知识、经验，激发联想和想象，通过对浏览的信息进行分析，利用原有的认知结构中有关经验去认识当前的新知识，加以归纳、整理，形成自己独特的见解。它的指导思想是以学生为主体，独立实现认识过程。即在教师的启发下，使学生自觉地、主动地探索科学知识和解决问题的方法及步骤；研究客观事物的属性；发现事物发展的起因和事物的内部联系，从中找出规律，形成自己的概念。教师扮演学习促进者的角色，引导学生对这种情境发问并自己收集证据，让学生从中有所发现。例如在《黄河的主人》一文的教学中，教师把交互式电子白板有效地引入课堂，并充分利用本课题组开发的“红帆船快乐学堂”网络教学平台。学生在“课文导读”“自学课文”等栏目的指引下，自主预习。教学过程中，教师利用电子白板的“照相机”“探照灯”“放大镜”“自定义画笔”等功能，使得学习重点、难点更容易解决，教与学的交互性也更强。当同学们经过自由研究之后，交流对羊皮筏子的了解时，教师适时利用白板放大羊皮筏子，再利用“探照灯”罩在筏子上，引导学生认真观察筏子的样子。再由同学们介绍自己了解到的它的制作材料及其特点。由于网络与交互电子白板的有机整合，使得本课的教学重难点得到较好的落实，而学生的思维也较好地被调动起来，大大地提高了课堂效率。

现代教学，提倡教师从学生的生活经验出发，使学生学习的知识与现实世界的密切联系，让学生在生活中学会自主发现。一方面便于学生理解，提高教学效率；另一方面便于学生将知识在实际中的广泛应用。例如：二年级下册的《认识路线图》，低年级学生的语言表达能力还比较薄弱，为了能让孩子用完整的语言来正确表达行走或游览路线，在教学完书上提供的游览路线后，教师让学生选择自己喜欢的景点，自己设计游览路线。学生们看得见自己和同伴的成果，思维由隐性到显现，从单纯地听老师说过渡到学生自己说，一图多用，促进了教学行为的有效性。有一个孩子设计的路线是游览到了所有的景点，而且还没有走重复路线，这给其他同学提供了很好的学习素材。此时白板的功效再次体现，不仅可以直接利用笔在白板上画出同学行走的路线，让其他同学明确看出，还可以利用白板重复播放的功效，再次让学生观看行走路线。

再如，在综合实践活动课《桥》的教学，教师组织学生利用网络分学习小组分别探讨了桥的历史、桥的种类、桥的功能和世界名桥四个方面的内容，课外学生上网调查研究各类桥，用数码相机拍摄身边的桥，在电脑中画画自己心中理想的桥。学生利用几何画板、PowerPoint、Flash 等软件制作了自己理想中的桥，教师结合学生的研究活动，上了一节“桥的展示会”，孩子们结合自己提前存在白板资源库中的图片和资料，进行讲解，开阔了学生的眼界，拓展了同学们的知识面，白板隐藏的个性化学习内容让全体同学获得了分享。提高了学生的学习积极性和学习兴趣。

2. 多项整合策略

整合万用拼图软件。在《用转化的策略解决问题》一课的教学中，教者将电子白板与万用拼图软件两者结合，将图形的转化直观呈现于学生面前，有效地突破了重点和难点。在教学第一环节，教师出示了两幅图形让学生进行比较，但是图形的转化难以用语言表述，此时教师将万用拼图与电子白板两者结合，先让各小组在电脑上演示操作，再将转化的过程动态呈现出来，为学生的理解扫清障碍。再如，在教学中的一个重要内容是让学生回顾以往学过的转化实例，学生的思维被充分调动起来，想到了很多转化的例子，而教师运用白板软件根据学生的回答，现场画出了一些简单图形并进行转化，变抽象为直观；而一些图形的转化相对比较复杂，教师课前制作好，学生谈到这里，教师相机出示。电子白板与万用拼图的完美结合，有效的提高了学生的学习效率，达到了事半功倍的效果。

整合 Moodle 网络课程管理平台。如《认识年月日》一课的教学中，数学教师充分整合 Moodle 网络课程管理平台，有效引导孩子通过对日常概念的了解形成对知识的科学概念，并在掌握知识的同时掌握一定学习研究方法。课前，数学教师通过 Moodle 平台了解学情。平时，教师们在课前，或课堂教学时也会询问孩子你都知道了些什么，但往往是蜻蜓点水式的，并不能做到全面细致地了解情况。即使了解到一些情况，往往也来不及调整自己的教学预案。于是，在课堂中的了解往往对于调整教学预案帮助不大。而通过使用 Moodle 平台的讨论区请孩子谈谈“你对年、月、日都知道了一些什么”“你有哪些问题”孩子们的回答真实地反映儿童在这方面的知识起点。于是，在对孩子的知识起点有了切实了解的基础上，教师从容地设置了本节课的教学情境，使得课堂中能够迅速指向年、月、日内容的研究。接着，教师利用 Moodle 平台能够很容易的将教师在网上寻找到的资源聚集在一起的特点，并结合自己编制的 2004 年到 2008 年的年历卡，给学生提供丰富的学习资源。使得孩子在研究过程中拥有足够多的材料进行研究和验证。在独立探索，交流协作的环节，老师利用 Moodle 平台设计了“自主探究，验证猜想”的学习活动。学生通过小组合作的形式对问题做出猜想、假设、预测、收集数据、证明。这是一个活动过程，也是学生的思维形成过程。孩子们既感到新奇有趣，又因为 Moodle 的即时反馈功能，而获得了极大的成就感。经过与 Moodle 平台的整合，给孩子们提供了一个极为丰富的信息平台，吸引孩子主动参与到学习中。

3. 模式多样策略

探究活动的形式多种多样，通过探究实现创新的道路也不是一条两条，所以探究学习的模式也应该多样化。从我们教改实践的情况来看，探究学习的模式主要有三个方面：

(1)看中探。即提供具体现象(数据、材料等)让学生进行观察，边看边分析，从中发现事物运动变化的规律。

例如：教学“分数的基本性质”时，可以通过实际事例引出三个分数，让学生比较它们的大小，接着观察这个等式，思考：从左向右看和从右向左看，分子、分母怎么变，分数的大小才会不变？在探究中发现“分数的基本性质”。

(2)做中探。主要是在动手操作实验的过程中，通过分析、比较、综合、归纳的方法探求新知。

例如：教学“圆柱体的表面积计算”时，可引导学生摸一摸自己制作的圆柱体模型，观察圆柱体的表面积包括哪几部分，并且反复拆开来观察原来的表面由展开图形中的哪些部分所组成。在此基础上，让学生做三件事：①交流观察的情况与结果；②画出圆柱及其表面展开图；③给出数据算出表面积，再擦去图说说算式的意义。学生在操作实验和观察中不仅掌握了新知，而且发展了思维，激活了创新意识，培养了解决实际问题的能力。

(3)猜中探。主要是对研究的对象或问题进行观察、思考，依据已有的知识和经验进行猜测性想象，然后进行验证的探究性活动。美国数学家波利亚十分重视猜想，他说“在你证明一个数学定理之前，你必须猜想到这个定理，在你弄清楚证明细节之前，你必须猜想出证明的主导思想”。因为猜想是一种预测和假想，其准确性有待证明，所以先猜想，后验证，便成了数学探究的一种重要模式。

例如：“圆锥体体积公式”的教学，“圆锥体的体积大小与它的什么有关”？学生猜出“与它的底面积和高的大小有关”后，再让学生猜猜：“圆锥体的体积与它等底、等高的圆柱体的体积有什么关系?”有的学生猜：“圆锥体的体积是与它等底、等高的圆柱体积的二分之一”，有的猜前者是后者的“三分之一”或其他情况。这是一种探索性猜想，也带有联想性猜想的性质。哪一种猜想对呢？这就要验证。接着教师引导学生用学具通过“倒沙”或“倒米”的方法进行验证，从而探究出圆锥体体积的计算公式，实现知识的“再创造”。

上述三种模式应视教材特点和学生实际灵活运用，在运用的过程中，可有机地结合进行小组讨论，使学生做到在“议中探”。

4. 问题优化策略

探究式学习是从探究问题展开其活动历程的。问题是探究的起点与动力。要激发学生探究的兴趣，调动学生探究的积极性，并且使探究活动顺利地向前推进并最终结出丰实的探究成果，必须提高探究问题的质量，优化探究的问题。要做到这一点，一定要解决三个问题：

(1)问题提出的情境优化。主要是探究问题要在生动、具体和生活化的情境中提出，这种情境能激起学生的大疑大惑，具有较强的诱惑力和挑战性，能使学生乐于探究。

例如：教学《简便算法》，先出示一组题请学生“考”教师，从中任选一题，教师都能直接说出结果，让其他学生笔算验证，都算对了。出于强烈的好奇心，学生抢着力求难住教师，当教师都能准确迅速地计算后，学生的好奇心就化成了强烈的求知欲，迫切想探索发现其中的奥秘，从而激发了学生探究问题的主动性和积极性。

科学课教《水的净化》时，教师从学生的生活经验出发，从每个学生都要洗手、喝水这一经验进行谈话：“有一位老奶奶经常在河边洗手、洗衣，还喝河水。有人告诉她，不能喝河水，可是村子里没有自来水，怎么办呢？所以她给我带来这桶水，问我这样的水能不能喝？今天就请同学们帮助解决这个问题。”对于喝什么样的水，学生也有了一定的生活经验，因此，学生们都知道这水混浊、有杂物，而且喝了会生病，而为了帮助老奶奶，他们都争着想出了生活中许多净化水的办法，可见只要教师做有心人，利用学生们生活中的经验，精心设计教学情境，使教学情境生活化，形成悬念，就能激发学生对新知识产生浓厚的兴趣。

(2)问题提出的质量优化。主要是问题的本身要具有启发性和目的性，具有思维发散的空间和探究的意义与价值。

例如：教学“比较分数的大小”时，教学开始，教师先讲了一段《西游记》的故事：唐僧师徒四人去西天取经的路上，一天，适值盛夏，赤日炎炎似火，大家走地口干舌燥。孙悟空叫猪八戒找了个西瓜来解渴。分西瓜的时候，孙悟空说：我来分，大家一人……。猪八戒叫道：不行，西瓜是我找来的，得我分。孙悟空忙说：好，好，就依你，先分给你，余下的我们三人平均分。吃西瓜的时候，猪八戒直敲自己的脑袋，孙悟空捂着嘴笑。“这是怎么回事？是大还是小?”请大家探究探究。由于这个问题切合上述两点要求，所以，一经提出，学生就情趣满怀，探究的积极性很高，学习的效果必很好。

例如：在教学《梯形面积》计算公式的推导过程时，教师改变了以往照本宣科的教学形式，先出示一个梯形，让学生尝试计算出它的面积。当然，一时之间大部分同学感到无从下手，这时教师不急于讲解，而是因势利导。请同学们大胆展开想象，能否把梯形也像平行四边形、三角形那样通过剪拼成一个已学过的平面图形来计算它的面积？想到了就动手试一试。一石击起千层浪，学生的思维顿时活跃，纷纷动起手来。通过操作，学生竟然创造出以下多种剪拼方法：

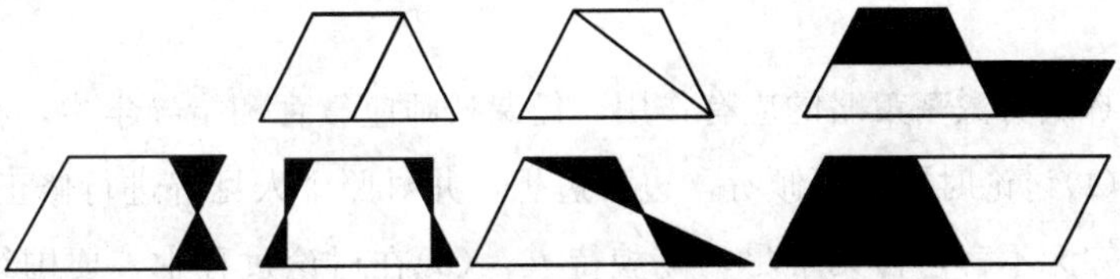

图 7-1　梯形的剪拼

接着让学生分组讨论以上剪拼成的各种图形的面积怎样计算，它们分别与梯形有什么关系？从而推导出梯形面积的计算公式。这样学生获得的知识印象深刻、记得牢、用得上，而且在参与的过程中培养了创造性地解决问题的能力。

(3)问题提出的分层优化。由于同一个班学生的学习情况和能力参差不齐，因此在探究问题设计时也应该是既要照顾到不同层次学生的现状，又要考虑不同层次学生发展的潜能，要采用“分层探究”，让不同层次的学生人人都有兴趣，使不同层次的学生个个都能在各自的“最近发展区”得到充分发展。

探究课的问题对教师的教和学生的学都有导向作用。不同层次学生，要设计出分层要求的教学问题。课程标准的三维目标体现了社会对学生各学科素养的一般要求，是基本目标。因此 B 层目标为课程标准规定的全部基本要求，可以确定为基本层目标。C 层目标低于基本层，是课程标准规定的最低限度要求。A 层目标高于基本层，相应提高教学难度，重点落脚到拓宽学生视野，发展学生思维，培养学生创新意识和创新能力方面。

探究时，在全组共同参与的前提下，先让小组 C 层次学生主导探究最容易的探究任务，再让 B 层次学生主导探究课标中基本层的探究任务。最后由 A 层次学生主导探究较深的任务，具有一定的延伸性。探究后，也是先由 C 层次学生作初步分析，得出初步结论。再让 B 层次学生作补充，得出较完整结论。最后由 A 层次学生作进一步归纳，得出严密、完整的结论，并作一定的延伸。

5. 脑力激荡策略

这是美国奥斯本博士提出的一种创新教学策略。其本意是通过讨论，是学生之间相互启迪、相互激荡，产生连锁反应，从而诱发新见解、新方案。在探究式学习过程中，运用脑力激荡策略的重要意义主要有三：

(1)它能使学生在互助互动中使沉睡的记忆信息活跃起来，使大脑处于兴奋的工作状态，使智力从常态跃进到“激发态”，从而迸发出创新的思维火花。

(2)它能使学生在相互交流中，诱发多种联想，拓宽探究的思路，从而较快地找到问题解决的“金钥匙”。

(3)它能使学生在讨论中相互取长补短，优化创新因素的组合，让探究活动产生 1+1>2 的新功能。

为了充分发挥脑力激荡策略的应有作用，任课教师应教育和指导学生，在小组讨论时要做到以下三点：(1)讨论时要认真倾听，边听边想，并对照个人见解进行修正补充；(2)讨论时要积极发言，知无不言，言无不尽，礼貌待人；(3)在讨论过程中，要围绕中心尝试综合和归纳众人的见解，力求及早提出问题解决的合理方案。

总之，脑力激荡的策略能提高探究活动效益与质量，一定要加以重视。

6. 差异指导策略

由于先天素质、教育环境影响和个人主观努力程度的不同，同一班级的学生在学业基础、学习能力和个性品质诸方面都存在着明显的差异，所以，在探究学习时，各人的认知方式、学习策略以及所达到的水平并不一样。对于这种探究学习上的差异，教师的态度应该是承认差异、尊重差异、利用差异。承认差异就是承认客观事物的规律性；尊重差异就是尊重学生的个性；利用差异就是把它作为一种"资源"，用以进行差异指导。在探究学习过程中，差异指导的基本要求有二：

(1)允许学生在探究活动时，采取各自适宜的探究策略和探究方法，并且要根据学生的探究策略和探究方法进行有针对性的差异指导，千万不能搞"一刀切"和"齐步走"。

(2)探究活动的形成性评价要分层差异进行，要让各类学生都能体验到探究发现的愉快，从而强化探究活动的方向。

7. 反思监控策略

探究式学习是一种富有"摸索性"和"尝试性"的研究活动。在这种活动过程，学生免不了要出现这样或那样的问题，要走这样或那样的弯路。这是必然的，毫无异议的。问题是当遇到这种情况时，不能钻进"死胡同"，永不回头，而要及时通过反思，对自己的认知策略和操作方法进行有效的监控与调节，从而使问题获得圆满的解决。所以，反思监控是探究式学习必须掌握的一种重要策略，教师一定要帮助学生明确反思监控的意义，学会反思监控的方法，运用反思监控的策略，有效地为探究活动服务。

例如："圆的面积计算公式"教学中，学生在探究时，借助平行四边形面积计算公式的学习体验，尝试用割补法把圆转化为已知的图形面积，但是任意把圆面积剪成几块后，发觉无法达到目的，通过反思，学生认识到圆面积一定与半径有关，于是改为沿半径平均剪割成几块，试拼的结果，仍然不行，再通过反思，体会到平均剪下的块数越多，拼成的图形越接近长方形或平行四边形，照此探究推理，终于发现了圆面积的计算公式是（r 是半径)。从整个过程来看，反思监控是保证探究目的实现的重要策略，不可等闲视之。

掌握探究式学习策略是提高课堂教学效益的关键。所以，在教学中，我们一定要强化探究策略的指导，使学生学会探索、学会创新。只有这样，探究式学习才能在课堂上显示出强大的生命力。

四、数字化平台中探究成果展示策略

1. 多样化的成果类型

根据探究的对象，探究的规模大小，探究的组成形式等各自不同特点，探究的成果也各不相同，可以是一个论文，辩论，专题报告，调查报告，访问记录，实验报告，总而言之，其成果是丰富多彩的。

如学习《长江三峡》，学生通过到三峡的亲身旅游，写《游三峡记》表达对三峡的真正感受；阅读《祝福》写一篇小论文《祥林嫂命运之探究》；根据鲁迅《为了忘却的记念》《纪念刘和珍君》《孔乙己》《祝福》等作一个《鲁迅关于人生的思考》的专题报告等。

成果类型的多样化，充分开发利用了各种教育资源，包括校内资源，社区资源和学生家庭中的教育资源，图书馆、实验室、计算机房、校园等设施、设备和场地。可以照顾到不同类型、拥有不同资源，不同知识背景、特长、爱好的学生，避免了当下语文学习的单一化，有效的进行个性化探究。

2. 成果的有效交流

建构主义非常强调学生学习的讨论会话交流的方式，为使每个学习者的想法都为整个学习群体所共享，为使学生集体成为帮助学生学习的一种动态的集体力量，能真正体验到成功的愉悦，提升探究能力，还得让学生把自己的探究性的成果进行交流，以取长补短，感受不同的观点、思想及写作艺术才华，让个性智慧碰撞的火花耀眼斑斓。

(1)小组讨论。网络学习小组可以由不同性别和成绩，学习能力等方面存在差异的4～6名学生组成。小组讨论要考虑到学生的个性差异，特别是那些性格内向、不善表达的学生可以在小组讨论中得到展示自己的见解、观点的机会，能够把个体的探究完全地表达出来。小组讨论可以使小组内每个成员都得到均等的发表、交流、合作的机会。

(2)全班讨论。通过个体探究或小组讨论，学生的热情被激发起来，教师可以组织全班讨论。这是对小组讨论这种形式的拓展、补充。全班的网络讨论为学生提供交流信息，共同学习的机会，突破小组讨论中面临的资源不足，信息不充分的局限，从而进行有效交流。

(3)激励表达。成果交流中，教师要不断鼓励学生勇于自我表现，积极表达自我的见解和看法，让每一个学生都尝试围绕主题来主持活动，敢于发表不同意见，敢于说我能行，不管结果如何都要对学生表扬或奖励，只有通过不断实践，学生才能不断战胜自我，表现自我，挖掘潜能。同时引导成员之间相互协作，学会倾听、吸收、顺利友好地交流，允许不同意见的存在，特别是些创造性见解的存在。小组成员间在一种友好、热烈、积极向上的氛围中共同激励，共同促进，共同成长，充分发挥每个学生个性智慧。通过学生积极的交流，展示探究成果，能开阔视域，产生智慧火花的碰撞，提升探究的层次，个性得以张扬。如学生对《项羽形象再认识》这个专题探究形成文稿后，教师组织学生在小组和班上交流，学生观点各异，有的认为项羽"有君主的霸气，无君主的智谋"；有的认为项羽是"性格的悲剧，丰满的人生"写作方法各异，有的以学术论文的形式呈现。经过交流，学生对项羽既是胜利的勇士，又是失败的英雄；既胜得漂亮，又败得悲壮；既活得痛快舒畅，又死得慷慨豪爽；既凶狠残暴，又善良不忍；既刚愎自用，又轻信多疑；既暴烈急躁，又优柔寡断，这一集多重性格于一身的艺术形象有自己个性化的见解，认识更深刻。

瑞士人 H. 瑞尔夫林曾说过：在古典主义的建筑物上，我们能够看得见窗户挨着窗户，每 1 扇窗户都可以单独地被理解。我们每一个学生也都是一扇独立的窗户，都可以被理解，这就要让每一扇窗户打开。教师引导学生交流成果，表现自我就是打开每一扇独立的窗户。"开窗莫妙于借景"，打开窗户，气象万千的景物都可奔至眼前，汇于心灵，丰富智慧，提升境界。

第六节　探究学习实施例谈

探究学习有多种形式，这里我们首推"数字化实验室"，这是一种有效的方式。让原本一些在专业领域才能进行研究的科学现象，在小学就可以引导学生进行探究，从而激发学生的探究欲望、拓展探究手段、拓宽探究渠道。

一、数字化实验室的运用

1. 数字化实验室的定义

随着信息技术的发展，计算机作为一种教学技术越来越受到人们的重视。如美国的《国家科学教育标准》(*National Science Education Standards*)强调可通过在科学课堂中充分利用计算机等技术工具，为教师和学生开展科学探究与更好地理解科学的本质提供机会。另外，国外教育领域的不少专家与学者曾对如何有效地将计算机技术整合于科学课程这一问题做过不同维度与层次的探讨，其中对“基于微机的实验室”(Microcomputer－Based Laboratories)、“基于计算器的实验室”(Calculator－Based Laboratories)、“数据采集系统”(Data logging 或 Data logger)和“手持系统”(Handheld system)等研究占多数，但这些研究存在一些共性，主要表现为：(1)它们都侧重讨论数字化技术在科学课堂与科学探究活动中的应用；(2)它们均肯定数字化技术整合于科学课程对教学方式或教学质量的积极影响；(3)它们在不同程度上强调数字化技术对加强学生学习的作用或优势，如：激发学生的学习兴趣，帮助学生正确理解科学概念及逐渐形成良好的科学态度，提高学生的科学探究能力、图像理解能力与问题解决能力等。然而上述研究更多地“青睐”数字化技术对学生图像技能(包括绘图、读图和析图等能力)的影响等问题的思考。而在谈到数字化技术与学生探究能力培养的问题时，却较少进行更深层次的探讨或给出具体的建议或做法，基本上只停留在对教师或学生的访谈记录或反思材料的总结或表述的层面。

另外，国内关于如何培养学生科学能力的研究表明：在倡导新课程之前，小学科学教学工作者主要通过利用科学实验、教学内容、直观教具、课后复习和第二课堂等途径培养学生的思维、观察、实验与创造等能力；却较少涉及如何结合信息技术(如数字化技术)培养学生的科学探究能力。手持技术作为一种崭新的教学手段，能在突出小学科学学科特点与小学生认知特点的基础上，应用于科学探究实验室的建设，以培养学生的科学探究能力。

2. 数字化科学探究实验室的建设

数字化科学探究实验室包括硬件环境与软件环境。前者主要指实验室、手持技术仪器(如数据采集器与各类传感器)和计算机等；后者特指教师、学生和教学内容(如教科书和专著)。

(1)硬件环境的建设

①科学实验室

学校应重视科学实验室的建设，尽可能配置中学阶段可能用到的基本实验药品、仪器与相关设备，为学生进行科学探究活动奠定物质基础；有条件的学生应定时向学生开放实验室，为学生能自主开展探究活动创设良好条件。另外，笔者认为可根据心理学原理将实验台设计为正六边形，有利于体现良好的合作学习探究气氛。

②手持技术仪器

手持技术仪器主要包括数据采集器与传感器(探头)。前者主要用于采集并储存实验数据；后者可根据探究需要测定的参数(如温度、湿度、光强、pH 值、溶解氧浓度、电导率、气压、电流、电压等)而自行选择；同时，这些仪器的轻巧与便携还为学生进行户外探究提供了可能——如学生可以带上溶解氧传感器、pH 传感器和电导率传感器与数据采集器，在河边进实时定量测定河水的有关常数和进行水质分析。

③计算机

将计算机与手持技术仪器联用时，传感器可以精确地测量与传递实验中所测定的各种实验参数，所得实验数据将通过数据采集器转到计算机中，计算机经由配套软件将数据以表格和图像的形式呈现，并进行分析处理。例如将温度传感器与 pH 传感器置于盛有少量水的烧杯中，随着固体氢氧化钠固体的加入，计算机屏幕上将分别出现两条逐渐上升的实验曲线，并且在表格中实时显示温度与 pH 值的变化数据。可见，利用基于计算机的科学实验，能使传统教学中的定性实验得以量化验证。

此外，还应促进手持技术仪器与现有的计算机资源的整合。譬如鼓励学生运用文字处理软件(如 Word 等)撰写小论文；运用演示文稿软件(如等 PowerPoint)或 BBS 讨论组与其他探究小组成员分享各自在探究过程的成功与体会；运用电子表格(如 Excel 等)将所采集的数据进行整理与作图分析。

(2)软件环境的建设

①教师

国外研究表明，教师的课堂组织与管理方式、所采用的教学方法、所提供的指导以及他们与学生之间建立的友好关系，都对数字化技术(如数据采集系统)在科学课堂的应用效果产生较大的影响，如当学生能得到教师适当的指导或帮助，他们会更乐于负责各自的学习任务(包括小组讨论、分析与解释数据等)。因此，教师方面的建设具有举足轻重的作用。

数字化科学探究实验室的建设对科学教师提出更新和更高的要求。从教学与教师专业水平关系看，教师必须具备一定的信息技术技能——教会学生熟练使用手持技术仪器进行科学探究；从教学与课程的关系看，教师应是课程的建设者与开发者——善于从生活、社会及教科书中挖掘能运用手持技术探究与解决的科学问题；从教师与学生的关系看，教师应是学生学习的引导者与促进者——引导学生在利用手持技术进行探究时解决各类问题，促进学生探究能力的培养；从教学与研究的关系看，教师应是教学的研究者——研究手持技术使用过程中学生的学习心理与认知机制等；从教学与自我认识的关系看，教师应进行自觉反思——使其教学经验理论化与成熟化，不断加强与完善数字化探究实验室的建设。此外，科学教师为了在学科教学中提高自身的信息素养，使其与学科内容、教学过程有机融合为一体，必须具备较强的教学设计能力、驾驭信息技术的能力、开发与研究课题的能力、协作与促进学生学习的能力、合理综合评价的能力等。

②学生

学生在数字化科学探究实验室的建设中起着主体性作用。在传统科学实验教学中，学生较多时候处于被动状态，而数字化探究实验室要求学生改变以往过多依赖教师的学习方式，如学生应能在新的学习环境中，大胆借助手持技术与计算机技术从多渠道获得所需信息，敢于对书本知识质疑，乐于动手探究等。当然，学生利用信息技术进行自主学习，是具备一定条件的：学生必须具有独立自主学习的精神、具有善于获取知识的能力和能掌握适合自己特点和学习要求的学习策略。此外，手持技术仪器能快速测定并以数据和图表的形式呈现整个探究过程，有助于学生通过对图像变化趋势的观察与理解及时对实验条件做出适当的调整或建立新的实验假设，并在每一次修订实验方案或控制探究变量的过程中不断思考自己的预测与实验事实不吻合的具体原因，从而导致更深层次的学习。

③教学内容

数字化科学探究实验室的建设同样需要有合适的教学内容支撑。这要求教师应积极挖掘现行新教材中的配套探究题材，并鼓励学生通过查阅相关专著和文献，积极开展探究活动。如在《科学 2》(P29－I30)的“科学反应能量的变化”教学时，可引导学生采用温度传感器，定量测定不同物质(如生石灰、硝酸铵、氯化钠等)在溶于水时温度变化情况，通过分析实验曲线以加强其对放热反应与吸热反应的认识。

3. 学生科学探究能力的培养

数字化探究实验室自身的特点有利于学生在科学探究中培养探究能力。

探究要素	学生能力的培养	学生探究案例
提出问题	发现与提出问题能力——能从日常现象或经教师启发，发现有实验探究价值的问题，并能用口头或书面的形式清楚表述问题	
猜想与假设	猜想与假设能力——学生通过搜索原有知识经验，生成对问题情境的初步理解，能主动地对探究问题的可能结论大胆提出猜想与假设；能对假设所依据的事实进行初步的验证	
制定计划	实验设计能力——能根据所要解决的探究问题，结合手持技术仪器的优点，独立或与他人合作设计实验方案；能对实验方案的可行性进行初步预计	
进行实验	观察能力与实验能力——能独立与同学合作，对实验条件的控制及实验现象的观察进行讨论	
收集证据	收集证据能力与数据处理能力——能对所得证据运用表格和图像等形式进行处理；能根据误差分析原理对实验数据进行初步分析	
解释与结论	解释、形成结论的能力——能运用比较、分类和归纳的方法得出结论；能对猜想与假设进行解释	
反思与评价	评价能力与元认知能力——能对结论的可靠性进行客观评价；能对自己在探究活动中的表现进行反思	
表达与交流	讨论、表达与交流能力——能主动交流科学实验探究结果，能学会取长补短	
其他		

4. 数字化实验室案例

《基础教育课程改革纲要(试行)》中明确指出，要“逐步实现教学内容的呈现方式、学生学习方式、教师的教学方式和师生互动方式的变革。充分发挥信息技术的优势，为学生的学习和发展提供丰富多彩的教育环境和有力的学习工具”。以素质教育为指导的课程与教学改革，强调以学生发展为本，倡导自主、合作和探究等新型学习方式。显然，新课改和素质教育理念为IT的角色定位和应用前景提出了努力的方向。

例如，科学课对于声音的探究，因为有了数字化实验室先进的传感器设备，就使原本看不见、摸不着的科学原理，变得触手可及。

例一：

声音的产生

课程标准：《课程标准》3.1.1：知道声音是由物体的振动产生的。

预期学习成果：

• 找出使尺子发出声音的多种方法，并能提出有关声音的问题。

• 能够用间接观察法(借助科学仪器)观察物体在发声前后的变化，并概括出这种变化。

• 通过实际观察，建立振动的概念，知道声音是由物体振动产生的。

• 知道摩擦、弹拨、敲击可以使物体产生振动而发出声音。

• 学会尊重事实，学会通过收集第一手资料来探求事物之间的联系。

教学重点与难点：

重点：在观察、比较、讨论、交流中认识声音是由物体振动产生的。

难点：通过观察、比较，将声音的产生与物体的振动建立起联系。

学习成果评价标准

概念发展：

层次1：学生没有建立起声音是由物体振动产生的这一概念。

层次2：学生同意声音的产生是由于物体的振动，但只把振动看成是摩擦、弹拨等一样的发声方法，而没有认识到声音产生的本质。

层次3：学生能够通过观察建立振动的概念，知道声音是由物体振动产生的。

探究能力：使用间接观察方法观察物体的变化。

层次1：学生不能通过间接观察方法观察物体在发声时和停止时的变化。

层次2：学生可以通过间接观察方法观察物体在发声时和停止时的变化。但不能概括出物体发声时的变化。

层次3：能够用间接观察法观察物体在发声时的变化和停止发声时的变化，概括出物体发声时的变化。

教学材料：钢尺、音叉、鱼洗、鼓、镲、绿豆……

教学步骤：

教学步骤	互动性质	学生/教师互动的目的
导入新课	1. 放录音 国歌声、鞭炮声、雷声、海浪声…… a. 你听到了什么声音？想到了什么？ 我们周围充满了各种声音，它们为我们传递了各种信息。 2. 尺子发声 a. 请你试着用不同的方法让尺子发出声音，一会儿告诉大家。 b. 学生交流，将方法做出来。	先做活动的目的是想激发学生的兴趣。 听录音的目的是让学生初步感知声音能为我们提供丰富的信息，从而意识到声音在我们身边，有研究的价值。
探索和调查	1. 到底是什么原因使物体发出了声音呢？ [板书]学生的汇报 ？猜想： 敲打 物体　　碰撞 摩擦 振动 2. 今天我们一起来研究声音是如何产生的。 [活动一] 发声时有明显振动的物体。 1. 请你按要求使它发出声音，然后完成这张记录表。 A. 钢尺(配有文字要求的照片) (一只手在桌子边缘用手按住钢尺的一小部分；另一只手向下按住钢尺另一端，松开。) B. 音叉 (左手拿住音叉的柄，右手用小锤敲击音叉。) 2. 学生做发声活动并完成记录。 3. 学生汇报。做完实验，你有什么发现？ 4. 通过这两个活动，你对声音的产生有什么想法？ [活动二] 发声时借助其他物体才能发现其振动的物体。 刚才的尺子和音叉，我们在看见物体振动的同时能听见声音。可是，有些物体我们听见声音的时候，却看不见物体的振动，比如敲鼓时。那么，你觉得像这样的物体发声是什么原因呢？下面我们继续通过活动来寻找声音产生的原因。 1. 请你按要求使它发出声音，然后完成这张记录表。 A. 鼓、鼓槌、绿豆 鼓能发出声音吗？你觉得是什么使它发出了声音？ (将绿豆撒在鼓面上，将左手的食指按在鼓面上，用右手拿鼓槌敲击鼓面。)	

续表

教学步骤	互动性质	学生/教师互动的目的
	B. 瓶中的小球 （在瓶口处吹气，其余的两位同学观察瓶内小球的现象） 2. 学生做发声活动并完成记录。 3. 学生汇报。 4. 通过这两个活动，你认为声音是怎样产生的？ 5. 通过这么多活动，你觉得可以得出什么结论？ 声音是由于物体振动产生的。有振动就有声音；振动停止，声音消失。 6. 那么，其实同学们刚刚提到的碰撞、敲打、摩擦等都是产生声音的方法，它们都使物体产生了振动，从而发出声音。 ［活动三］通过反证巩固声音是由于振动产生的。 1. 既然声音是由于物体振动产生的，那么停止物体的振动，声音就应该消失。是不是这样呢？下面我们要请出一位好帮手—— 实验数据采集仪。（使用采集仪的程序安排见附件二） 2. 先请大家观察一下，当我们的周围比较安静时，你从图中看见了什么？ 3. 这是老师在你们刚刚实验时，在不同的小组采集到的，你有什么发现，发现了有什么相同点？（四幅曲线图进行比较）	目的：揭示课题，了解学生的前概念。 活动记录强调学生的看到的、感受到的。一定要学生用图文的形式来表示。（活动记录表见附件一） 鼓的目的是帮助学生理解敲打只是发声的方法，本质是让物体振动。
回顾和解释	1. 想自己动手采集自己发出的声音吗？ （录像出示操作步骤，写出操作步骤的提示，说清要求，请学生明确操作时的注意事项“你知道怎样操作了吗？要注意些什么？［小组三人的分工，观察的注意、周围的安静、操作的配合等］”） 2. 这是大家刚刚采集的自己的声音。你有什么发现？ 3. 生活中有许多声音。通过今天的研究，在生活中间你知道哪些物体发声时是在振动的？我们的祖先早在宋代，就利用声音产生的原理制作了一种玩物器皿——洗。课后请你观察身边发声的物体，去看看它是不是在振动。	

板书设计：

声音的产生

？猜想：

物体　通过　敲打 / 碰撞 / 摩擦 / 弹拨 } 产生振动　发出声音　　传递信息

附件一：

声音的产生活动记录表

班级　　　　　　姓名

提醒：记录的过程中可以图画和文字等形式进行记录。

	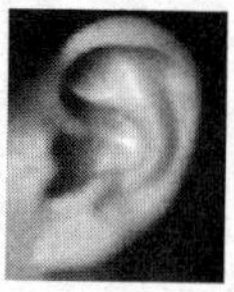	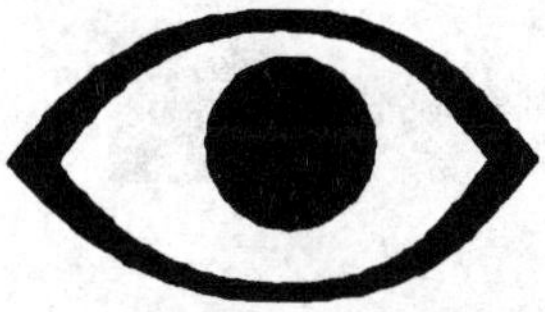	
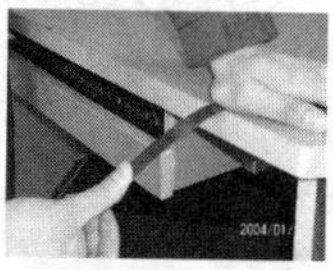			

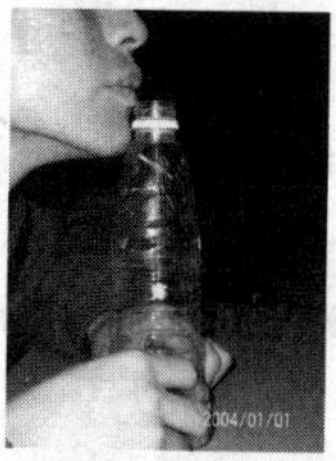			

续表

	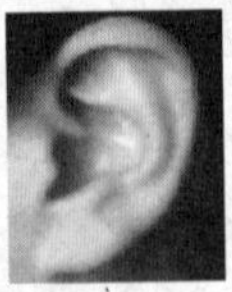	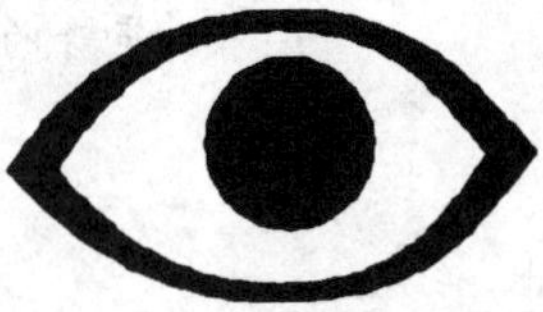	
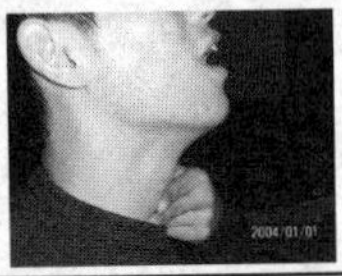			

通过实验，我发现声音的产生是：________________________________。

通过观察采集到的数据我发现，当采集到声音的时候，就________________。

附件二：

数据采集仪的实验步骤：

1. 双击“小学科技创新操作室

”

2. 点击实验内容——声波

3. 小组分工

1. 号同学用手摸颈部的下端，听到“开始”后发出声音“啊”，直到听到“停止”时停下。

2. 号同学拿着传感器，对准发声同学的嘴，观察显示屏上的变化。

3. 号同学进行电脑操作，采集数据，采集前后进行发令，发出“开始”与“停”的口令。注意发令时的操作。

4. 三人轮流实验

二、信息技术环境下的探究学习的基本模式

1. 基于资源的探究学习模式

信息技术能提供多样化的学习资源。学生在信息技术的带动下，自主地参与学习，通过对资源进行发现、分析、思考、探究，在解决问题的过程中，掌握分析和解决问题的步骤。他们可以根据各种不同的知识需要，利用信息网络所提供的与学科知识内容相关的信息去获取必要的知识。

例二：

《宋庆龄和她的保姆》教学思路

第一步：提出任务。这是信息的初步体验过程。教师根据课文内容创设问题情境，学生明确网络阅读的内容方向。适时向学生提供有关专题网站，或一些具有搜索引擎的网站，输入关键字，便可快捷地搜寻有关内容。打开网页迅速浏览，在教师帮助下，选择出与当前学习有关的问题作为学习的主题。例如在《宋庆龄和她的保姆》教学中，教师围绕："为什么说宋庆龄是20世纪的伟大女性之一？"这个问题，事先在网上浏览，了解网上关于宋庆龄的图片、文字、视频等相关资料，做成一张网页作为学习导航，网页分为五个板块："宋庆龄的生平""宋庆龄的故事""宋庆龄的著作""宋庆龄事迹""历史背景"。学生打开网页迅速浏览，在教师帮助下，根据自己的特定兴趣与感受，选择出与中心问题——"为什么说宋庆龄是20世纪的伟大女性之一？"有关的板块作为学习的主题。

第二步：自主探究。这一过程是信息的加工阶段，学生明确了学习任务之后，围绕"为什么说宋庆龄是20世纪的伟大女性之一？"这一主题，从五个方面筛选、归纳资料，自学解难，讨论交流。例如，有的学生选择了"宋庆龄故事"作为学习主题，有学生阅读了《宋庆龄与心爱的鸽子》之后明白了：鸽子是和平的象征，宋庆龄从小喜欢鸽子，说明她是一个热爱和平的人，正因为她是和平的使者，所以称她为20世纪的伟大女性。有的学生阅读了"宋庆龄著作"，他们觉得这些篇目不过是宋奶奶著作的冰山一角，认为宋庆龄不仅是伟大的革命者，更是一位学者，这也是她成为20世纪伟大女性的原因之一……教师根据学生的不同反应，随机调控，把握各类信息的要素，从而引导学生较为深入地理解课文。

第三步：成果交流。这一阶段是信息的深度加工阶段。同一事物不同视角的认识对较为整体地理解该事物具有特定价值，但是不能取代整体认识本身；不同视角看法的有机整合才能帮助我们更为深入地认识事物的某一方面，帮助我们较为全面把握该事物。课堂活

动过程中，学习者展示各自的认识与看法，通过不同视角观点之间的相互砥砺与补充，完善、加深对阅读主题的认识。

为了让更多的人了解宋庆龄的人格魅力，老师让学生用各种方式，如画一幅画或唱一首歌或为宋庆龄奶奶献词等，表达对宋庆龄的怀念和敬意。在献词中，有学生说：“宋奶奶，假如您是雨露，我们便是贪婪吮吸雨露的小苗；假如您是阳光，我们便是接受阳光恩惠的小树；假如您是春天，我们便是在春光中翩跹的燕儿。”有同学写道：“可读宋的著作，可讲宋的故事，可去宋的陵园，可敬的宋奶奶。”还有学生写道：“平易近人宋奶奶，对待保姆似亲人，保姆生病她照顾，人民疾苦挂心中，永远怀念宋奶奶，一枝百合献给您。”并画上了一枝百合花，通过成果交流，宋庆龄的形象在学生心目中逐渐丰满起来，也加深了学生对阅读主题“为什么说宋庆龄是20世纪的伟大女性之一”的认识。

这种学习模式的核心不仅仅是让学生学会知识，更重要的是使学生掌握学习与研究的方法、手段与工具，真正成为学习的主人，使学习活动成为一种兴致勃勃的知识探究过程。

2. 基于工具软件的问题探究模式

借助于多媒体技术和工具软件，创设虚拟环境，可为学生探究和体验提供条件，通过运用信息技术来思考、来学习、来创造，主动发现、探索，使学习过程呈现一种新景象。

例三：

《认识比》——利用魔灯平台开发问题探究模式

①课前调查。

A. 投票，了解学生的前概念，对比的认识——“提到“比”你了解吗？请在下列选项中选择符合你情况的选项。”

B. 讨论区的使用。

C. 有关比的知识的前测。

D. 课前调查与前测的点评。

②学习新知。（略）

③小结。

自学完课本后，结合学习目标，你有哪些收获？请在这里与大家分享一下吧。利用讨论区进行学习的小结交流。

④当堂反馈。

今天学习的知识你们都会了吗？接下来要检测一下我们所学的知识。

附：预览认识比——我能行

1. 既可以看做分数，也可以看做比。

答案：对　错误

2. 甲数与乙数的比值是8，那么乙数与甲数的比是8∶1。

答案：对　错误

3. 比的前项和后项都可以为0。

答案：对　错误

4. 小强身高1米，他爸爸身高173厘米，小强和他爸爸身高的比是1∶173。

答案：对　错误

5. 15∶2也可以写成[15/2]，读作：十五分之二。

答案：对　错误

6. 工作总量和工作时间的比值是工作效率。

答案：对　错误

7. 请在下列比中，选择比值相等的两个比

9∶6　　　1∶0.4　　　3∶2　　　1∶3

(A)3∶2　(B)1∶3　(C)9∶6

⑤拓展练习。

⑥认识奇妙的比——黄金比。

⑦课后作业。借助电脑，完成在魔灯平台上，及时反馈。

随着教学手段多样化的发展，除了魔灯，MP _ Lab作为一个小学教学和数学实验平台也走进了数学课堂。MP _ Lab是由澳门培道中学的韦辉梁教授研制发明的，向儿童提供一个包括作图、拼图、变形、背景图片、背景音乐、影片、写作等元素的学习环境，形成了一个既简单又功能颇强的情境建构平台。其中《密铺图形设计》是一个很好的活动课题，它有很多设计方法，都要利用四边形的四个内角和等于360°这一数学原理，该知识点有点儿枯燥，学习完后也不知道有什么用，唯一的就是背着它。MP _ Lab的简单而强大的功能使它变成具有无限创意又很有趣味的活动。对提高学生学习兴趣，更深入地理解有关数学知识及其应用有很大帮助，而且密铺图形设计也是一种艺术，它将数学和文化、艺术很巧妙地联系在一起。

3. 小组探究式学习模式

信息技术环境下的小组学习是指把自主合作学习与网络自身优势引进教学过程，形成教学结构的优化组合。教师不再是课堂的主角，而是引路人，在教学过程中为学生提供平等、民主的师生关系和各种操作、检验机会；学生在教师的帮助下，认真读书、互帮互助

合作学习(相互交流评价、相互质疑解惑、相互操作训练等)，还可以让学生投入到虚拟场景中去探索，去发现，让学生生动形象地体验一个个典型的认知过程，让每个学生都能发挥自己的才能和争取表现才能的机会。

(1)课前准备。课前让学生预习或了解、试图理解或探讨学习内容，为课堂学习收集相关信息，学生收集信息的网络资源有：①本地资源：教师在上课之前把学生需要的部分资料收集整理好，集中在专题网页中，供学生上网查询。这样做的目的是既让学生体验到上网查询信息的学习方式，又有一定的指向性，避免学生漫无目的的漫游，同时也解决了上网速度太慢的现状。如《只有一个地球》，教师在上课之前把学生需要的部分资料收集整理好，集中在专题网页"地球网站"中，里面分设了五个与课文内容相关的板块，即"美丽的家园""哭泣的地球""地球小博士""反思交流区""感知课文"等，并且友情链接了"绿色中华环境保护网""只有一个地球"等网站，应该说为学生提供了大量的信息资源，给他们多角度认识、探究地球提供了有力的支持。②广泛资源：指学生自己运用"雅虎""新浪""搜狐"等引擎直接上网收集资料。如《只有一个地球》课堂教学前，老师布置学生直接上网收集有关于地球的资料，培养学生对信息的收集、加工、处理等能力，通过收集、提供各种网络资源增强学习的开放性。

(2)自学尝试。这是一个是学生个体参与学习，发挥个体学习水平的重要环节。学生根据以文本形式出现的学习提示，独立打开有课文内容的CAI课件或相关网页，利用计算机提供的学习材料进行自主探究，通过超级链接转入不同的知识点进行学习，如《琥珀》一课中，专题网站为学生设立了"拓展阅读"一栏，其中都是在课前经过老师精心筛选的对帮助学生理解课文有用的内容，分为"琥珀知识""化石知识""科普小品文"。只要学生进入该栏目，大量的相关的内容就展现在他们面前，孩子们可以凭自己的兴趣或根据需要进行阅读，如果发现学习疑难，学生可以利用自己收集的信息解疑，个别特殊的可以通过电子邀请请求教师帮助解难，最后自测学习效果。在这个教学环节上，除了应用多媒体网络和交互教学功能外，教师还可以利用视听监视功能，可以循环自动轮流监视每个学生的学习操作情况，便于发现、指正。

(3)合作探究。各组在小组长的带领下，按自学要求，进行交流，开展自评、自纠，互评、互帮学习活动，综合学习信息，综合疑难问题，讨论合作解疑。如果组内解答有困难，还可以通过人机交流实现合作学习。《琥珀》教学中，就设置了"师生论坛"，学生在论坛中，可以超越空间与机房里的任何一个人包括老师进行交流、讨论，信息随着手指的敲击很快就在全体人员当中传递。比如，一个组的学生有了这样一个疑问："为什么森林会被海水淹没?"他们将问题发到论坛里求助，很快就有了热心同学的回复，有的给他提供了专题网站的"相关链接"，有的在网络里找到了资料复制到了论坛回复，还有课外知识丰富的学生就直接回答了他的问题。

需要指出的是学习小组我们按照“组内异质，组间同质”的原则，将学习小组根据男女性别、个性差异、能力强弱(如电脑操作技能)等状况进行合理搭配分组，每组4～6人。这样分组，既大致体现出班级的缩影，又体现出组间总体水平基本一致。既可运用组内成员的差异性、互补性，互助合作学习，又可利用组间水平的大体平衡开展公平竞争。

(4)交流汇报。总结学习过程，汇合学习小组学习成果，由小组发言，(其他组内或组外成员都可补充说明)汇集学习疑难，小组间相互解答，综合培养学生听、说、分析等能力。这一过程应是学生充分展示学习成果，体验学习成就的个性过程，我们允许学生通过传统的个人口头表述、朗读，多人争辩、质疑，更允许学生通过计算机文字、图片等处理工具设计表格、幻灯片等，并通过教师机的“学习辅导”功能向每台电脑展示，让每位学生参与交流和评价。

(5)拓展延伸。课后，如果学生有继续学习的需要和兴趣就可以进入专题学习网站，完成他们想完成的学习任务，老师也可以为学生继续学习提供帮助。如教学《琥珀》的教师在课后继续使用“师生论坛”、QQ聊天和电子邮箱，随时随地通过网络及时对学生进行辅导，体现网络课的延续性。

4. 基于网络环境的探究学习模式

基于网络环境的协作学习就是利用网络环境的沟通工具，如BBS、电子白板、可视化会议室，共同去完成某项学习任务，它可以是问题解决，也可是专题研究，还可以是个案设计。对于学习者来说，协作学习使他们拥有弹性更大的自由时空，学生可打破班级建制，他们既可获得身边人的合作与帮助，也能得到更大范围内志同道合的朋友与导师。协作学习既在学生与学生之间进行，也在教师与学生之间进行。学习过程中，学习者必须将其探索、发现的信息进行合作、探讨，甚至竞争、辩论，在交流对话中完成学习任务，这对于培养学生的创造能力、创新能力、探索精神、合作精神非常重要。但要发挥协作学习在教学中的作用，必须充分体现建构主义学习理论：教师起组织者、指导者、帮助者和促进者的作用，利用情境、协作、会话等学习环境充分发挥学生的主动性、积极性和首创精神，最终有效地实现意义建构。

例四：

《桥的研究》

一、活动目标

1. 从桥的分类、功能、历史、结构等方面对桥进行某一方面的认识与了解。懂得一些桥梁的基本知识。

2. 了解世界名桥和我们身边的普通桥梁。

3. 给生活中的桥梁提出自己的建设性意见及建议。

4. 能绘画或制作自己理想中的桥梁。

二、活动重点和难点

能自主选择桥的某一方面的知识进行研究性学习，并能对生活中的桥梁有了解、有建设性意见。

三、活动方式

谈话、讲解、小组合作讨论、上网搜索资料等方法结合。

四、活动准备

1. 带领学生参观南京二桥公园、游玩中山植物园的“桥世界”。激发起学生浓厚的学习兴趣。

2. 请学生通过各种方式，课前收集准备一些自己感兴趣的某方面有关的桥梁的知识资料。

3. 观察南京的桥梁，用自己的眼光评判一下如何。

4. 设计制作一座自己理想中的桥。

五、活动时间：2 课时

六、活动过程

(一)导入

前段时间，我们参观了南京二桥公园，游玩了中山植物园的“桥世界”，我听说同学们都对“桥”产生了浓厚的兴趣。你们还有些什么问题想知道或是想进一步研究了解呢?

孩子们纷纷提问：“为什么要造桥?”“桥有哪些种类?”……今天就让我们带着这些问题，对桥进行一个全方位的了解和研究，看看能不能解答你的疑问。

(二)基本活动

1. 同学们你们最想知道桥的什么知识？在小组内进行交流讨论，由组长最后将同学们的问题归纳。

2. 全班交流后分成如下几大类(研究课题)：

①研究桥的种类；

②研究桥的功能和用途；

③研究桥的历史；

④访问桥梁专家(造桥人的话)；

⑤我们身边的桥；

⑥世界名桥；

⑦研究桥的结构与材料；

⑧对桥的设计与建设建议(给造桥专家的建议)；

3. 以研究课题分成新的研究小组，小组为单位进行活动：

(1) 组长组织，各小组将收集来的各种资料进行汇集，在小组内进行汇报讨论。其他同学边听边对其他同学的论述及观点进行讨论。

(2) 研究小组内部，将本组的研究内容和观点进行整合，请一位同学融合全组研究成员意见，试着集体撰写几句简单的调查报告。其他同学提建议，不断完善、补充。

(3) 小组内交流自己设计或制作的理想中的桥。(幻想画或模型)

4. 其间教师巡视听取各研究小组发言，提出建议或意见。

(三)延伸活动

1. 揭示活动内容安排：从前面的研究讨论合作学习看来，每个研究小组都针对本组的研究内容进行了精心的准备，下面就请每一个小组将研究的成果展示给大家。

2. 要求①：小组研究的主题、怎么样进行研究的、研究的内容和结论是什么？其他同学请听仔细，同一小组的要做好及时补充说明。

要求②：其他研究小组成员抱着学习、研究的态度，认真听取汇报小组的发言，既可以补充说明，也可以提出疑问。我们一起来评一评哪个小组研究的最深入，汇报的最好。

3. 依次有请“桥的历史”研究小组、“桥的种类”研究小组、“桥的功能”研究小组、“世界名桥”研究小组、“中国名桥”研究小组、“桥的结构”研究小组进行汇报交流。

(整合校内外教育资源，实践活动与自主学习相结合。在汇报过程中，汇报小组同学可以利用计算机多媒体、网络，以及课外资料收集与教学内容相结合，借助计算机多媒体课件用文字、图片、录像、动画等多种呈现方式，进一步认识理解桥，并对此学习有一定的收获理解，通过图画、模型、文字等方式表示出来。部分研究小组学会制作 Powerpoint 演示文稿进行资料的收集和展示。)

其间各小组及时进行评议和询问。

(四)举一反三

1. 对桥梁的知识研究了不少，相信对同学们一定对现实生活中的桥梁有了自己的不少看法和建议，愿意把你的发现或思考告诉大家吗？交流对现实中桥的看法及对造桥专家的建议等。

2. 听说同学们还充分利用课外时间发明、设计了理想中的桥。下面就向大家展示一下吧！

(1) 先互相参观一下全班同学的作品(幻想画或模型制作)。

(2) 参观同学向小设计师提问请教：你的设想是什么样的？为什么要这样想？你的桥

有什么特点?

(五)课堂总结

1. 这次研究我们从一开始选择自己研究的课题,收集资料,到小组为单位进一步研究学习。你对这次研究活动有什么想法呢?你的最大收获是什么?

2. 课堂小结

希望大家将这次活动的钻研精神继续保持,在以后的学习中能有更大收获!也创造出更多更新的作品!

(六)教学后记

1. 体现综合实践课的三个特性:综合性、活动性、自主性。

(1)综合性

要为学生综合地运用所学的学科知识,创造一个平台。本课就是综合地锻炼学生的查阅资料、合作学习、与人交流、拓展想象、动手制作等能力。学生要想知道关于桥的一系列知识就要通过各种可能的途径去学习、去研究。每一个学生要真正有所收获就必须经过这些过程。

(2)活动性

学生综合素质的发展是在各种不同层面的活动中获得的。学生在资料收集中要学会整理资料、选择提炼重点,在采访中要学会与人相处,在最短时间里学会表达完整自己的意思,并且听取别人的发言……

(3)自主性

学生自主选择实践项目、自主进行研究、自主发展、评价自己的活动成果,体现个性化、多层次化的知识能力积累。

2. 为学生提供四个综合发展的平台:

(1)内外教育相结合的平台。

充分调动家长积极性,整合校内外教育资源,要求家长带领学生进行社会实践。打破实践活动都由学校组织而难于实施的弊端,推动家长与学生之间的发展互动。这样学生不但走向了社会,而且主动走向了自己喜爱的专题,增加了研究的兴趣。如本课教学中,许多珍贵的资料:采访录像、新街口的天桥图片等都是这样收集来的。

(2)生生互动、合作学习,增进交往能力的平台。

个人的社会实践总是有限的,相同研究专题的同学组织起来,就可以互相补充与启发。同时又为学生的交往能力增添了机会。这也正是独生子女所缺乏的。我们的实践活动中,就特别注意培养孩子的合作能力,只有每一个人融入到小组中,发挥自己的聪明才干,小组的集体利益才得到保证。

(3)研究性学习,整合学科知识和能力的平台。

学生在获得与“桥”有关的素材后，需要进行深入研究，才能写出研究报告，进行大组交流汇报。这样就要运用语文、数学、美术、电脑等学科已有的知识，或写出研究报告，或画出图画，或计算出有关数据，来表述研究成果。

(4)发动学生想象，发展创新意识的平台。

社会实践、研究性学习，使学生对“桥”这一事物有了深入的认识，因而也可能会有自己的看法，有自己的愿望，在活动中，学生画出或制作出自己心目中的桥，提高学生的研究兴趣。

以信息技术为平台开展探究性学习确实在一定程度上培养了学生科学探究的精神，树立了进行探究的意识，在体验探究的过程中形成了一定的认真求实的态度。新课程标准中虽然倡导探究性学习，但是探究性学习毕竟只是课堂进行教学的众多模式之一，更何况并不是所有的教学内容都适合进行探究性学习。为此，要结合探究性学习的特点选择适合的教学内容进行探究性学习，也可根据教学内容从不同角度、不同环节开展探究，使探究性学习更具有灵活性。

第七节　探究学习评价

评价是探究学习过程不可缺少的一部分，科学探究学习目标的多元化需要建立起一种能够激励和促进学生知识与技能、过程与方法、情感态度与价值观协调发展的评价理念：评价的方式注重以质性评价统整量化评价；评价的内容注重探究学习的结果，但更重视探究学习的过程；评价是为了促进学生的发展；评价的主体是多元化的。在实践中，教师运用调查法、纸笔测验法、概念图评价法、档案袋评价法和活动表现评价法等将大大促进学生的探究学习。

一、基于信息技术的探究学习评价的理念

现代教育论认为：“教育的真正意义在于发现人的价值，发挥人的潜力，发展人的个性。”科学探究学习中，学生不是被动的、消极的知识接受者而是主动的、积极的知识探究者，他们要在信息技术的支撑下进行自主的学习活动。评价要依据多元智力理论与建构主义学习理论，即要重视人的主体能动性。基于信息技术的科学探究学习评价要体现以下理念：

1. 目的——着眼于发展

学习过程的评价不是为了甄别学生在群体中所处的位置，而是为了让学生在现有的基础上谋求实实在在的发展，并形成学生自我认识和自我教育的能力。学习评价目标必须从

单一体现选拔、筛选等，转变为创造更适合学生发展的教育，以全面考察学生的学习中的主动性、自控性、学习效果，了解学生学习中的需要，关注学生个体差异，调动学习的学习动机，激励学生的学习热情，发现与发展学生的科学学习的潜能，保护学生的自尊心与自信心，促使学生形成良好的学习情感态度与价值观，促进每个主体在原有基础上有新的进步与发展。

2. 主体——更突出自我

评价的本质是一种价值判断。传统教学中，学生只是被评价者，只能被动、消极地接受别人的评判。基于信息技术的科学探究学习中，学生既是评价的对象又是评价的主体，让学生参与评价，进行自评与互评可以使学生客观地对自己和其他同学的活动经历，使评价过程本身成为学生学习、体验和发展的过程，成为教师、学生、家长、媒体共同积极参与的立体式交互活动。探究学习的评价最终要靠学生的自我评价，以强化评价的内在激励作用。通过自我评价，学生可以了解自己在哪些方面有特长，占有一定的优势，哪些方面比较薄弱，需要加强努力；通过自我评价，可以使学生了解自己学习过程中的发展轨迹，以及时得到修正的反馈和建议，促使其内心世界里成功经验与失败经历取得相互协调。

3. 标准——体现出全面

探究式学习本身的多重价值意味着既要考察学生对科学概念与事实的理解，又要评析学生运用信息技术探索、自主学习能力、科学探究的方法与能力、网上相互交流和信息共享的协作学习能力、创造性问题解决能力和创新能力等。

4. 方式——倡导多样化

探究学习的重心不再只是放在学会知识上，而是应该转移到学会学习、掌握方法和培养能力上。显然，书面测验和考试难以适应基于信息技术的科学探究学习的评价。探究学习的评价重视学生自评与教师互评相结合、小组的评价与对小组每个人的评价相结合、定性评价与定量评价相结合，总结性评价、诊断性评价、形成性评价相结合，档案评价、书面材料评价、学生口头报告、操作评价、展示和答辩会评价相结合，从而全面反映学生探究活动的进步过程。

可见，对十分重视“过程”的科学探究学习，评价必须树立“以学生发展为本”的新理念，不以“甄别”和分等为评价的目的，主要通过学生的自我反思，使评价这一开放的持续行为从裁判的角色转变为一位沿途陪伴、激励学生发展的朋友，从而促进学生学习科学的方式和策略发生积极的改变。

二、基于信息技术的探究学习评价的功能

探究学习的评价是为了促进学生有效的学习，利于学习目标的达成，具体体现在以下方面：

1. 积极导向功能

科学探究式学习强调以学为主，突出学生的主体地位，尊重学生的自主性、能动性和创造性。在信息技术环境下，学生开展探究性问题学习前，要预先将研究成果的评价方式告诉他们，使其知道所要完成的任务、可能遇到的问题，使评价成为下一段活动的起点、向导和动力，整个主题研究的过程中，始终以评价为导向，及时调控自己的研究方向、研究内容、研究方法与研究成果。

2. 展示激励功能

在探究活动实施过程中，由于学生个体的差异，学生在探究学习中的表现千差万别，评价不是对学生进行横向比较，而是为了让每一个孩子都获得激励，都有成功的体验，都拥有自信心，都在原有水平上有新的发展，从而激发起改进和提高的内在需要和动机，启动内部活力和主观能动性。因而，评价应紧扣学生的学习以及如何促进学习而展开。信息技术为学生提供了一个充分自我展示的平台，他们能有机会展示自己的努力和探究中的进步，每一步的努力在被别人评价的同时也将成为一种积极、有效的激励手段。

3. 反馈调节功能

基于信息技术的科学探究学习着眼于学生未来的成长和发展，通过随时对学生的学习情况进行评价，使学生能不断地改进、完善自己的学习活动，调控矫正、及时改进学习进程，即评价在于"调节学习者学习行为"。从这个意义上说，学生必须是评价信息的使用者，他们需要获得这些信息。如基于网络通信的协作学习模式中，合作者的及时、平等协商、讨论、辩论既为彼此提供了相互学习的机会，同时又可以通过反馈，学生可以及时调整自己的学习方法，确定自己的学习重点，不断促使自己校正学习目标。即学生通过评价的反馈信息可加深对自我的了解，调节学习活动(调整学习策略、改进学习方法……)，使学习有效进行地进行。

4. 记录成长功能

探究学习要求学生随时对自身的学习情况进行反思，这种反思和评价贯穿于学习过程

始终。日常化的评价，可全面记录下个体成长的点点滴滴，这对于以发展的眼光来评价个体的发展具有积极意义。如通过与学生课题研究相关的网站，利用支撑系统的记录功能记录和体现学生在研究过程中的阶段性成果，这将有助于教师掌握学生的学习进度，加强对学生的具体指导。

5. 成效判断的功能

探究活动实施之后究竟达到了哪些成效，需要通过评价全面衡量。评价应有助于评定特定教学策略的效果，教学的总体效果和学生身心、智力的发展效果。

三、基于信息技术的探究学习评价的内容

科学探究学习评价关注的不是研究的成果、学习水平的高低、而是学习内容的丰富性和研究方法的多样性，注重学生的探究过程和亲身体验，让学生在探究过程中学会收集、分析、归纳、整理资料，学会处理和反馈信息，经历与科学工作者进行科学探究时的相似过程中学习知识和科学家的科学探究方法，在体验科学探究的乐趣中领悟科学的思想和精神，经历基本的科学探究实践和与其他学科融合的探究过程，从被动接受知识向主动获取知识转化，培养科学探究能力、实事求是的科学态度和敢于创新的探索精神。评价的内容主要包括：(1)参与探究学习的态度；(2)在探究学习过程中的体验和情感；(3)掌握科学研究的方法和技能；(4)信息处理能力；(5)合作学习和交往能力；(6)创新精神和实践能力的发展状况；(7)探究成果：包括知识获取与能力提高。

四、基于信息技术的探究学习评价的基本原则

1.“以学生发展为中心”的原则

评价“不仅仅是为了鉴定、考核，更是为了推动和发展，不仅仅是为了选拔、淘汰，更是为了教育和提高”。基于信息技术的科学探究学习的评价要成为学生学习动力的源泉，以促使每个主体最大可能地实现其自身价值。在评价中，要以“学生发展为中心”，评价中不应完全以学生探究的成果为重点，应挖掘每一环节内含的个性教育素材因素，启发和引导学生，防止单纯的智力导向。要让学生更多地体验到成功的愉悦，避免多次失败产生的消极心理影响。教师应鼓励学生的探究创新活动，给学生探究应有的信任是培养学生自信心的基础，是学生继续创新的发展动力。

2. 多元评价的原则

信息技术下的学习环境将给学生提供大量非结构化的情境，学习中，涉及的不单纯是获取科学知识的多少，而应包括对知识理解的深度、对知识的应用，以及探究能力、信息处理能力、自主意识的培养，这些唯有采用多元评价标准取代单一评价标准，才能对学生活动参与的多个维度做出综合评价。另外，要将自我评价、小组评价、班级评价和教师评价有机结合，体现评价主体的多元性。这是因为探究学习是充分发挥学习者主观能动性的学习方式，其学习评价的主体将不再局限于教师，而要面向“学习者”转移；同时，在协作学习中，学生同伴间对学习过程的相互观察和检验将在相互评价中发挥出来。

3. 定性与定量相结合原则

基于信息技术的科学探究学习的评价采用定性评价和定量评价相结合。传统的教学评价，侧重于学习者掌握知识的数量和程度，因此可以用定量的方法。在探究学习学习评价中，因为评价的标准从知识转向了学习能力，还包括了学习态度、动机、兴趣等非智力因素。因此，数据上的精确可能会带来最大的失真，评价将注重把量化的评价方法与定性的评价方法结合起来使用。

4. 面向过程的原则

评价主要是为了促进学生的学习和发展，因此评价时机就不能仅在学习过程结束后再进行，而必须贯穿于探究全程之中，使评价更接近学生学习的实际，并随时反馈调节学习过程。只有将评价介入到探究学习过程的各个环节，才能有效促进评价对象的转变、进步与发展，评价才能成为一项反馈及时的学习支持工具。

五、基于信息技术的探究学习评价的技术方法

传统的学习评价主要有客观性测验、标准化测验、观察、调查等技术方法。随着信息技术的发展及质性评价得到重视，出现了一些新的对探究学习过程和效果的评价技术方法。

1. 契约评价

契约是关系确认与秩序保障最常用的工具。契约评价来源于真正意义上的契约、合同。科学探究学习强调以学为主，以“真实任务”“问题解决”作为学习活动的主线。合作探

究中，经常要求学生进行分工，每人单独承担活动的一部分，分头收集资料，个体在分享智慧、体验合作愉快的同时，也承担了一定的责任。通过学生自己参与保证书(书面协议)的签订，了解预期的工作任务，有助于学生在较长的时间内根据契约的内容来评价自己的学习，保持积极的自律，反过来也能激发学生的学习动机与学习热情。实施契约评价是培养学生团结协作精神的需要，也是为了保证探究活动有计划、有步骤地进行并取得预期成果。

2. 量规评价

一种结构化的定量评价标准，往往是从与评价目标相关的多个方面详细规定评级指标，具有操作性强、准确性高、主观与客观相结合的特点。一般需根据评价对象及评价目的的差异设计量规，按评价对象符合评价指标要求的程度分成若干等级，评价者把心目中对评价对象符合评价指标要求的程度按高低归入某一级别，得出最后的评价结果。如对“信息收集”这一要素的评价。

3. 成长档案评价

建立成长档案(按一定目的收集的反映学生学习过程以及最终成果的一整套材料)强调的是一种基于过程和表现的评价。成长档案记载下学生探究学习的发展轨迹，这将有助于学生个体回顾其发展过程，也对教师评价一个学生的参与意识、合作精神、探究能力、分析问题的思路、知识的理解和认知水平等综合能力提供了客观的依据。建立成长档案客观上有助于促进个人的发展，学生也能在自我评价中逐渐变得更加积极。成长档案中收录探究学习过程中的重要资料，包括收集的信息和图文资料、探究活动的设计方案与过程记录、探究过程中获得的原始数据、个人电子作品集、自我评价以及他人评价的结果等。例如，学习“太阳能的使用”这一主题的有关内容时，可在成长档案中收录以下资料：

①自己或同伴利用网络收集到的有关太阳能的各种应用资料，如新闻和科技动态的剪报、图片、照片、实物等。

②对当地太阳能使用情况的调查与建议。

③对太阳能热水器、炉具基本原理的解释。

④设计、制作太阳能炉具及设计一些可用太阳能烹调的食谱的活动资料(包括设计的方案、实验记录、对实验的反思与体会、问题讨论中的主要观点等)。

⑤对自己学习状况的评价(包括基础知识、实验设计和探究活动等情况)，有待改进的问题和改进的设想。

信息技术环境下，学生探究的阶段性成果可以以“帖子”的形式，发布在网上的“论坛”

或“社区”上，可自动化地借助跟踪、记录、存储的方式，建立学生的数字科学习档案，它倾向于对学生行为的质的分析，成为学生成长过程的一份永久记录。

4. 绩效评价

主要通过成果展示，进行“展示表现”为主的评价方式。学生个人或小组针对某一主题，完成探究任务，并以论文、PPT 文档、电子作业、个人主页、研究报告等方式展示绩效，已成为一种得到认可的评价方式。绩效评价涉及学生完成的过程和创造的成果。学生将探究学习期间所有工作的总结，整理成个人的“文件夹”、制作成个人学习主页，有机会充分展示自己的才能。制作过程中，学生要挑选、提炼、评价自己的工作样本，成为自己成果和进步的积极评定者；他们要积极地思考、评价他们自身的学习历史，这是一个强有力的学习机会，还可以对所学领域的内容有进一步的感悟。

信息技术环境下，科学探究学习是“以学为中心”的教学，强调学生是认知的主体，强调学生的自由探索，强调学习者与学习伙伴及教师的交互作用，所以在评价时，重点应放在学生如何有效利用信息技术这一认知工具，通过大量的专题学习资源，如何与环境、学习伙伴的相互作用上，从学习态度、相互作用与交流、资源利用等维度上进行质性评价。当然，仅有质性评价是不够的，而且信息技术环境下的探究学习作为一个新事物，开发新型评价体系还在理论阶段，需要在实际教学过程中实践，在实践中不断归纳和总结。

第八章 合作学习

合作学习(Cooperative Learning)是20世纪70年代初兴起于美国，并在20世纪70年代中期至80年代中期取得实质性进展的一种富有创意和实效的教学理论与策略。由于它在改善课堂内的学习心理气氛，大面积提高学生的学业成绩，促进学生形成良好非认知品质等方面实效显著，很快引起了世界各国的关注，并成为当代主流教学理论与策略之一，被人们誉为“近十几年来最重要和最成功的教学改革”。

第一节 合作学习的概述

合作学习也是新课程标准改革倡导的一种学习方法，是目前世界上许多国家普遍采用的一种富有创意的教学理论与策略。合作学习是指学生为了完成共同的任务，有明确的责任分工的互助性学习。合作学习鼓励学生为集体的利益和个人的利益而一起工作，在完成共同任务的过程中实现自己的理想。

合作学习中能力不同的学生组成一个共同的学习小组，小组成员不仅要对自己的学习负责，也要帮助其他同学。小组成员相互交流，齐心协力完成小组目标，彼此学会需要掌握的知识，促使每个学生从多个角度来习得知识。

实现合作学习，学习情境必须体现合作精神，从孩子的全面发展着眼，强调学生自我控制、互相提高。在通过交流与合作中彼此启发，彼此鼓励，促使学生形成新的思维方式，在认知、情感、能力等方面得到全面发展。同时在互相合作的过程中培养学生的交际能力和成果共享能力。

合作学习，倡导个体要积极的相互配合与支持；小组成员积极承担在共同任务中的个人责任；建立小组成员间的相互信任；解决学习与活动过程中的人际冲突；评价活动的成效；提出活动过程的合理性和科学性建议……努力改变仅凭个人之力的定势，感受集体的力量和合作的价值。

第二节　合作学习策略

随着计算机、网络、多媒体等信息化工具与手段应用于教学，传统教学的各要素面临着前所未有的机遇与挑战，具体表现为：

(1)教学环境更加开放。传统教学环境延伸为包括自然环境、社会环境及网络环境在内的一系列与教学相关的环境，这个环境更加开放、全面、复杂。

(2)教学内容更多样、丰富，而且更新迅速。教学内容来源由传统的课本教材扩展为信息量更为庞大的互联网络，突破了空间、时间的限制。

(3)教学媒体更加多样，教学手段更为灵活。信息化技术让更多的现代媒体应用于教学，让教学传播的途径与方式更加多样，让教学的手段与方法更加灵活、有效。

(4)教学理念发生变化。信息化环境下，教学思想由传统的“以教为中心”转变为教师学生相结合的“主导—主体”教学理念。

(5)教学模式多样。一系列信息化教学环境下的教学模式相继产生，这些新问题、新特点的出现都对教学改革提出了更高的要求。

信息化环境下的小组合作学习的实施过程必须遵循以下策略：

一、合理分配小组成员

要充分发挥小组学习的功能，分好小组是前提。合理的构建学习小组，既是学生进行合作学习的基础和前提，又是实现学生群体合作的基本手段。首先要根据学生的基础知识、学习能力、智力状况、性别、心理素质、兴趣爱好等各个方面进行综合评定，然后按照“异质同组、同组异质”的原则进行分组，每个小组 4～6 人为宜。如果是 4 人一小组，应该有一名优等生，两名中等生，一名学差生。这样做既能保证小组内各个成员之间的差异性和互补性，也便于各个小组间展开公平竞争。教师应把学生的个别差异看成一种积极的教育资源，实施动态分组教学。还可根据学生的学习情况定期进行人员调整，以保证小组间学生竞争的活力，增强小组内学生合作的凝聚力。

二、明确小组成员责任

建立了合作学习小组后，要明确小组中每一个成员的责任，每一个小组根据成员各自不同的特点分别起名为1～6号。要突出每个个体的作用，使每一个人不仅要对自己的学习负责，而且要明确每个人都有帮助他人进步的义务，为所在小组中其他同学的学习负责。一个小组，只有在一个好的小组带头人的带领下，才能始终如一地围绕某一个中心议题开展讨论、探究，最终找到规律、获取方法。组长是一个小组学习活动的组织者，是教师的得力助手，是联系教师与全班学生的纽带，因此选好组长，直接关系小组学习活动的效率和成败。小组长要选择有一定的号召力、责任心、协调能力强的学生。小组长为轮换制，让每一位小组成员都有锻炼和展示的机会。在4人以小组内，设一名小组长，一名记录员，一名汇报员，一名检查员。小组长主要负责讨论过程中的组织和裁判，检查本组同学对所讨论问题的掌握情况；记录员主要记录整理讨论过程中小组成员的发言，要求组织能力强、下笔快的同学担任；汇报员主要负责汇报小组中的讨论结果，要求语言表达能力强的同学担任；检查员检查每次学习任务的完成情况，检查组内每人分工职责所履行的情况并及时向老师汇报。组内分工落实后，教师应引导学生懂得“分工不分家”的道理，对每一个同学所担任的角色可根据教学情况定期做适当的调整或轮换，以增强学生的责任感和学习的积极性。

三、做好各个小组的培训工作

小组合作学习的目的是让每一个成员都参与学习的过程使学生学得生动、活泼，品尝到成功的喜悦。因此培训学生的合作能力也就显得尤为重要。在培训过程中要求学生做到以下几点：一是要认真思考，大胆发言，学会中心发言，能把自己的探索、发现，清楚的用语言表达出来，在组内交流；发言的规则是弱者先说，强者补充。二是学会认真倾听别人的意见，从别人的发言中得到启发，收获更多的知识、方法，养成一人发言，组内其他成员认真倾听的好习惯。三是学会质疑、反驳，能听出与别人的相同点、不同点，能以比较恰当的方式表达个人观点。四是学会更正、补充，能在别人结论的基础上进行修改完善。五是学会求同存异，以开放的心态进行学习。六是要掌握基础的电脑操作技术。另外要定期召开小组长会议，了解小组工作情况，鼓励小组长的工作，交流经验，弥补不足。

四、精心把握小组合作学习的时机

小组合作学习中，教师的主导作用不可忽视。学生的合作是否有效，同教师的参与和指导是分不开的，教师的主导作用发挥得越有效，学生的主体作用发挥得就越充分。因此教师在教学中要精心把握小组合作学习的时机。主要体现在以下三个方面：(1)面对学生对某一问题独立思考与研究后的发现与困惑时，在对同一问题有不同见解，意见产生分歧时设计合作，有利于学生相互交流、集思广益，从而达到共同提高。(2)在教材的重、难点处设置合作，有利于学生集体智慧的发挥，有利于每个学生对教材重、难点的学习，从而使每个学生体验成功的乐趣。(3)在学生单独试验与操作遇到困难时倡导学生合作，使学生感受到与同伴合作的必要性。教师在备课时，首先应该对可能出现的困难或意外有充分的思想准备，不怕出现混乱的局面；其次，教师面对教学意外时，必须镇静从容，及时引导，根据小学生的生理心理特点，采取形式多样的引导措施。

五、正确进行评价

强化小组团体激励，对小组成员的评价教师需把握以下几点：(1)学习过程评价与学习结果评价相结合，侧重于学习过程的评价，要体现“不求人人成功，但求人人进步”的理念；(2)对合作小组集体的评价与对小组成员个人的评价相结合，正视学生的客观差异，侧重于对小组集体的评价；(3)评价的内容包括小组活动的秩序，组员参与情况，小组汇报水平，合作学习效果等方面；(4)教师评价与自我评价相结合，注意从以教师评价为主向以自我评价为主逐步过渡，教师要帮助、引导学生分析存在的问题，并寻找改进的办法。另外，我们可以定期进行诸如最佳学习小组、最佳小组长、最佳学习伙伴、最快进步奖等评选活动，把整个评价的重心由鼓励个人竞争达标转向大家合作达标，使每一位学生树立学习数学的信心，激励学生不断提高小组合作活动的水平，从而达到由个人目标的达成促进小组团体目标的达成。

第三节 合作学习实施

Moodle 可以管理内容元件，但是更针对教育对象训练设计内容。另外，更加强了学习者的历程记录，让老师们能更深入分析学生的学习历程。开展小组合作学习的具体实施步骤为：

教学分析阶段是对教学内容、学习者特征及教学环境进行分析与准备，主要由教师完成。(1)教学内容利用Moodle平台进行年月日教学，让学生熟练掌握和运用该软件。(2)学习者特征体现为已经学习和掌握了Word、Excel软件的操作，具备一定的动手实践能力；对Moodle基本操作有了初步的认识，具备了必要的知识前提；通过学生优秀作品的展示，刺激与提高了学生的学习兴趣与动机，对实践活动充满了期待。(3)教学场地为多媒体网络教室，为学习者提供了丰富的网络资源及实践设备。

划分合作小组依据“自愿、均衡”的原则，将班级划分为3～4人的若干小组，并明确组员的角色与主要职责。此阶段工作由教师和学生共同完成，教师对学生的合理分组、角色设立提供参考建议与帮助，学生则根据自己的学习兴趣、特长等寻找合作的小组成员，并在集体中寻找合适自己的角色与职责。本次活动小组角色包括组长、资料收集员、资料处理员及设计员各一名，职责分别表现为负责整个活动的组织与协调、收集作品所需的各类资料、对各类资料进行筛选并加工处理、具体的设计制作，各成员相互配合共同完成学习活动。

展开小组学习活动，理解活动主题、要求及评价标准后，各小组分别展开各自的学习活动。在活动过程中，教师应密切关注各小组活动进程并给予相应的指导，积极调动各小组成员的积极性，防止活动“迷航”。

学习活动交流后，教师组织各小组选取一名代表上台为其他小组展示汇报。评价总结依据设计好的评价体系表，教师组织各小组在作品展示过程中展开自评、互评及教师评，并组织各小组针对作品展开讨论，提出自己对其他小组作品的建议及对自己的启示。评价工作完成后，将每个小组的评议结果表发放给各小组，让其针对结果发现问题、改进不足、发挥优势。

活动结束后，各个小组都很好地完成了自己的作品，且作品的主题及内容丰富多样。学生普遍反映更加熟练地掌握了软件的操作使用，而且从其他同学身上学到了很多东西，提高了分析与处理问题的能力，增加了自信，增进了同学间的友谊。

第四节　Moodle平台介绍

Moodle是澳大利亚教师Martin Dougiamas基于建构主义教育理论而开发的课程管理系统，是一个免费的开放源代码的软件，目前已在各国广泛应用。Moodle平台依据建构主义的教学思想，即教育者(老师)和学习者(学生)都是平等的主体，在教学活动中，他们相互协作，并根据自己已有的经验共同建构知识。

Moodle 平台界面简单、精巧。使用者可以根据需要随时调整界面，增减内容。课程列表显示了服务器上每门课程的描述，包括是否允许访客使用，访问者可以对课程进行分类和搜索，按自己的需要学习课程。

一、Moodle 的特征

像许多著名的学习管理系统一样，Moodle 可以管理内容元件，但是更针对教育训练设计。另外，Moodle 更加强了学习者的历程记录，让老师们能更深入分析学生的学习历程。作为创设虚拟学习环境的软件包，Moodle 的主要特征与功能可从下面几个方面来介绍：

1. 总体设计

Moodle 比较容易安装，可以支持大量的多种类别课程，特别重视整个系统的安全性。所有的界面设计风格一致、简单、高效，而且不需要特殊的浏览技能。

2. 网站管理

网站是由安装时定义的管理者进行管理的。管理者进入"主题"即可以设定适合自己的网站颜色、字体大小、版面等。在网站中还有活动模块和 43 种语言包用以满足不同国家的学习者的需求。而且一些代码已经清楚的写出，方便用户按照自己的需求对其进行修改。

3. 用户管理

每一位用户都可以选择一种语言应用于 Moodle 的用户界面；可以指定自己的时区和相关的数据；鼓励学生建立一个在线档案，包括相片、个人描述、E-mail 地址，而且这些信息可以依据用户要求不呈现。

如果学习者有一段时间不参加活动的话，管理员将有记录，其注册将自动退出。为了安全起见，老师可以设定课程的登录密码，以阻止那些闲杂人等进入。课程的开设账户仅仅对建立这些课程和教授课程的人公开。

目标是使管理者尽可能少的参与系统的安全保障。通过将验证模块插件整合到系统中，来支持一些验证机制。学生可以创建他们自己的登录账号，而其电子邮件地址将需要验证。

二、Moodle的主要功能

1. 课程管理

教师可以全面控制课程的所有设置，包括限制其他教师。

可以选择课程的格式为星期、主题或社区讨论。

灵活的课程活动配置——论坛、测验、资源、投票、问卷调查、作业、聊天、专题讨论。

课程自上次登录以来的变化可以显示在课程主页上——便于成员了解当前动态。

绝大部分的文本(资源、论坛帖子等)可以用所见即所得的编辑器编辑。

所有在论坛、测验和作业评定的分数都可以在同一页面查看(并且可以下载为电子表格文件)。

全面的用户日志和跟踪——在同一页面内统计每个学生的活动，显示图形报告。

邮件集成——把讨论区帖子和教师反馈等以 HTML 或纯文本格式的邮件发送。

自定义评分等级——教师可以定义自己的评分等级，并用来在论坛和作业打分。

使用备份功能可以把课程打包为一个 zip 文件。此文件可以在任何 Moodle 服务器恢复。

2. 作业模块

可以指定作业的截止日期和最高分。

学生可以上传作业(文件格式不限)到服务器——上传时间也被记录。

也可以允许迟交作业，但教师可以清晰地看到迟交了多久。

可以在一个页面、一个表单内为整个班级的每份作业评分(打分和评价)。

教师的反馈会显示在每个学生的作业页面，并且有 E-mail 通知。

教师可以选择打分后是否可以重新提交作业，以便重新打分。

3. 聊天模块

支持平滑的、同步的文本交互。

聊天窗口里包含个人图片。

支持 URL、笑脸、嵌入 HTML 和图片等。

所有的谈话都记录下来供日后查看，并且也可以允许学生查看。

4. 投票模块

有点像选举投票。可以用来为某件事表决，或从每名学生得到反馈(例如支持率调查)。

教师可以在直观的表格里看到谁选择了什么。

可以选择是否允许学生看到更新的结果图。

5. 论坛模块

有多种类型的论坛供选择，例如教师专用、课程新闻、全面开放和每用户一话题。

每个帖子都带有作者的照片，图片附件内嵌显示。

可以以嵌套、列表和树状方式浏览话题，也可以让旧帖在前或新帖在前。

每个人都可以订阅指定论坛，这样帖子会以 E-mail 方式发送。教师也可以强迫每人订阅。

教师可以设定论坛为不可回复(例如只用来发公告的论坛)。

教师可以轻松地在论坛间移动话题。

如果论坛允许评级，那么可以限制有效时间段。

6. 测验模块

教师可以定义题库，在不同的测验里复用。

题目可以分门别类地保存，易于使用，并且可以“公布”这些分类，供同一网站的其他课程使用。

题目自动评分，并且如果题目更改，可以重新评分。

可以为测验指定开放时间。

根据教师的设置，测验可以被尝试多次，并能显示反馈和/或正确答案。

题目和答案可以乱序(随机)显示，减少作弊。

题目可以包含 HTML 和图片。

题目可以从外部文本文件导入。

如果愿意，可以分多次完成试答，每次的结果被自动累积。

选择题支持一个或多个答案：包括填空题(词或短语)、判断题 、匹配题、随机题、计算题(带数值允许范围)、嵌入答案题(完形填空风格)，在题目描述中填写答案 、嵌入图片和文字描述。

在 Moodle 中设计的各类题目可以备份，并导出，可以在任何支持国际标准的学习管理系统中导入。

7. 资源模块

支持显示任何电子文档、Word、PowerPoint、Flash、视频和声音等。

可以上传文件并在服务器进行管理，或者使用 Web 表单动态建立(文本或 HTML)。

可以连接到 Web 上的外部资源，也可以无缝地将其包含到课程界面里。

可以用链接将数据传递给外部的 Web 应用。

8. 问卷调查模块

内置的问卷调查(COLLES、ATTLS)作为分析在线课程的工具已经被证明有效。

随时可以查看在线问卷的报告，包括很多图形。数据可以 Excel 电子表格或 CSV 文本文件的格式下载。

问卷界面防止未完成的调查。

学生的回答和班级的平均情况相比较，作为反馈提供给学生。

9. 互动评价(workshop)

学生可以对教师给定的范例作品文档进行公平的评价，教师对学生的评价进行管理并打分。

支持各种可用的评分级别。

教师可以提供示例文档供学生练习打分。

有很多非常灵活的选项。

第五节　合作学习实施例谈

例一：

“年 月 日”的认识教学设计

【教学目标】

一、认知目标

认识时间单位年、月、日，初步了解平年和闰年的知识，知道各月及平年、闰年的天数。

二、能力目标

1. 能和实际生活相联系，熟悉运用年、月、日的知识。

2. 培养学生观察、分析和判断推理的能力。

3. 培养运用网络收集资料、处理信息、运用知识的能力。

三、情感目标：珍惜时间的思想教育

【教学重点、难点】

认识时间单位年、月、日，掌握它们之间的相互关系

【教学准备】Moodle 平台及相关链接

【课前准备】

1. 布置学生收集有关年月日的资料，并在讨论区中分享这些资料。

2. 通过讨论区，调查学生对于年月日有哪些问题。

一、课堂导入

1. 能在年历卡上指出自己的生日吗?(指名一位学生圈一圈)

2. 提问：他的生日是几月几日？星期几？这个月有多少天？你是怎样知道的?(看最后一天是几号)

3. 找出你自己的生日和你旁边的同学的生日，互相指着说一说是星期几?

4. 新中国的生日是几月几日?

小结导入课题：记录我们每个人的生日、新中国的生日、值得纪念的重大事件的日子，都需要用到哪些时间单位?(板书课题：年、月、日)

【设计意图】从孩子们的生日、新中国的生日引出课题，显得亲切自然，同时也唤起看年历卡的生活经验，使学生感受到生活中处处有数学，从而产生探索新知识的愿望。

二、小组合作，自主研究

(一)引导学生使用年历卡，进行验证研究。

1. 关于年月日，同学在课前通过 Moodle 平台，已经进行一些资料的收集，并且提出想要研究的问题。(出示：一年有多少天？一年有几个月？一个月有多少天?)

你能回答出这些问题吗?(根据回答板书：12 个月，365 天，31 天，30 天，28 天，29 天)

2. 要知道大家的回答是否正确还需要我们去验证。你需要哪些材料?

3. 课堂学习资源中有 1993—2009 年的年历卡，你和你的学习伙伴可以选择你们喜欢的年份进行研究并填写记录单。

4. 学习活动。(活动指导略)

【设计意图】利用 Moodle 平台的课前调查功能，我了解到孩子们对年月日有五花八门的问题，在课堂上一一呈现和解决显然是不可能的。因此，根据教材内容，挑选三个最基本的问题展开课堂学习。同时对学生已有的经验并没有刻意的忽略，而是引导学生从规范、严谨的角度出发进行验证活动，从而展开对年月日的研究和探索。安排二人学习伙伴

组，是基于三年学生的年龄特征，使得合作开展得更为有效和实在。

(二)交流汇报，学习大月和小月

1. 交流一年有12个月

先说说你研究的是哪一年，有几个月?

2. 交流大月和小月

A：观察表格，你发现每个月的天数?

小结：像这样一个月有31天，我们把它叫做大月。有30天，我们把它叫做小月。

B：涂色活动：

把表格里的大月涂上黄色，小月涂上蓝色。(指名1人到PPT上涂色)

请大家对照检查，你的记录单上和屏幕上的表格中所涂的颜色，是否一样?

学生自我检查。

预设：有学生把二月涂成蓝色，对二月进行一次辨析。

小结：二月既不是大月，也不是小月。

C：看看涂色，请回答，一年中的大月是哪几个月，小月呢?

随着学生的回答，教师继续板书：

大月(31天)：1、3、5、7、8、10、12

小月(30天)：4、6、9、11

D：我们一起数一数，一年中，大月、小月各有多少个?

提问：一年中，大月比小月要多。一年12个月，除了大月就是小月，同意吗?

【设计意图】这一个问题，突出了二月不是大月也不是小月的特殊归属地位。

小结：二月有些年份是28天，还有的年份的二月是29天。这个问题，明天的数学课我们专题研究。

补充完成板书：二月(28天、29天)

E：观察各月的天数，大家有什么疑问吗?

预设：学生可能会提出：为什么每个月的天数不同样多呢? 大月、小月是怎么来的? 为什么二月的天数最少? 为什么7月、8月连续两个月都是大月?

【设计意图】根据Moodle中的课前调查了解到，学生对这几个问题也是比较感兴趣的，安排学生在现场提出问题，有利于学生之间的交流和课堂学习活动的进一步展开。

F：故事：公元年历的传说。

附故事：公元年历编制最初是来自欧洲的古罗马。传说在公元前46年，古罗马皇帝凯撒在制定历法时，规定每年为十二个月，一、三、五、七、九、十一月为大月，每月31天；二、四、六、八、十、十二月为小月，每月30天。这样，大小交错相间，各六个月，使人很容易就能记住。但是，照这样规定，一年就多了一天了，因此得找出一个月减去一天。减哪个月合适呢？那个时候被判处死刑的犯人都在二月处决，人们都希望二月能快点过去。于是，就从二月中减去一天。这样，二月只剩下 29 天了。后来，有一个叫奥古斯都的人做了罗马皇帝。他发现先前皇帝凯撒是七月份生的，七月是大月，而他自己是八月份生的，八月却是小月。他为了显示自己和凯撒有同样的尊严，就修改历法蛮横地把八月也定为大月，改为 31 天。还将下半年八月之后的双月——十月和十二月都改为大月，九月和十一月改为小月。而八月改为大月后，全年多出的一天也从不吉利的二月中减去。于是二月又少了 1 天，变成 28 天了。以后这种大、小月安排的历法就流传下来并且沿用至今。

【设计意图】学生自我探究中，引导质疑是数学学习很重要的一环。课前调查中显示学生提出了对公年历法的诸多探源性问题后，于是在课堂中安排讲述公年历法编制中的古罗马两代皇帝，凯撒和奥古斯都修编历法的简短故事，满足学生的探究欲望，能很好地帮助理解和记忆一年中大小月的分布规律。故事中不但使大、小月设置来由得到了释解，而且渗透了对封建专制皇权蛮横自大的抨击。使得教学教育性原则得到了“随风潜入夜，润物细无声”的渗透。

3. 利用网络资源学习记忆方法

提问：你有什么好方法能很快记住一年中哪几个月是大月，哪几个月是小月吗？

预设 1：如果有孩子知道。

那就请你来做小老师，教教大家好吗？

预设 2：没有孩子知道。

那我们就利用网络资源来学习大、小月的记忆方法好吗？

（学生利用网络学习大月、小月的记忆）

交流，你学习了哪种方法？给大伙儿展示一下。

【设计意图】熟记大、小月是本课的重点和难点。本环节中，设计了一系列的活动帮助学生理解和记忆，增强了记忆的趣味性，有利于发展学生的数学素养。涂色有助于学生感知大月、小月排列的规律；找规律可以使记忆成为有意义的记忆；通过网络资源，学生了解到不同的记忆方式：儿歌朗朗上口，是对规律的总结和提升；“记少不记多”体现了一种基本的学习策略；借助拳头记忆，采用了“兵教兵”的方法，使合作学习成为学生的自觉需要。

4. 反馈练习

说说你的生日是哪个月，是大月还是小月。

师：我们来看年历，你能在年历里找到国际儿童节、国际劳动节、我国国庆节、我国教师节分别是几月几日吗？不看年历回答，这个月是大月还是小月？

【设计意图】同样是说有纪念意义的日子，课终时的要求与课始时不同，课始时是引子，有一些学生会讲就可以了；课终时是应用，要人人会说，于是强调人人动笔。最后按时间顺序，把有纪念意义的日子罗列出来，既是社会常识的教育，也让学生进一步感受年、月、日的作用及相互之间的关系。

(三)交流一年的天数

1. 现在我们已经解决了两个问题，最后一个问题：一年有多少天？你是怎样计算的呢？

预设三种情况：

31＋28＋31＋30＋31＋30＋31＋31＋30＋31＋30＋31＝365

31×7＝217　　30×4＝120　　217＋120＋28＝365

30×12＝360　　360＋7－2＝365

2. 评析板演，解释算法。

3. 小结：在进行计算的时候，我们要善于观察数字的特点，寻找方便的计算方法。

三、课堂练习在线测试

1. 小结

通过刚才的研究，你有了哪些收获？

能对照课本，说的更具体些吗？

【设计意图】因为本课的知识点比较多，因此安排学生在此对照教材说一说，既是对学习内容的一种回顾与梳理，也是对教材阅读的指导。

2. 有这么多收获，让我们来挑战一下自己

在线作业单项分析结果，进行试题讲解。

【设计意图】Moodle的一项强大功能就是在线测验，并给出即时的反馈，使得教师和学生都能立刻了解到问题所在，并予以调整和进一步研究。可惜的是受到课堂教学时间的限制，只是使学生得到了星级反馈，教师没能根据分析结果在课堂上做进一步的讲解。

四、延伸拓展

有关年月日的奥秘还有很多，在我们的课外拓展中，老师已经给同学链接了一些网站，同学们可以回家后继续学习和讨论。

【设计意图】让学生从课外书或网上查阅资料，解决自己提出的问题，有助于培养学生的学习兴趣和能力。

本节课是基于Moodle平台的课堂教学，利用Moodle平台的课前调查功能，根据教材内容，挑选三个最基本的问题展开课堂学习，同时对学生已有的经验并没有刻意的忽略，而是引导学生从规范、严谨的角度出发进行验证活动，从而展开对年月日的研究和探索。安排二人学习伙伴组，是基于三年学生的年龄特征，使得合作开展得更为有效和实在。

例二：

“节约用水”

活动目的

1. 通过活动，使学生了解水与人类生活、生产的密切关系，通过调查了解目前社会上存在浪费水的现象，认识到保护我国现有水资源的重要性，从而在自己的生活中，能够自觉地节约用水。

2. 培养学生搜集和处理信息的能力，养成尊重事实和数据的科学学习习惯。

3. 渗透学习与实践紧密联系的意识，增强社会责任感。

4. 认识到自身学习的价值，体会到实践活动的意义。

重点、难点

1. 介绍水在人类社会生活、生产中的重要作用，教育学生节约用水。

2. 了解生活中浪费水的现象，从而认识保护我国水资源的重要性。

课前准备：课前完成“社会浪费水现象的调查表”。

教学用具：CAI课件。

活动过程

课前宣传发动：“水是取之不尽、用之不竭的吗？人们在日常生活中使用水的状况是怎样的呢？接下来我们将利用一个月的时间开展一次关于‘节约用水’的综合性学习。希望同学们踊跃参与。我们这次学习和以往有一个最大的不同就是我们将利用一个网络平台进行学习，这个平台的名字叫‘魔灯’，它是一个非常神奇的网络教室，只要你家里有电脑能上网就可以成为这个网络教室里的一名成员。你愿意进入这个神奇的教室进行学习吗？”利用学生对新事物的期待，调动学生学习探究的欲望，使综合性学习拥有一个良好的开端。

利用学校的网络服务器，搭建“节约用水”“魔灯”专题学习平台，利用专门的信息技术课，请信息技术老师教授关于“魔灯”操作的一些基本技巧，帮助学生注册用户，成为网络课程中的一名学生。教师告诉学生，你登录平台的次数体现了你学习的主动性和积极性，你提交资源的多少体现了你学习的成果，以此来激励先进、鞭策后进。

“魔灯”平台上有部分资源及活动设计是由教师提供的，教师提供的资源更多的是起到抛砖引玉、示范引领的作用。我设计了这样一些板块：

1. 文章阅读

主要安排和“水”有关的一些文章，例如《如水的江南》、马超虎的《水》等。引导学生在线阅读，感受有水的幸福和缺水的艰难。

2. 情况介绍

运用形象直观的图片介绍全球、我国水资源的总量，介绍我国城市缺水的严重状况，使学生对我国水资源现状有总体的认识。

3. 知识抢答

通过“魔灯”平台上的“测验模块”设计一些和“水”有关的试题，让学生完成。比如：①人体内的水分，大约占到体重的（　　）。A. 45% B. 60% C. 85%②我国把每年的（　　）月（　　）日所在的那一周定为“中国水周”。

这样的题目能很好地引导学生关注跟“水”相关的信息，而且“测验模块”设计的作业可以及时显示回答的正确与否，在类似知识竞赛的试题完成中让学生体验掌握知识的快乐。

教师提供的信息量不宜贪多求全，注重“少而精”，为的是给予学生思维和学习的空间，为的是调动学生学习的积极性。

在借助“魔灯”平台进行综合性学习中，学生的自主性是非常关键的，我主要设计了这样一些板块引导学生参与学习：

1. 小小调查

引导学生围绕生活中的“用水”开展调查研究，并把调查研究的成果通过作业的形式或利用平台的“论坛模块”提交到“魔灯”平台上来，供教师和其他成员共享学习。通过调查使学生了解“节水”的紧迫性。

2. 经验介绍

让学生写“节水小窍门”，在培养学生节水意识、提高学生语言表达能力的同时，引导学生关注生活，在生活中开展学习和实践研究。

3. 编写公益广告

让学生围绕节水的主题设计一些公益用语，教师可以提供一些范例，比如：“谁是生命的源泉，农业的命脉，工业的血液？”“要像爱护眼睛一样珍惜水资源。”“假如人类不珍惜水源，地球上最后一滴水将是人的眼泪。”要求学生创作的公益用语也能主题鲜明，语言精炼。学生提交完成后，还利用“投票模块”进行在线投票，评出班级“十佳公益用语”。

4. 互动学习

利用“魔灯”平台的“论坛模块”引导学生把自己实践研究中的收获、疑惑、关注的热点发到论坛里来，其他同学登录“魔灯”平台后可以针对自己感兴趣的话题谈自己的感受、体会，使学生在互动中体会分享的快乐。

5. 在线交流

我和同学们约定，每天晚上7：30—8：00是我们在线学习的时间，在这段时间，同学们登录平台后可以进行在线聊天，老师也可以为同学进行在线答疑解惑。

6. 自主添加资源

平台搭建是课程管理者的重任，而完全依靠课程管理者来包罗万象地添加资源，提供和主题学习相关的资源，既不现实，也不利于学生能力的培养。因此教师必须引导学生主动学习，把研究学习的成果及时公布到平台上来，供其他学习者共享，这才是体现“魔灯”课程学习的优势所在。所以我经常利用“魔灯”平台公告栏对学习主动、提供优质资源的学生进行表扬和鼓动，从而激励学生在饱满的状态中完成一次又一次有价值的“主动学习”。

例三：

《大海那边》教学设计与反思

《大海那边》是一篇童话，通过三只小螃蟹的对话，讲述了小螃蟹对大海那边究竟是什么的探讨。课文中三只小螃蟹由“初升的太阳”“驶往美国的船只”和“高挂的月亮”联想到大海那边是“太阳的家”“美国”“月亮的故乡”。最后以“大海那边究竟是什么呢?”结尾，留给读者更多想象的空间。

为了更好的把学习的主动权交给学生，激发他们的主动性和创造性，让学生成为学习的主人，教师突破传统的教学模式，由强化学生的认知向学生独立自主学习转化。借助“魔灯”平台，采用合作学习与自主学习结合的方法，取得了较好的效果。

1. 精心捕捉兴奋点，激发求知欲

美国心理学家布鲁纳认为：“学习的最好刺激，乃是对学习材料的兴趣。”兴趣能激发大脑组织加工，有利于发现事物的新线索，并进行探索创造，兴趣可以诱发学生的求知欲，增强进取动机，转变学习态度，实现了学习氛围，提高学习效率。从心理学角度讲，如果抓住了学生的某些心理，对教学有巨大的推动作用，因此教师要根据教学目标和学生心理去寻觅学生的“兴奋点”，从而激起学生迫不及待地想学、爱学的兴趣。

教师在教学《大海那边》一课时，根据教材特点应用了“魔灯”资源平台，创设一些教学情境，激发学生参与。当老师用“魔灯”平台展示一幅幅大海美景图片时，一下子就吸引了学生的注意力，调动起他们强烈的学习兴趣，之后老师让学生用一两句话说说看到了什么时，学生跃跃欲试：“大海无边无际，望也望不到边。”“大海，水连天，天连水，望也望不到边。”“早晨，太阳升起来了，把大海染成红色，真迷人啊!”“大海时而波涛汹涌，时而像个小姑娘似的平静温柔。”这是学生对大海已经有了美的感受，老师再出示课文第一小节，朗读时自然就能读出美的感觉。接着老师问：你想知道大海那边是什么吗？让我们跟着小螃蟹一起去看看吧！这样的设计，如同一根导火索，激发了学生的求知欲，使学生产生了良好的阅读期待，达到了“课伊始，趣亦生”的目的。

2. 努力创设机会，提供自主参与空间

如果兴趣的激发是培养学生学习的前提，那么创设条件提供参与的机会则是学生自主学习的保证，是一节课成功的关键。教学中，教师根据教材特点和班级学生的实际情况，从一切可能出发，为学生参与学习做好时间、空间、材料、形式等方面的准备，把学习的权利交给学生，把成功的机会留给学生。这是引导学生主动参与学习的关键，也是充分发挥教师主导作用和学生主体作用的落脚点。

课堂教学中，教师借助“魔灯”平台，设计了4次学生利用“魔灯”平台参与学习的机会。(1)在导入环节，让学生看看大海图，用一两句话说说自己印象中的大海，指导学生在“魔灯”平台上以跟帖的形式讨论交流。(2)小组合作自学课文，互相交流识字方法，然后在“魔灯”平台上完成选词填空的练习。(3)学习课文后想想说话：我站在大海边上，我看到(　　　　　　　　)，想到大海那边是(　　　　　)。(4)课后分层(基础练习、加强练习、拓展练习)布置作业。这4次作业让学生在“魔灯”平台参与完成，激发学生主动参与学习的积极性。

苏霍姆林斯基说：“人的内心有一种根深蒂固的需要……总希望自己是个发现者、研究者、探索者，在儿童的精神世界中，这种需要特别强烈。”要满足儿童这种需要，教师就要努力创造机会，让学生主动参与课堂教学的全过程。通过这4次“魔灯”平台的练习设计，改变了已有的练习在课堂上只能少数学生参与交流的现状，全班绝大多数学生都能参与学习，甚至课后还可以通过“魔灯”平台参与交流，为学生自主学习提供了广阔的空间。

3. 自主选择学习方式，发展学生个性

提倡自主选择学习方式，就是把主动权教给学生，培养学生的主体精神。学生有自己的学习方式。如，学生识记生字的方式有很多种，利用汉字结构和笔画笔顺记忆，利用象形字、形声字的构字规律记忆，利用加部首、去部首、换部首来记忆等。在教学中，教师要充分相信学生，放开手让学生主动发展。只有充分相信学生，营造民主宽松的教学氛围，学生才会发表各种见解，才敢于将个性的主体力量充分地释放。

课堂中，学生通过小组合作，根据自己的能力找出学习难点，开动脑筋，运用多种方法解决难点，想出独特的方法来记忆字形。如：许多学生在小组里这样交流，我知道粉色的粉把米字旁换成单人旁就是一份的份，换成草字头就是芬芳的芬，换成绞丝旁就是缤纷的纷。我用加一加的方法记住滩：三点水加难；我要提醒大家末和未不一样；我发现“海洋、波涛”这几个字都有部首三点水；我用写一写的方法记住“漆”……

通过小组合作学习，不仅彻底改变了以往花去整堂课的大半时间来一字一字教，一字一字地学，学生学得无精打采，老师讲的口干舌燥的旧教学模式，为识字教学带来了活力，还使得每一个学生都真正成为课堂的主人，都积极主动地参与到识字教学中来。

当然，学生自主选择的学习方式不一定全都是实效的，或许会走弯路，但毕竟是学生自我选择的，对他来说，会有很深的印象。只是在这个过程中，教师要巧妙地扶，要教策略，要教方法，然后让他们在自我实践中去比较、分析、完善、总结、优化，逐步积累学习策略。当学生掌握了一定的策略和方法之后，教师还必须放手，鼓励学生创新自己的学习方法。

4. 照顾个性差异，人人体验成功的快乐

苏霍姆林斯基说："拥有可以自由支配的时间，是个性发展的一个重要条件。孩子的素质和天资只有当他每天都有时间从事自行选择和喜爱的劳动时才能得到发挥。"学生在认识特点、能力等方面都存在着个体差异，要使全体学生都积极主动地参与学习，必须照顾学生的个体差异，满足各类学生的不同需要。传统教学过分强调"同一性"，忽视学生群体中常态分布的差异现象，要求班级中所有学生达成同一目标，严重钝化了学生的个性。

因此，老师在课后布置作业时，采用了分层教学法，在"魔灯"平台上出示了基础练习、提高练习、拓展练习，引导学生选择完成。这既遵循由浅入深的认识规律，同时又为不同水平的学生提供参与的可能性，能让不同水平的学生感受到成功的愉快。

（基础练习）

（一）读读写写

玫瑰色　海滩　钳子　粉末　比赛　汽笛　漆黑一片

（二）正确朗读句子

1. 海面上突然冒出了个又大又圆的太阳，这里，那里，到处都像撒下了金色的粉末一样。

2. 对面天空忽然一下子变亮了，大海上仿佛架起了一座银光闪闪的桥，一直从海那边通到海滩上。噢，月亮升起来了。

（提高练习）

（一）照样子，写词语

咔嚓咔嚓（　　　　）（　　　　）（　　　　）

玫瑰色（　　　　）（　　　　）（　　　　）

（二）根据课文内容填上适当的词语

（　　）的太阳　（　　）的海滩

（　　）的桥　（　　）的夜晚

（　　）的天空　（　　）的小螃蟹

（三）按要求把句子写具体

弟弟写字

（什么时间？什么地方？怎么样写字？）

（拓展练习）

大海那边到底是什么呢？请你插上想象的翅膀，仿照课文的写法，写一两句话。这时候，我看到(　　　　　　　　)，我说："大海那边是(　　　　　)。"

无论是创新精神，还是创造能力，都以活跃的思维为前提，而活跃的思维需要宽松舒适的环境。在课堂教学中让学生选择自己喜欢的内容学习，选择适合自己能力的作业完成，照顾了学生的个体差异，满足了各类学生的不同需要，能让每一个学生都品尝到成功的乐趣，体验到学习的愉悦。

未来的文盲不是不识字的人，而是不会学习的人。通过这次尝试，我进一步认识到，只有把学习的主动权交给学生自己，调动学生参与学习的积极性、主动性，学生才能真正成为学习的主人。授人以鱼，只供一饭之需；教人以渔，则终身受用无穷。作为教师应当尊重学生，把读书思考的时间留给学生，把学习方法传给学生，达到叶圣陶先生所说的"自读自悟"的最佳境界。把学习的主动权教给学生，既"解放了"老师，又"救活了"学生，何乐而不为呢？

第六节　合作学习评价

目前的课堂教学方式单一，不利于学生创造能力的培养，虽然课堂上也有互动，但教师讲授的时间还是占了很大一部分，这种过于单一的课堂直接导致的结果是学生缺乏创造力。另外由于时间和班级人数较多的原因，课堂上出现的问题不能及时与老师沟通请教，随着时间的积累，也会导致学生失去学习的兴趣，再者，教学过程中，学生会遇到很多问题，有些问题是相同的，课堂上解决不了，课后老师还需要重复回答不同学生提出的相同问题，这样就造成了重复的劳动。

利用"魔灯"平台进行合作学习，可以突破时间和空间上的限制，使师生和生生之间进行很好的沟通与交流，学习的最终目的并非要达成共识，而是扩大视野、促进发展。既然学生对外部世界的理解可以是各异的，合作学习的成果也是开放的，我们不能强求学生在经过合作讨论和交流后一定要形成一致的看法或解题策略，结果虽重要但过程本身更重要，我们更注重的应是合作过程而不是结果，允许多种结果的存在，因此评价也应是开放的，评价个体在集体中的地位与作用的同时更注重由一个一个的个体缔结而成的群体在学习中所取得的成绩。

这种学习方式丰富了课堂教学模式，对教师的理念也是一种冲击，生动活泼的环境也有利于学生创新能力的培养。

一、"魔灯"平台为合作交流、多维互动提供了活力源泉

在实际的教学过程中教师常常会忽视培养学生交流的能力。交流往往只是你说你的、

我说我的，或者是少数能力较强的学生唱“独角戏”。课堂评价的指向非常单一，课堂缺乏真正意义上的平等交流，缺乏实实在在的效果。“魔灯”平台基于建构主义理论，知识是由学习者自己构建的，这种建构发生在与他人交往的环境中，为学生提供了一个与他人交往的平台，创设有个性的作业，打破传统的测验模式。这种成功的课堂交流，在学生充分自主探究的基础上，引发学生思维碰撞，让学生自由地表达、学会倾听，并提出自己有见解的想法。真正实现“课堂交流”在学生学习中的价值。“魔灯”平台的测验功能能在课堂上当堂确定测验的结果，教师可以通过学生测验结果概览学生答题所用的时间、成绩、反馈和所答的结果，及时了解学生对知识的掌握情况，还可以通过分析了解学生整体的得分、标准偏差、区分度、识别指数的各项指标，使学生及时得到反馈，提高学习效率和效果。

为此学校数学学科开展了提高课堂教学效率的研究。结合相关教学理论知识和教学经验，有效课堂交流(师生互动、生生互动力)评价标准表(见表 8-1)。

表 8-1　有效课堂交流评价标准表

评价项目	评价内容	细化指标	达成度			
教学设计	教学目标	(1)知识目标明确 (2)能力目标突出 (3)德育目标有效	A	B	C	D
	教材处理	(1)重难点突出，处理得当 (2)讲授时间恰到好处 (3)练习质高量中				
	教学方法	(1)为学生提供主动参与的时间和空间 (2)自主、合作、探究等方法运用得当，讲求实效 (3)学生中心地位突出，整个教学过程注重学生学习状态的引导和调适				

续表

评价项目	评价内容	细化指标	达成度			
教学过程	教师表现	(1)创造良好的问题探究情境 (2)课堂教学中的集体自由讨论时间得到保证 (3)组织好全班学生的交流，采取了小组合作和同桌合作等方式 (4)热情地参与学生的探究，通过提示、点拨、引导等形式适时引导 (5)宽容与欣赏学生探究的过程和结果 (6)建立民主、平等、高效的评价机制				
	学生表现	(1)学生参与的时间足够，参与内容广度大 (2)学生独立思考能力受到激发 (3)生生交流的时间获得保证 (4)学生参与了高水平的认知活动 (5)学生表现了对解决问题的深厚兴趣 (6)学生参与过程中情感因素获得调动，学会倾听，尊重别人的意见				
教学效果		(1)课堂高效，80%以上的学生能掌握当堂主要内容 (2)课堂教学有个性、有创新、有亮点 (3)学生体验到学习和成功的愉悦 (4)学生的问题意识和求知欲望得到强化				

这种合作交流是班级教学形式的补充和改进，运用课堂交流的目的不是单纯的为了遵循新课程标准而行，更不是为了追寻华而不实的课堂氛围而做，最主要的意义在于发挥集体的智慧、解决学生个体不能解决的问题，而且培养了学生之间合作交往的能力，促进了学生主动性的发展。

二、“魔灯”平台为合作提升、全员参与提供了有效保证

“魔灯”模式的新颖性对高年级学生是一种很好的方式，在“魔灯”平台上学生自己、学生之间、小组之间、师生之间可以进行评价，教师可以对小组、小组可以对个人进行评价，通过它的投票功能，在学习过程中学生随时可以看到投票结果。通过对投票图形的分析比较，学生对于自己和他人在学习过程中的学习方法、学习态度进行了自我反思与相互评价，知道自己在课堂表现自我诊断中的排行，从而改进或改正自己的学习方式、学习态度和学习情感，达到自律的效果。

“魔灯”系统利用网络和自己强大的互动性，拉近了老师和学生之间的距离，使得合作

学习不仅关注学生学习的过程，同样也关注学习的结果，通过结果的反馈，总结经验，寻找不足，激励先进，以期今后能更好地开展下一专题学习。因此，当专题学习告一段落的时候，要对专题的学习进行一次总结，对于专题学习中表现优异的同学进行表扬。总结评价，一方面是对小组学习的情况进行总结；另一方面，对小组的活动情况进行评价，分阶段在小组内对每个同学的表现进行评价，主要从参与是否积极、合作是否友好、工作是否认真负责等方面进行，目的是让每个学生了解自己在小组活动中的表现。教师在进行总结评价时尤其要特别关注那些在学习上有一定困难的学生，对他们的积极参与给予高度的评价。对学生小组合作的评价，要关注学生开展小组合作的结果，也要关注学生在小组合作过程中的变化、发展，包括知识技能的发展，过程与方法，情感态度的发展。通过小组合作讨论、评价与补充后，组织学生对小组活动的过程与结果进行反思，可以使学生感受到小组合作学习有利于交流解决问题，是进行学习思考的一种需要。

事实上，利用“魔灯”平台开展“合作学习”与传统学习相比更有优势，效果更好。原因在于它强大的功能更切合了学科学习的特点：(1)“魔灯”网络平台为综合性学习的开放性提供了可能。平台可以一直存在，学生可以随时随地登录平台进行在线学习，并且可以与教师、其他学生互动学习。与传统的课堂教学相比，它不受时间、空间的限制，而且学习的内容也更开放，学生拥有了更多的自主权。(2)“魔灯”平台摒弃了以教师为主体的课堂教学模式，更强调学生的参与性，更重视学习的过程，学生不仅是学习者，也是传授者。学生的“主体性”地位得到空前的加强，这一点与“综合性学习”的特征不谋而合。(3)学生利用“魔灯”平台可以实现资源的互动共享，学生在合作中学习，在学习中合作。而综合性学习也特别注重学生合作意识的培养。利用“魔灯”平台进行学习，可能教师做的一些前期准备工作比较费时费力，但平台中的学习资源可以供下一批学生再次使用。从这个意义上来说，教师花的时间精力总量应该没有多少增加，而且后来的学生可以在上一批课程学习的基础上进行再一次的充实丰富，使综合性学习更有深度和广度。“魔灯”对于部分教师、部分学校来说，还是一个新生事物，但时代的发展要求我们必须具有与时俱进的气魄和意识。利用“魔灯”平台开展语文综合性学习，带领学生进入数字化学习的新时空，引领学生感受网络技术的魅力，体验信息时代学习的快乐，必将为学生的终身发展打下坚实的基础。

三、“魔灯”平台为转变学习方式、教师专业化发展指明方向

“魔灯”平台的合理利用，使学生的学习和交流打破了时间与空间的界限，为学生能力的提高和发挥带来了新的空间。充分利用“魔灯”进行过程性学习的评价，能改变教师评价

的“特权”意识。教师以一个学习者的身份与学生共同学习，才能最大限度地激发学生的学习热情，教师始终以平等的姿态与之交流、对话，必要时教师还可以“现身说法”，以自己对这个知识的理解过程鼓励学生，诱导学生，让学生感觉老师和我们一样也是知识的探索者，始终以一个学习伙伴的身份给予建议式的评价。使每一个学生都能积极地参与到课堂学习及课外活动中去。但是，人是千差万别的，每个人接受知识、获取知识的方式与快慢都有可能与别人存在明显的差异，为此，教师要对每一个学生的实际水平与课堂中在小组中的表现做深入的了解，只要每一个学生都能在原有基础上稍有点滴的进步，就应给予表扬与激励，让他们充分体验合作的乐趣，充分享受成功带来的快感。

利用“魔灯”平台能促进教师的专业化发展，为了设计好课程，作为教师必须去学习更多的理论知识和相关的课程理念，学习先进的课程技术，这样才能有效地促进教师的专业化发展，进一步提高教师的教科研能力。

利用“魔灯”平台强大的网站管理、学习管理、课程管理三大功能。如：论坛、测试、资源、投票、问卷调查、作业、聊天室等功能，设计互动性强，灵活丰富的课程活动，指引学生利用课外时间在网络上浏览学习，学习课堂上老师没有教授的内容，这种合作学习，不仅能培养学生明辨是非、增长见识的能力，还能培养学生适应社会的能力，养成团结奋进，共同进步的团队合作精神。因此，小组合作学习必须从小培养，要讲究方式和方法，发挥民主，保护学生的积极性，做到互相交流，互相学习，共同提高。小组合作学习是培养学生创新意识的重要学习手段，它能促进学生学会学习，学会交流。作为实验教师，我们应不断探索，努力研究，使小组合作学习形式更完善，更合理，更有效。

正如海伦凯勒曾经说过的：当一个人感觉到有高飞的冲动时，他将再也不会满足于在地上爬。那么面对“魔灯”的到来，我们教育者就要做好准备，用“魔灯”之光照亮我们继续前进的道路。

第九章　协同学习

第一节　协同理论概述

“协同”一词来自协同论。协同论(Synergetics)亦称“协同学”或“协和学”，是20世纪70年代以来在多学科研究基础上逐渐形成和发展起来的一门新兴学科，是系统科学的重要分支理论。其创立者是联邦德国斯图加特大学教授、著名物理学家哈肯(Hermann Haken)。协同论专门从系统演化角度来研究自然界，人类社会各子系统在外界物质、能量、信息作用下产生非线性相互作用而形成协同效应的机理与规律。我们在研究教育系统中的学习时应用这一理论，故称协同学习。

协同论主要研究远离平衡态的开放系统在与外界有物质或能量交换的情况下，如何通过自己的内部协同作用，自发地出现时间、空间和功能上的有序结构。协同论以现代科学的最新成果——系统论、信息论、控制论、突变论等为基础，吸取了结构耗散理论的大量营养，采用统计学和动力学相结合的方法，通过对不同领域的分析，提出了多维相空间理论，建立了一整套的数学模型和处理方案，在微观到宏观的过渡上，描述了各种系统和现象中从无序到有序转变的共同规律。

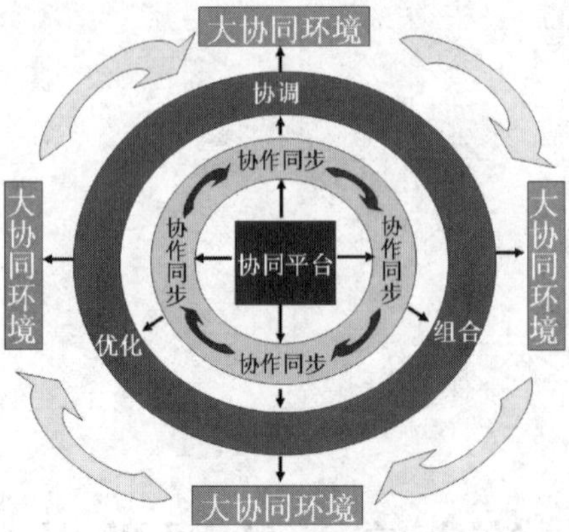

图 9-1　协同论示意图

协同论是研究不同事物共同特征及其协同机理的新兴学科，是近十几年来获得发展并被广泛应用的综合性学科。它着重探讨各种系统从无序变为有序时的相似性。协同论的创始人哈肯把这个学科称为“协同学”，一方面，由于我们所研究的对象是许多子系统的联合作用，得以产生宏观尺度上的结构和功能；另一方面，它又是由许多不同的学科进行合作，来发现自组织系统的一般原理。

客观世界存在着各种各样的系统；社会的或自然界的，有生命或无生命的，宏观的或微观的系统等，这些看起来完全不同的系统，却都具有深刻的相似性。协同论则是在研究事物从旧结构转变为新结构的机理的共同规律上形成和发展的，它的主要特点是通过类比对从无序到有序的现象建立了一整套数学模型和处理方案，并推广到广泛的领域。它基于“很多子系统的合作受相同原理支配而与子系统特性无关”的原理，设想在跨学科领域内，考察其类似性以探求其规律。哈肯在阐述协同论时讲道：“我们现在好像在大山脚下从不同的两边挖一条隧道，这个大山至今把不同的学科分隔开，尤其是把‘软’科学和‘硬’科学分隔开。”

协同论的主要内容可以概括为三个方面：

第一，协同效应。

协同效应是指由于协同作用而产生的结果，是指复杂开放系统中大量子系统相互作用而产生的整体效应或集体效应(《协同学引论》)。对千差万别的自然系统或社会系统而言，均存在着协同作用。协同作用是系统有序结构形成的内驱力。任何复杂系统，当在外来能量的作用下或物质的聚集态达到某种临界值时，子系统之间就会产生协同作用。这种协同作用能使系统在临界点发生质变产生协同效应，使系统从无序变为有序，从混沌中产生某种稳定结构。协同效应说明了系统自组织现象的观点。

第二，伺服原理。

伺服原理用一句话来概括，即快变量服从慢变量，序参量支配子系统行为。它从系统内部稳定因素和不稳定因素间的相互作用方面描述了系统自组织的过程。其实质在于规定了临界点上系统的简化原则——“快速衰减组态被迫跟随于缓慢增长的组态”，即系统在接近不稳定点或临界点时，系统的动力学和突现结构通常由少数几个集体变量即序参量决定，而系统其他变量的行为则由这些序参量支配或规定，正如协同学的创始人哈肯所说，序参量以“雪崩”之势席卷整个系统，掌握全局，主宰系统演化的整个过程。

第三，自组织原理。

自组织是相对于他组织而言的。他组织是指组织指令和组织能力来自系统外部，而自组织则指系统在没有外部指令的条件下，其内部子系统之间能够按照某种规则自动形成一定的结构或功能，具有内在性和自生性特点。自组织原理解释了在一定的外部能量流、信息流和物质流输入的条件下，系统会通过大量子系统之间的协同作用而形成新的时间、空间或功能有序结构。

第二节　协同学习理解

西方的协同学与东方的和合论为我们教育的创新、持续发展提供了丰厚的理论营养，素质协同教育运用协同学与和合论建构了深入实施素质教育的新模式——协同学习。

“协同学习”是基于对教育本质的认识，是把学习当做无数的关系来看待，各种关系的妥善处理和安排，必使教育臻于“和合”，即和谐、合作。这种对学习本质的研究，具有独特的视角。其实，协同和合是教育的理想境界，也可说是对理想教育的追求。

我们也可以把“协同学习”理解为一种教育管理的理念，以及从这一理念出发，做出的制度的设计和安排。学习是一个系统，系统中的各种关系只要处在开放状态，必然会产生新的有序结构，结构的有序必然使各种关系和谐、协同、合作，进而去创造。人的素质同样如此，各种素质间相互依存、相互渗透、相互促进，就能发挥出结构的力量，促使人的素质发展。教育的管理及其制度安排要从这一前在的预设出发，通过各种措施，提高教育水平，发展人的素质。

一、协同学习理论的创新基础

西方系统科学的协同学理论、东方传统文化的和合学理论与现代科学研究的量子教育学理论、邓小平理论核心辩证法思想的协同和合。

二、协同学习的理论创新逻辑

协同学习理论逻辑如下：

(1)宇宙之内物(包括人)与物(包括人)之间、能(包括精神)与能(包括精神)之间、信息(包括物的信息和人的信息)与信息(包括物的信息和人的信息)之间以及三者相互之间的相互联系状态就是“场”。任何场都是一个系统。人类世界是由无数的场组成的。人或人的素质就是一种场，教育是一种场，教学或学习也是一种场。

(2)“场”与“场”之间通过物、能、信息的交换而演变、发展。场的演变、发展运动促进场内的物、能、信息处于协同关系，达到“和合”状态。这时系统就是有序、平衡的。人类生命存在、延续和发展是一种“场”的运动，大教育的概念就是这种场的运动。个人生命的存在、延续和发展也是一种“场”的运动。狭义的教育、教学、学习的概念也是这种场的运动。

(3)场的强弱是有能量等级的。场处于协同的演变状态，将由弱变强，否则相反。个人生命场有四种层次的能量等级：

自然人	觅食、御寒、欲望	本能性	本能需要的协同和合
社会人	自尊、交往、友爱	发展性	社会需要的协同和合
国际人	和平、发展、富裕	协同性	人类需要的协同和合
理想人	地球、资源、环境	和合性	人与自然的协同和合

教育是人类生命场内促使物、能、信息协同、和合，提升个人生命场能量等级层次的社会活动。

(4)个人生命场内的物、能、信息综合表现为“素质”。从人的六种最基本的生命活动看，人的素质是多方面组成的：

生理活动——身体素质；

思想活动——心理素质；

生存活动——劳动素质；

交往活动——道德素质；

承创活动——文化素质；

享受活动——审美素质。

个人生命场在一定意义上讲就是“素质场”。素质教育就是提升人的素质场层次的活动。

(5)区域教育教学的各级各类管理协同体组织是充分、高效地开发利用教育资源，促进教育均衡化，实现教育的公平理想的重要途径。

第三节 区域协同实施

信息化环境缩短了时空距离，使区域协同变得触手可及而又运行高效，从而使区域内的有效学习得以整体发展。

一、区域教育协同

区域教育协同是把区域内的各级各类教育机构作为一个场性发展的整体组织，在办学方向、办学机制、教育资源的合理配置、教育经费的科学投入分配、教育教学的整体改革等重大问题上协同合作，实现高效运作，从而使有效学习得以更好的实现。

二、区域学校教学协同

学科基地是基本形式之一。在学科基地活动中，教师通过教学观摩、教学研讨、理论学习等多种形式，对新的教育教学问题进行探究，对新的教育教学方法进行探索，对相对前沿的教育教学思想进行研究，对新的教育成果进行转化。广泛而频繁的接触和交流，促使教师不断地学习，提高教学水平。

学科基地打破了校际之间的壁垒，从相互竞争走向合作共享。在学校教科研力量比较薄弱的情况下，充分挖掘区域内骨干教师的潜能与作用，发挥区域内学校强势学科的协同作用和辐射作用，这对推进区域内相对薄弱学校的校本教研很有作用，也在一定程度上为教育均衡发展做出了贡献。

三、区域学校管理协同

以学校为现场，针对学校中实际发生的问题进行分析研究，探讨问题解决的有效途径。为了解决问题，必须学习法律、法规，寻找政策的支持；为了解决问题，必须自我超越，寻找共同愿景，形成解决问题的共识；为了解决问题，必须改善心智模式，寻找根本解决问题的系统思路。从而提高校长的教育理论水平和实践能力。

在管理协同体中校长摆脱庸碌的事务主义、唯上主义，不断提升教育思想，提高办学水平，真正将新课改作为学校的中心工作。校本教研的领头人——校长充分认识到唯有通过自身的变革和发展，才能实现教育的变革和发展。

四、区域教师备课协同

集体备课是教师备课协同的基本组织形式。在区域推进校本教研的过程中，利用区域内优势教育师资，提供专业引领，带动新课程改革薄弱学校的校本教研工作，促进教师在集体备课中同伴互助、自我反思、交流促进，获得专业成长。使区域内的教师共享理念，共享资源，共享方法，在实现新课程改革的整体推进中共同成长。

新课改对教师而言是一次从认识到技术的全面挑战，开放的教学是在教师大量的前期准备的基础上进行的，事实上加大了教师的工作量。在让学生体验学习的愉快时，也应该让教师体验工作的愉快。新课改提倡“自主、合作、探究”，教师也应打好“团体战”。

教师备课协同体中，各科教研员与课改中心组成员就相关教材进行明确分工，把每一节教学内容落实到每一个学校备课组，由各校教学校长主抓，教导主任负责，纳入学校教学工作计划，并将此工作作为学期的一项重要工作来落实。各学科教研员以先进的教育理论为指导，与教师共同备课。优秀课案经汇总提供给每一位老师，由老师视班级、学生等具体情况做定夺。集体备课减轻了教师的备课负担，发挥了骨干教师的引领作用，实现了教师智力资源的共享，提高了教学设计的水平。

而信息化环境更为这种区域内的跨地域教研插上了腾飞的翅膀。例如，目前已经成功举办了数届的 NOC 大赛中的“网络团队教研”竞赛，就充分展现了信息化环境下区域教师备课协同的新方向。

五、区域教育评价协同

教育评价协同体是教学质量监控行动研究组织。成员主要是学校分管教学的校长和学科主任。学校之间围绕某一专题组织互查，针对某一年级某一阶段的教学组织检测，开展某一学科某一主题的教学评比、学习竞赛等是教育评价协同体的主要活动。

第四节　区域协同例谈

在信息化环境下，推进区域协同，可以有效地实现教育均衡。以南京市游府西街小学为例，在自身不断发展的情况下，不断将自身的教育教学、教育管理、教育科研等方面的优势向外辐射，逐渐形成了总校分校一校四区的教育联盟。总校的优质教育资源如何辐射到分校，信息化环境提供了一个有效的解决方案。而这一切的实现，只需要搭建一个非常简单的网络考研平台即可，甚至可以利用现成的网络资源，而无须开发。例如，在网络上注册一个网络考研博客，或利用一些网络在线交流工具，如 MSN、腾讯 QQ、飞信等。

以区域教师备课协同为例，总校和分校的同年级同学科，就通过信息化环境实现了区域的协同备课。例如，五年教研组教师的备课就经历了这样一个过程：

第一步，先由各校教师分别独立备课。

第二步，各校教师在校内将独立备课教案整合成集体备课教案。

第三步，四校集体备课教案互评。

第四步，修改提升各校集体备课教案。

第五步，在区域集体教研时，总结评述。

以《装满昆虫的衣袋》一课的备课为例，分别呈现个人备课的成果及区域协同备课后的最终教案，可以直观地看出区域教师协同备课的成果。

例一： 个人备课教案

《装满昆虫的衣袋》教学设计

〈第二课时〉

【教材分析】

《装满昆虫的衣袋》是苏教版小学语文五年级上册第二单元一篇童趣十足的叙事性文章。文章记叙了著名昆虫学家法布尔，从小就对昆虫非常入迷的故事：一件是法布尔很小的时候就因为好奇去抓一只会唱歌的虫子，结果很晚回家，引发了父母的一场虚惊；另一件是法布尔八九岁时去放鸭子，他利用这个时机在池塘边的草丛里观察，采集了许多昆虫，遭到了父母的责骂。通读全文，既可以从通俗的语言文字中感受到小法布尔对昆虫的兴趣和喜爱，又可以透过语言文字的本身得到热爱自然、热爱科学的情感熏陶。

从单元划分上来看，本单元的主题为“自然的奥秘”。本文也充分体现了这一特点，同学们可以从法布尔身上看到走进自然，会有无限精彩的世界。

从本文的写作特点来看，本文又是一篇极有特点的写人文章的范例——通过典型事例，展现人物特点。本册第一单元的习作，就是一篇写人的文章，本文正好可以让学生更进一步领悟写人文章的特点，学会修改自己的文章。

【学情分析】

本课记叙了法布尔从小对昆虫入迷的故事，课文通俗易懂，富有童趣。但是学生对法布尔的了解比较少，让学生了解法布尔对课文的理解有一定的帮助，所以课前的准备工作要比较到位！

课文的重点是第 2 段，要引导学生在认真阅读中受感染，从中获得有意义的启示！

从第一单元的作文情况来看，学生对通过典型事例表现人物特点的写法，掌握还不是非常到位，可以利用本文的学习，让学生进一点领会，并修改自己的习作。

【教学目标】

1. 知识与能力

①学会本课 7 个生字，两条绿线内的 4 个生字只识不写。理解由生字组成的词语。

②正确、流利、有感情地朗读课文。

③练习默读，有一定的速度，并能够在默读过程中进行思考。

④进一步领悟写人文章的特点，以及侧面烘托的表达方法。

2. 过程与方法

①从学生有限的生活积淀和自身的阅读体验出发，引导学生紧扣文中描写法布尔迷恋昆虫的重点语句，在读中一步步走进人物内心，走进人物的精神世界。

②在有感情地朗读中，加深对语言文字的理解。

3. 情感、态度、价值观

让学生从法布尔的故事中受到启示，养成从小热爱自然、热爱科学的志趣，并在领悟法布尔执著追求、不懈探索的精神过程中，爱到启发。

【教学重点、难点】

1. 从学生有限的生活积淀和自身的阅读体验出发，引导学生紧扣文中描写法布尔迷恋昆虫的重点语句，在读中一步步走进人物内心，走进人物的精神世界。

2. 领悟本文的命题方法，及命题常识。

【教学准备】

1. 多媒体 CAI 课件。

2. 提前布置学生阅读《昆虫记》。

【教学过程】

一、回顾初读，整体把握

1. 在第一课时的学习、阅读中，法布尔给你留下印象最深的是什么？（对昆虫着迷）

2. 课文是通过哪几件事来表现法布尔痴迷于昆虫的特点的？

3. 小结谈话：现在，我们就来细细地品读这篇文章，感受法布尔从小就对昆虫着迷的特点。

【设计意图】引导学生回顾旧知，从整体上把握文本，为本节课的学习做好充分的准备。

二、细品课文，领悟特点

〈一〉品读第 1 段，感受环境

1. 指名朗读课文第1段。思考：从第1段的阅读中，你对法布尔有了哪些了解？

2. 学生汇报自己的阅读收获。(出生年月、生活环境、从小对昆虫着迷……)

3. 默读思考：既然本文主要介绍的是法布尔，第1段“村子里小溪纵横……”这句话还写它有什么用呢？可不可以删除呢？

4. 学生交流自己的见解。

〈二〉品读“捉纺织娘，引发虚惊”的故事

1. 默读、批注：从哪些语句中，你感受到了法布尔对昆虫的着迷？

2. 学生默读、批注后，交流。

“一天傍晚，暮色笼罩了田野，爸爸妈妈忙完农活正要回家，法布尔不见了。”

(从中可见法布尔已经完全沉浸在捉小昆虫的乐趣中，忘记了时间，忘记了一切。)

“妈妈，我在这儿呢！瞧，我抓到了那只会唱歌的虫子！”

反复品味，在朗读中体会法布尔兴奋的心情。

指导过程：

为了抓住这只虫子，法布尔用了多长时间呢？(三天多)现在终于抓到它了，你能体会到他此时的心情吗？读出来！

在这三天多的时间里，他都找过哪些地方呢？(庄稼地、水渠边、草丛里、荆棘丛……)而现在，法布尔终于抓到它了，你能体会到他此时的心情吗？读出来！

在这三天的时间里，为了寻找这个“歌唱家”，法布尔会遇到哪些困难呢？发挥你的想象，说一说！(手被扎出了血、衣服划破了、被蚊虫叮了……)而现在，法布尔终于抓到它了，你能体会到他此时的心情吗？读出来！

3. 带着自己的感受，齐读课文第2、3自然段。

〈三〉品读“捉小甲虫，遭受责骂”的故事

1. 默读、批注：从哪些语句中，你感受到了法布尔对昆虫的着迷？

2. 学生默读、批注后，交流。

“他把鸭子赶进池塘以后，就去水边逮蝴蝶，捉甲虫，或是蹲下来静静地观察奇妙的水底世界：漂亮的螺壳、来回穿梭的游鱼、五彩缤纷的蠕虫……”

(一个小池塘，在我们眼里真是太平常不过了，而他是如此认真、细心地观察，在法布尔的眼睛里，大自然充满了奇趣，是多姿多彩的。)

3. 除了看到螺壳、游鱼、蠕虫，还可能看到了些什么呢？(插上想象的翅膀)

拓展阅读法布尔原文《神秘的池塘》。(课件出示片段)

指导朗读。

“法布尔高兴极了。他把这个小宝贝放进蜗牛壳里，包上树叶，装进自己的衣袋，打算回家后再好好欣赏。”

〈四〉理解法布尔选择的物品：为什么要用“蜗牛壳”和“树叶”呢？

对比体会：如果把“装”换成“塞”好不好呢？

指导朗读，读出法布尔的高兴，与他的小心翼翼。

“夕阳西下，法布尔赶着鸭子，满载而归，心里甜滋滋的。”

（体会法布尔那种内心的满足，收获的喜悦。）

“可是父母的责骂丝毫没能阻止法布尔对昆虫的迷恋。以后每次放鸭，他仍然兴致勃勃地捡那些‘没用的玩意儿’，背着大人把衣袋装得鼓鼓的，躲起来偷偷地玩。”

〈五〉父母是如何责骂法布尔的？他们说的有道理吗？

1. 指导朗读：读出父母严厉的语气，以及又爱又恨的感情。

2. 在受到了父母的责骂以后，法布尔是怎么做的？体会他的心情。

3. 教师引读。(课件出示)

——他依然会(对自然里不知名的小虫充满好奇；)

——他依旧会(把鸭子赶进池塘以后，就去水边逮蝴蝶、捉甲虫，或是蹲下来静静地观察奇妙的水底世界；)

——他仍然会(拣好多的贝壳和彩色的石子，把两个衣袋塞得鼓鼓囊囊的；)

——他仍然会(在夕阳西下时赶着鸭子，满载而归，心里甜滋滋的。这些心爱的宝贝依旧背着大人被他装进鼓鼓的衣袋，躲起来偷偷地玩。)

4. 从“丝毫没能”，你读出了什么？联系前文想一想，以后放鸭子，法布尔会做些什么呢？

5. 课文为了表现法布尔对昆虫着迷，写到第6自然段就已经表现得很充分了。为什么还要写父母对法布尔的责骂呢？(初步领会侧面烘托的写作方法)

【设计意图】“阅读是学生的个性化行为”，本环节的教学过程，教师主要引导学生通过细读文本，品味文字，来触摸法布尔的内心世界。同时也进行了联系上下文和自己的积累，推想课文中有关词句的意思，体会其表达效果的训练。

三、深思课文，领悟精神

1. 快速默读全文

思考：法布尔为什么能够成为一位伟大的昆虫学家？(①从小就对昆虫着迷；②具有锲而不舍地探究、执著追求的精神。)

(如果学生只能理解到第一点，则再提问：从小对昆虫的着迷与长大成为昆虫学家有必然的联系吗？引导学生思考第二点。)

2. 回答课后思考练习第三题：这篇课文为什么要用“装满昆虫的衣袋”作题目？

四、获得启迪，扩展收获

1. 从法布尔的成功中，你受到了什么启发？

（老师送你们一句话：兴趣是最好的老师，坚持是成功的前提）

2. 第一单元的作文，我们都写了自己的一位老师。与这篇文章一样，都属于写人的文章。读了这篇文章以后，对于我们修改自己的第一篇文章有哪些启发呢？

【从第一单元的学生作文来看，很有必要加强对学生通过典型事例展现人物特点的写法。故在本环节的教学中，对此作了渗透，力求读写结合，相得益彰。】

五、拓展阅读，加深理解

法布尔的一生，是为昆虫的一生，他一生为虫子写出了十卷大部头的书，这些写虫子的书一版再版，先后被翻译成了五十多种文字，引起了一次又一次的轰动，这不能不被称为奇迹中的奇迹。课后请大家去读读《昆虫记》，感受一下法布尔笔下生动的昆虫世界。并阅读"班级博客"中的有关栏目，了解法布尔的故事，更进一步了解法布尔。

板书设计：

装满昆虫的衣袋

捉纺织娘　引发虚惊

着迷　迷恋　痴迷｛　　　　　　　｝锲而不舍　执著追求

捉小甲虫　遭受责骂

（典型事例）

例二：　火瓦巷小学集体备课组对游小教案的评价

整合有度 理趣导引

——对游小教学设计的评价

【发表人：小语火小备课组】

尊敬的游小备课组教师们，你们好！我们在阅读你们的个人设计和团队设计的基础上进行了深入研讨，一致认为：你们的总设计聚集了个体智慧，整合有度，理趣导引。设计遵循语文教学的规律，顺应学生身心发展的特点，立足文本，立足学情，彰显开放性，飘逸语文味。线条清晰，整体观照，文本解读适度，课件设计精当，较为充分地展现了教学设计的意图，达成了教学目标的实现。

其亮点多多：

一、儿童的语文——投向自主

儿童就是儿童，他们既不是缩小的成人，也不是成人的预备。儿童是一个在思想上、精神上、人格上独立的人。儿童是天生的学习者，是天生的幻想家，是天生的诗人。语文是儿童的，语文是为了儿童的，语文只有融入儿童的精神世界才是有意义的。因此，语文必须从成人霸权中走出来，还儿童以发展语文素养的自主权。语文教师的任务，主要不是教导学生、控制学生，而是通过课文向学生提供一个更活跃、更开阔的语文实践平台。在“还”的过程中，语文教师应该自始至终、自觉自愿地成为学生语文实践的组织者、服务者和帮助者。

贵校的教学设计立足儿童精神成长，回到了儿童生活的起点，以一问串全篇：“引导学生默读课文，勾画能表现法布尔喜爱昆虫的词句，写下感受”，所有的课堂学习活动都是在这一主问题的推进下有效展开，留给学生大量的自主阅读的空间，真正尊重学生的主体地位，激发学生的阅读愿望和激情，洞见学生在语文实践过程中可能遇到的困难和障碍，诱发学生作为一名读者的发现和创见。

贵校的教学设计犹如一位智慧的向导，引领学生经由一篇课文走向一片新的语文天地，通过“圈画词句、批注感受”的设计，让我们真切地感受到语文素养本身是不能通过诸如告诉、教导、训诫等手段而获得的，只能提供言语对象，引发学生作为语文学习的主人去感觉、去领悟、去精思、去玩味；而更重要也更艰难的是，贵校的教学设计自始至终在启发学生去感觉和反思自己的阅读行为，提升阅读质量。

二、本色的语文——指向表达

本色语文，就是让学生徜徉在内涵丰富的语言文字中，用自己的感官和心灵去触摸语言文字，用自己的情感和体验去观照语言文字，用语言文字滋养稚嫩的心灵，用自己积淀的语言文字去放飞心灵；就是让学生吮吸着汉语言文化的乳汁健康幸福地成长。本色语文说白了，就是用语文的方法学语文，语文的魅力在语文里。

贵校的教学设计正是用语文的眼睛看语文，用语文的耳朵听声音，用语文的嘴巴去交谈，用语文的心灵去感受、去思考、去体验，完全用语文的方式在教语文。诸如，课始有对“着迷、迷恋、痴迷”三个词语的意义理解、使用范围的理清；课中有对“塞——装”、“放——扔”等动词的辨析，通过场景置换、角色变换等方式搭建学生自主表达的平台；课末有对课题的推敲、对写法的体悟，无不烙下语文的印记。

语文教学是追寻言意兼得的师生生命成长过程：由“言”达“意”，是理解的过程、内化的过程；由“意”生“言”，是倾诉的过程、外化的过程。如，在“写法渗透，再现‘迷’”板块中，设计了“写法探讨：法布尔父母责骂的部分可不可以去掉？为什么？”这一环节，关注文本中的语言因素，以语言文字为载体和依托，不仅让学生明白语言文字所承载的内容，即“写的是什么”，让学生体悟这些语言文字中所蕴涵的情感，即“表达的是什么”，还让学生知道作者是用什么样的语言形式来承载这些内容的，即“怎么写的”，将学生的阅读视角引向探寻文本的奥妙之处，这是强烈的语文意识使然。这种方向是必须的，完全符合语文教学的规律，回归了语文教学的真义，追寻语文教学的价值。我们一直认为：只有锄定语言文字的阅读教学才是真正的语文课。

三、智慧的语文——走向灵动

语文，因其生动厚实的内容和多姿多彩的学习方式，鼓舞着师生在语文学习的园地里探索语言奥秘，交织丰富情感，发展智慧能力，丰厚文化底蕴。教师的智慧引导，会使课堂呈现出雄辩与碰撞、给予与分享、苦思与顿悟的美妙境界。教与学是一种智慧的耕耘，用语文来滋润生命，让课堂充满智慧的灵光。

贵校的教学设计以“迷”做红线，实施板块教学，结构紧凑，层层递进，将散落于文本中的颗颗“珍珠”串联，巧妙地将文路、学路与教路三者统一整合，圆融和谐，从“楼梯状”的板书设计，我们也能充分感受到设计者的匠心独运。该设计还能走出情节推进的窠臼，不搞架空分析，不追求表面浮华，创造性地用教材教，启迪学生智慧的同时，丰盈学生心灵之泉，鲜活的生命因此而灵动。

四、信息化的语文——迈向高效

《语文新课程标准》指出：“语文是实践性很强的课程，应着重培养学生的语文实践能力，而培养这种能力的主要途径也就是语文实践。”“应该让学生更多地直接接触语文材料，在大量的语文实践中掌握运用语文的规律。”语文教学信息化，突破了传统的教学模式，体现了“以教师为主导、学生为主体”的新的教学理念，使语文教学向课外延伸，发挥了学生的创造才能，真正落实“学生是语文学习的主人”。语文教学信息化具有无比的生动性，交互功能非常强大，教师充分发挥信息化的优势，指导学生创造有意义的生活，为学生搭建学习交流的平台，使得语文教学从“少、慢、差、费”的泥淖中轻快走出，开辟了广阔的实践空间，迈向了高效的语文生活。

贵校的教学设计将信息技术与语文教学整合，不是仅仅把信息技术作为辅助教师教学活动的演示工具，而且达到了信息技术与语文教学的较为完美的融合。课件从第二屏就设计了交互按钮，将教学设计的思路通过交互得到充分实施，将文本的重要信息清晰地呈现，有空间、有情感、有意境，它不仅是学习内容的交互平台，也是师生思维碰撞的交互平台。

这样的整合也验证了著名心理学家皮亚杰说的：“只有要求儿童作用于环境，其认识发展才能顺利进行。只有当儿童对环境中的刺激物进行同化和顺应时，其认识结构的发展才能得到保障。”也就是说，在具体、形象的感知中，学生才能真正进入知识探求的情境中。

叶澜教授关于好课的标准中曾提到“好课是有待完善的课”，在我们团队共研中发现，贵校的教学设计也略有疏漏之处：

1. 文题之错序：

文题，集中呈现了该设计的主要理念、路径以及追求的目标。但细细读来，我们发现上句中的“对话”一词，与下句中的“升华”未构成对仗关系，“对话”是路径、是方式、是理念，而在这样非常重要的题眼中将“对话”表述为一种目标，显然是欠妥的。

【建议：将文题改为《“对话中探‘迷’”，涵咏中升华》。】

（编者注：游小集体备课后的教案为此名）

2. 问题之杂糅

贵校的设计关注到了对课题表达精妙的赏析玩味，用“除了用‘装满昆虫的衣袋’为题目，你还有什么新创意吗？课文的题目好在哪里？”作为任务驱动学生的思考。不难发现，第一个问题本身已经暗示学生原课题是无亮点、无创意的；而第二个问题又问原课题好在哪里，有自相矛盾之瑕疵。

【建议：将两个问题对调或者将第一个问题改为教材上的原问题，即“这篇课文为什么要用‘装满昆虫的衣袋’作题目？”】

3. 指导之缺位

“课后拓展，提升‘迷’”这一板块，体现了设计者有大语文观，注意了适度拓展、课内外的链接，延展了文本的长度，致力于学生语文素养的提升。但是我们感觉，两项作业的布置问题略显空泛，指导略显缺位，第一处设计只是使用了网络平台，只是一个平面的资料呈现，没有发挥该平台立体交互的作用。

【建议：引导学生这样使用博客平台：先写下自己的读后感，上传到指定博客，老师和其他同学跟帖，写下感言。再根据老师和同学们所提建议，进行二次修改，再次上传。最后评选“优秀练笔”和“精彩跟帖”各10篇。】

4. 表达之矫饰

课末，与塑像对话板块中，贵校设计了一项表达训练：“法布尔，我想对你说；爸爸、妈妈，我想对你说；亲爱的同学们，我想对你说。”我们认为后两句不是出于对学生言语发展的需要，没有指向“塑像”背后法布尔对科学潜心与执著的精神，设计的方向偏失，造成学生的空诉：表达上的空洞，情感上的矫饰，游离于主旨。

【建议：将此训练改为“我来到法布尔的塑像前，想对他说……”“（　）来到法布尔的塑像前，想对他说……”】

贵校的教学设计带给我们很多启迪与思考，收获颇丰。至于建议，只是我们不成熟的拙见，不当之处，请多斧正。区域协同教研的最大特色便是发挥伙伴互助、团队共进的优势，让我们共同在区域备课协同的平台上用智慧演绎新的精彩！

例三： 游府西街小学集体备课组修改后的教学设计：

探"迷"中对话 涵咏中升华

——《装满昆虫的衣袋》第二课时教学设计

【教材分析】

本课是苏教版五上第二单元的一篇课文，属于"走进自然，学会观察"的单元系列。本课是对法国著名昆虫学家法布尔小时候对昆虫迷恋的故事介绍，以"装满昆虫的衣袋"这样有趣的题目为题，让学生从精彩的描写中，感受到法布尔热爱自然、潜心观察、执著追求的精神。在学习这样有情有趣的文章时，教者应该引领学生把握好文章的基本格调和根本思想，一是需要建构与文本作者对话的空间，并期待通过与作者的对话，走进作者的内心世界，走进作者眼中的伟大科学家法布尔；二是需要营造师生与语言文字本身对话的氛围，做到在文本中走个来回，既要和法布尔一同体验捉虫的快乐与兴奋，又要从法布尔的身上得到更多的关于成长的启示；三是需要形成有效、实在的师生对话的场景，需要师生在这些特定的、未知的场景中碰撞、交融。

【学情分析】

学生已经进入高年级，但正处于中段向高段过渡的阶段，学生自主阅读、自主感悟的能力已经初步形成，但还不稳定，还需要对学生进行适当的阅读方式的指导。对于一些精彩的文字学生可以通过自主品读感受文字背后传递的情感，体会法布尔对昆虫的痴迷。进入高年级，不仅要让学生去触摸文字、感受语言，还要让学生学会必要的表达方法，如：课文通过侧面描写来表现法布尔对昆虫的痴迷等，在学生感悟语言的过程中渗透必要的写法指导。

【教学目标】

1. 知识与能力目标：

(1)让学生能正确、流利、有感情地朗读课文。

(2)通过感悟比较文中"着迷""迷恋""痴迷"三词表达程度的区别，并通过区别三词的过程中感受法布尔的精神。

(3)知道这篇课文为什么要用"装满昆虫的衣袋"作为题目，学会具体事例表现人物的写法，初步感受侧面描写的作用。

2. 过程与方法目标：

(1)采用自主阅读、自主感悟的方法，让学生在品味语言文字的过程中扣重点词语感受到法布尔对昆虫痴迷的精神。

(2)通过朗读表现自己体会到的情感。

(3)以文本作为迁移点，进行说话训练。

3. 情感、态度、价值观目标：

(1)让学生从法布尔的动作、语言中感受其对昆虫的迷恋，体会他执著的精神，培养学生走进大自然、热爱大自然的习惯。

(2)从法布尔的成长经历中学习仔细观察的态度和习惯，找到"打开大自然绿色课本"的金钥匙。

【教学重点】

1. 采用自主阅读，圈画批注的方法，让学生在品味语言文字的过程中感受到法布尔对昆虫痴迷的精神。

(确定依据：《语文新课程标准》指出，"阅读是学生的个性化行为。""应让学生在主动积极的思维和情感活动中，加深理解和体验，有所感悟和思考。")

2. 在正确流利朗读课文的基础上，带着自己的情感读书，能有感情地朗读课文。

(确定依据：在理解的基础上，通过有感情地朗读加深对语言文字的理解，这是高年级学生应具备的能力。)

【教学难点】

1. 通过感悟比较文中"着迷""迷恋""痴迷"三词表达程度的区别，并通过区别三词的过程中感受法布尔的精神。

(确定依据：这三个词语意思相近，学生辨析起来有困难。)

2. 知道这篇课文为什么要用"装满昆虫的衣袋"作为题目，学会具体事例表现人物的写法，初步感受侧面描写的作用。

(确定依据：这是本文的课后思考练习题，且本文的命题方法独特，学生在此之前接触不多，不易理解。侧面描写的写作方法，学生容易忽略。)

【教学准备】

1. 虽然第一课时前已经让学生收集了有关法布尔的资料，但课前依旧要学生将资料中的内容进行取舍，专门收集法布尔对昆虫痴迷的相关资料。

2. 布置学生继续将课文读正确流利。

3. 根据自己的预设寻找相关的资源，设计相关的CIA课件。

4. 利用Moodle，提供阅读交流的平台。

【教学过程】

一、整体把握，引出"迷"(时间预设：6分钟)

1. 通过上节课学习，法布尔留给你怎样的印象？

2. 同样都是表现法布尔对昆虫的爱，课文中却出现了这样三个词：着迷 迷恋 痴迷。(板书，让学生仔细看老师工整书写，同时呈楼梯状)

【设计意图】以这三个重点词语为抓手“牵一发而动全身”，使这节课有一种“提领而顿，百毛皆顺”的整体效果。

3. 自由快速地读课文，画出文中分别含有这三个词语的句子。

4. 学生读书、画句子、交流后出示：

法布尔从小就对小虫子非常着迷。 可是父母的责骂丝毫没能阻止法布尔对昆虫的迷恋。 正是这种对昆虫的痴迷，把法布尔引进了科学的殿堂。

5. 再读一读这些句子，你又有什么新发现呢？（法布尔对昆虫的喜爱是逐渐加深的；越来越喜爱昆虫；完全投入进去，异于常人。）

【设计意图】由词语到句子，让学生结合具体语境加深对词语的理解，实现对词语理解的第二次飞跃。这三个词语到学生谈具体事例的时候，可以再结合具体事例加深理解。

二、自主阅读，感受“迷”（时间预设：28 分钟）

（一）与文本对话，批注理解（时间预设：5 分钟）

1. 回忆一下，课文列举了哪些事例，体现出法布尔对昆虫不同寻常的喜爱？

（觅纺织娘　　捉小甲虫）

2. 请同学们默读课文，勾画能表现法布尔喜爱昆虫的词句，将你的感受写在旁边。

【设计意图】学生自主感悟是高年级学生语文能力之一，只有使学生与文本之间深度对话，让学生的语言与精神进行同构，在学生的精神领域里才能产生新的言语，为师生间多元对话打下基础。

（二）师生对话，交流感受（时间预设：15 分钟）

（教师尊重学生主体阅读的选择性，由学生交流印象深刻的句子，教师根据学生交流的句子顺势出示相关语句）

【具体预设】

• PPT 出示：“妈妈，我在这儿呢！瞧，我抓到了那只会唱歌的虫子！”

A. 谁再来读读法布尔的话？（指名读）

B. 你认为这段话该怎么读？说说自己的理由。（激动、欣喜若狂、兴高采烈……）

C. 教师引读：一天傍晚，暮色笼罩了田野，妈妈忙完了一天的农活，正要回家，突然发现法布尔不见了！妈妈边跑边喊：

“法布尔，你在哪儿？”

也许你在离我很远的地方，远远地告诉我——

也许你突然从我身边的草丛里冒出来——

也许你还会手舞足蹈地跑过来告诉我——

•PPT 出示：三天前，法布尔就告诉她，花丛里经常传出一种动听的声音，不知是谁在唱歌。现在，他终于找到了这位“歌唱家”。

（扣“三天前”“终于”等词感受法布尔锲而不舍的探究精神，不查个水落石出，决不放弃。）

A. 引导学生想象：法布尔这三天来会怎样去捉这只虫子呢？

（可能他趴在草丛里一动不动，可能忘记了天黑回家，肚子咕咕地叫。可能腿蹲麻了，身上也蹭破了……）

B. 引导有感情地朗读。

（师语言预设）：昆虫世界是那么神妙莫测，童年的法布尔总是睁着一双明亮的眼睛，警觉地注视着虫儿和花草，好奇心唤起了他探索昆虫世界真相的欲望。现在你们都是法布尔，发现了自己已经找了三天的小昆虫，我们一起来读一读。

•PPT 出示：课文第 4 自然段。

A. 引读：法布尔不是在放鸭子，而是……（引读第 4 自然段）

B. 一个小池塘，在我们眼里真是太平常不过了，而他是如此认真、细心地观察，在法布尔的眼睛里，大自然充满了奇趣，是多姿多彩的。除了看到螺壳、游鱼、蠕虫，还看到了什么呢？（插上想象的翅膀，让学生描绘法布尔眼中可能出现的池塘生物世界）

C. 指导朗读。

•PPT 出示：他把这个小宝贝放进蜗牛壳里，包上树叶，装进自己的衣袋，打算回家后再好好欣赏。这一天，他还拣了好多的贝壳和彩色的石子，把两个衣袋塞得鼓鼓囊囊的。

A. 你有什么感受？你认为法布尔会怎样做这一系列的动作？

B. 读一读，做一做。

教师采访：为什么这么做呢？用什么词来形容一下？

（小心翼翼、如获至宝、心花怒放……）

C. 结合刚才的表演，比较一下“塞”和“装”，哪个词更准确？为什么？

D. 指导朗读。

•PPT 出示：可是父母的责骂丝毫没能阻止法布尔对昆虫的迷恋。以后每次放鸭子，他仍然兴致勃勃地拣那些“没用的玩意儿”，背着大人把衣袋装得鼓鼓的，躲起来偷偷地玩。

A. 扣“丝毫”“迷恋”“兴致勃勃”“鼓鼓”等词体现父母的责骂丝毫没能阻止法布尔对昆虫的迷恋，进而体现他坚持自己的理想，始终如一，不为外界而改变的精神。

B. 父母是怎么责骂的？指名分角色朗读。

C. 法布尔被责骂后，有什么反应呢？说说自己的体会。

• PPT 出示：法布尔难过极了，眼泪刷刷地往下掉，很不情愿地把心爱的小宝贝放进了垃圾堆。

A. 交流，说说是从哪些词语中感受到法布尔的难过的？（抠：难过 刷刷往下掉 很不情愿 放进）

B. 比较：将“放”改成“扔”好不好？

（一字之差，感受法布尔对这些“宝贝”的心爱之情）

C. 能通过朗读表现出法布尔难过的心情吗？

（三）整合课文，推进情感（时间预设：3 分钟）

• 父母的责骂丝毫没能阻止法布尔对昆虫的迷恋。以后每次放鸭子，他仍然兴致勃勃地拣那些“没用的玩意儿”，联系前文，你认为他可能还会做些什么呢？

• 教师引读，整合课文的前后内容（PPT 出示）。

他依然会——把鸭子赶进池塘以后，就去水边逮蝴蝶、捉甲虫，或是蹲下来静静地观察奇妙的水底世界； 他依然会——拣好多的贝壳和彩色的石子，把两个衣袋塞得鼓鼓囊囊的； 他依然会——捡那些“没用的玩意儿”，背着大人偷偷地玩； 他依然会——在夕阳西下时赶着鸭子，满载而归，心里甜滋滋的……

【设计意图】学生刚才都是自主谈自己感受最深的句子，也许会造成文章整体的割裂，这时候，需要对文章的重新整合，在一次次回环往复的朗读中，与法布尔“对话”，升华情感，使法布尔的形象趋于丰满。

（四）与塑像对话，升华理解（时间预设：5 分钟）

1. 从着迷到迷恋到痴迷，正体现了他对昆虫的“迷”逐渐深入。正是这种对昆虫的迷，把法布尔引进了科学的殿堂。之后法布尔便沉迷于对昆虫的研究……（引读课文最后一自然段）

2.（课件出示）站在法布尔的雕像前，望着那“鼓鼓的衣袋”：

法布尔，我想对你说—— 爸爸、妈妈我想对你说—— 亲爱的同学们我想对你说——

（让学生自主选择，自主表达。）

【设计意图】在话题探究中，以文本作为新的成长点，在说话训练的过程中发展学生的思维，巧妙进行人文性的渗透，对学生的情感、态度、价值观进行正确的引导。

三、写法渗透，再现“迷”(时间预设：4分钟)

1. 课题探讨：除了用“装满昆虫的衣袋”为题目，你还有什么新创意吗？课文的题目好在哪里？

2. 写法探讨：法布尔父母责骂的部分可不可以去掉？为什么？

(初步感受侧面烘托写法的作用)

【设计意图】高年级必要的写法指导很重要，让学生一课有所得，知道课文是如何表达的，渗透写法指导。

四、课后拓展，提升“迷”(时间预设：2分钟)

1. 布置学生读《昆虫记》，将自己的读后感受在Moodle平台上进行交流。

2. 课后观察一种自己感兴趣的昆虫，注意观察的顺序。

【设计意图】课文是个例子，也是学生拓展的新生长点，通过对《昆虫记》的阅读感受语言描写的特点，学习观察和描写的方法，并在观察昆虫的过程中体验，为本单元的习作训练做好必要的铺垫。

【板书设计】

装满昆虫的衣袋

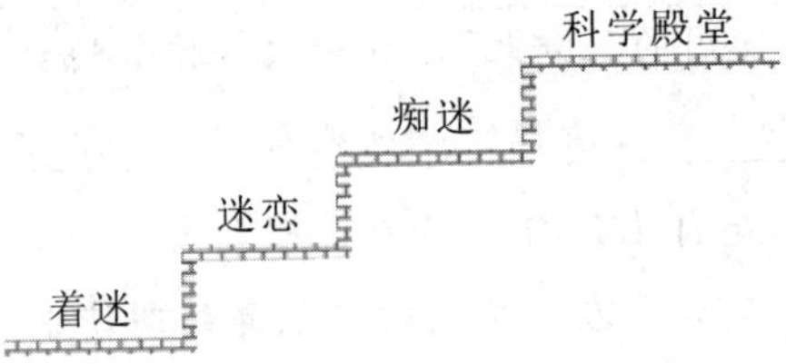

从以上教学设计的不断修改变化中，可以直观地看出区域备课协同，对区域内整体教学水平的提升，对区域教育的均衡发展，将起到不可估量的作用。

例四：

《清平乐·村居》教学设计

本节课是基于网络远程视频协同学习平台，依托电子白板远程同步传输功能，尝试一人执教，两个班级学生异地受教。

教学目标：

1. 正确、流利、有感情地朗读课文，在读中感悟田园生活的意境。使学生从中受到美的熏陶；背诵课文。

2. 初步了解词的有关知识。

3. 理解重点词语的意思，感悟这首词的内容，想象这首词描绘的情境，体会词人的情感。

教学准备：多媒体课件、交互式白板、远程教育网络等。

教学过程：

一、旧知导入，引入新课

出示高鼎所写的《村居》，这首诗同学们都很熟悉吧，诗人高鼎为我们描摹了清新宜人的田园风光。出示《清平乐·村居》，这也是写农家田园生活的，你觉得它们表现形式有什么不同吗？你知道词与诗的不同吗？

（这是词，可以一边吟诵，一边和乐歌唱。句子有长有短，所以又叫长短句。分上下片，像歌词分段。）

关于词，你还了解什么？

（鼎盛在宋，每首词都有词牌。词牌名规定了词的格式和音韵，它不仅表示一种节奏，也表示一种情境。词还有题目，看题目就知道词的内容。）

今天我们一起学习这首辛弃疾写的词。

二、检查预习，初步感知

1. 你了解辛弃疾吗？【出示介绍】

2. 指名读词。相机正音。

翁媪　剥莲蓬 表示把东西的皮去掉时念 bāo。（剥削）【在白板上组词】

莲蓬的蓬不能读轻声，这是押韵的需要。

3. 齐读这首词，词中写了几个人？【学生说，老师圈画人物】（老爷爷、老奶奶、大儿子、二儿子、小儿子。）老爷爷、老奶奶你是如何找到的？你怎么理解翁媪这个词？

4. 还有哪些词语你通过预习已经理解了？

相机解释：吴音（江西上饶在春秋时期属于吴国，吴国还包括现在的苏州、上海等地方。听过苏州人、上海人说话吗，他们说话软软的，像唱歌一样。他们说的是地方方言，称为吴侬软语，又叫"吴音"。）

相媚好（彼此之间很亲热）

茅檐（茅屋的屋檐）

无赖（顽皮、可爱）

三、赏读诗句，理解词意

1. 现在就让我们去走进乡村，走进这户人家去看看。指名读。

读完词，词中的那条小溪一定流到了你的眼前，圈画溪字。诗词是最忌讳重复用字的，这首词为何却重复使用了三个溪？

古人喜欢临水而居，这条小溪潺潺流来，让我们能通过作者的视线去走进这家人。茅檐是靠近小溪的。"溪上青青草""大儿锄豆溪东""最喜小儿无赖，溪头卧剥莲蓬"四句，这三个"溪"字，让我们看到了一幅乡村图景。这画就叫"村居"。所以，"溪"字的使用，在全

词结构上起着关键作用。在溪水声中，我们一起来读这首词。【配乐】

2. 如果你用心去读，一幅画就在你面前展开了。请自由读，读着读着，你仿佛看到什么？学法指导：抓住重点字词展开想象，画面会更生动、更细致。学生思考，交流汇报。

以下四句根据学生汇报随机讲解吟诵：

①茅檐低小，溪上青青草。

读了这句，仿佛看到了（　　　　　　）。指导朗读。抓住青青草，突出青青。

②醉里吴音相媚好，白发谁家翁媪。

读了这句，仿佛看到了（　　　　　　　　　　　　）。哪个字写得最传神？特别是一个“媚”字，写出了“老两口非常亲热，头靠着头，在说悄悄话呢！”他们刚刚喝了点酒，悠闲地看着眼前的一切。哪个词让你看出他们刚刚喝了酒？（板书：醉）这幸福的老两口，让我想起了一个成语：白头偕老。谁能读出他们的幸福？指名读此句——醉里吴音相媚好。

③大儿锄豆溪东，中儿正织鸡笼；

读了这句，我仿佛看到了（　　　　　　　　　　　）。你是否能用一句曾经学过的古诗来送给辛勤耕耘的大儿子？（锄禾日当午，汗滴禾下土），二儿子在庭院中编织鸡笼。两个孩子勤劳能干，不正应了一句诗“昼出耘田夜绩麻，村庄儿女各当家”吗？指导读。

④最喜小儿无赖，溪头卧剥莲蓬。

读了这句，我仿佛看到了（　　　　　　　　　　）。

卧是什么意思？（趴着）一个卧字传递出小儿此时的心情如何？（自由自在、无拘无束、逍遥快乐……）如果你是他，此时你会怎样卧在池边呢？好不愉快！一个卧字真乃神来之笔。

这样一个可爱的孩子，他的活泼天真全都浓缩在一个词中：无赖。字典上是这样解释“无赖”的：刁顽泼辣，蛮不讲理。你觉得在这里是这个意思吗？（无赖，谓顽皮，是爱称，并无贬意。）这就是古今词义的区别，此时的“无赖”让人感受到孩童的天真可爱，指名读，要表现出小儿子的可爱。

三个儿子都给我们留下了深刻的印象，你能读一读吗？自由练读，再指名读下片。

3. 现在再来看“醉里吴音相媚好，白发谁家翁媪。”你再把眼光投在这个“醉”字上，这里的醉仅仅是酒醉吗？还可以是（陶醉）。陶醉于什么？（眼前的美景、在望的丰收、幸福的生活、勤劳能干的孩子）他们可能交谈些什么呢？（乡村景、农家事、家人情）

再读——醉里吴音相媚好，读出满心的陶醉。

他们醉的是大儿子的勤劳，二儿子的手巧，小儿子的可爱。指读——大儿锄豆溪东，中儿正织鸡笼；最喜小儿无赖，溪头卧剥莲蓬。

醉的是周围优美的田园风光。指读——茅檐低小，溪上青青草。

醉的是他们的日子虽然清苦，但是自给自足、和乐融融，非常幸福。

你能体会出他们此刻的心情是怎样的呢？（悠闲、愉快、幸福、满足、惬意、舒适……）

有道是酒不醉人人自醉，他们陶醉在自己的这份幸福中。你能将老俩口此时的心情用朗读表现出来吗？

没有特别的景致、没有特殊的事件、没有特别的人物，只是田园之间，一户农家五口人恬淡平实的家庭生活，可是作者却写得如此亲切。把一片生机勃勃、和平宁静的农村生活，真实地反映出来了，给人一种诗情画意，清新悦目的感觉。

四、感悟意境，练习背诵

读出了画面，还要读出这份意境，把你读出的画面再放入脑海中，你就能真正做到用心吟诵了。【配乐读】同学们现在我们再来看这个“醉”字【圈“醉”】，你说只有老爷爷、老奶奶醉了吗？（还有作者陶醉了、迷醉了，还有我们也沉醉在其中。）

五、提升总结，拓展延伸

1. 曾经叱咤战场的辛弃疾在《破阵子》中醉里挑灯看剑，梦回吹角连营；在《永遇乐》里想当年金戈铁马，气吞万里如虎；如今他虽然遭受打击，身上已无盔甲，手中也无战剑，但是心仍系着国家和人民，心中有着美好的愿望。忧国忧民的他，见到眼前的不相识的农家情境，会想些什么呢？（金兵入侵，中原人民饱受战乱之苦。要是没有战争，那里的人们也能过上安宁的生活，那该多好！）

2. 再读这首词，表达出诗人对农村和平宁静的生活的喜爱及向往之情。

3. 课后，也可以去搜集一些辛弃疾的诗词，去了解这位民族英雄的才情与豪情。

《清平乐·村居》说课

我执教的课文是苏教版小学语文第九册的《清平乐·村居》。

这节课是基于网络远程视频协同学习平台，依托电子白板远程同步传输功能，尝试一人执教，两个班级学生异地受教。

【教学环境】

教学主场游府西街小学与分场鑫园小学各设电子白板和视频屏幕。多媒体课件通过电子白板，由网络传输到鑫园小学的学生面前，我和游府西街小学学生上课的视频也通过网络传送到鑫园小学的教室屏幕上，双向互动，同步协作学习。

【教材分析】

《清平乐·村居》是一首描摹田园风光的宋词，以短短46个字，勾勒出一幅清新怡人、和乐融融的农家生活图景。

【教学目标】

这是本课的三维目标，通过教学，我希望两个班级的学生能够达到：

1. 学习生字，理解由生字组成的词语；初步了解词的有关知识。

2. 正确、流利、有感情地朗读课文，熟读成诵。（重点）

3. 想象词中田园生活的情境，体会词人的情感，使学生受到美的熏陶。（难点）

【学情分析】

1. 学生原有积累少，感悟词的意境难；

2. 学生对词作创作背景缺乏认识，体会词人的爱国情怀难；

3. 学生来自城乡两地，感悟、理解词作能力存在差异。

【教学过程】

我的教学过程分为以下几个板块：

一、明晰特点，走近词

在教学中，我以学生对诗的原有知识经验做铺垫，从白板资源库中调出清代诗人高鼎的诗《村居》，引导学生发现词与诗的区别，在明晰词的特点的过程中，渐渐走近了词。（出示诗词屏）

二、感悟意境，走进词

（一）以词语教学为抓手，发挥电子白板的交互性，引领学生理解句子的意思，为感悟词文的意境做铺垫。

首先指名读词。相机正音。这首词中有几个字的读音需要强调。

翁媪　尤其是剥是个多音字，通过学生上台板演组词，帮助两个班级的学生明确表示把东西的皮去掉时念 bāo。

接着齐读这首词，词中写了几个人？【学生圈画人物进行汇报】

然后让学生汇报交流自己通过预习理解的词语。【两地学生分享自己的收获】

相机解释：吴音　相媚好　茅檐　无赖

（二）利用多媒体课件创设教学情境，鼓励学生运用“吟诵诗句，想象画面”的方法学习，赏读诗句，感悟词境。

1. 在多样的朗读之后，引导学生发现贯穿全词的“溪”。圈画溪字。促使学生产生疑问：诗词是最忌讳重复用字的，为什么这首词却重复使用了三个溪？

这三个“溪”字，让我们看到了一幅乡村图景。这画就叫“村居”。【课件配乐】在溪水中将学生引入情境。

2. 接下来渗透学法指导【抓住重点字词展开想象，画面会更生动、更细致】。学生静默圈画思考，然后交流汇报。

【此时课件是可以随着学生的汇报随机链接到相关词句的，体现了对学生的尊重】以下四句根据学生汇报随机讲解吟诵：不忘发挥教师主导作用。

①茅檐低小，溪上青青草。

②醉里吴音相媚好，白发谁家翁媪。

由这个最为传神的“媚”字，引导学生想象老两口的幸福与满足。【出示课件，点红“媚”】

③大儿锄豆溪东，中儿正织鸡笼；

④最喜小儿无赖，溪头卧剥莲蓬。

小儿子的活泼天真全都浓缩在一个词中：无赖。课件出示了字典上解释，【出示词义】通过联系语言环境，学生会明白“无赖”在这里是顽皮的意思，是爱称，并无贬意。从而明白这就是古今词义的区别。理解了“无赖”，学生的朗读便能生动地表现孩童的天真可爱。【图片出示】

3. 当画面呈现在学生眼前，【出示图画】课件再次聚焦在“醉里吴音相媚好，白发谁家翁媪”一句中的“醉”字上，学生往往会浅显地理解为“酒醉”。在本课教学中，我采用了“回复式”阅读方法，一步步应学生的理解而不断深入发问。【插播录像】抓住一个“醉”字，引导学生由“酒醉”，理解上升为“陶醉”，由感悟词中所写之人的“自得其醉”，提升理解为也是词作者目睹之后的“感同其醉”。

【课件中溪水的音乐再度响起】烘托出词中和平宁静、恬淡平实的田园生活。两个课堂的学生渐渐读出这份意境，他们感悟到不仅是老爷爷、老奶奶醉了，还有作者陶醉了、迷醉了，还有自己也沉醉在其中了。

两个班级的学生碰撞着智慧的火花，对词的理解逐渐加深。

三、体会情感，读透词

【课件出示】

在这首恬淡清新的词作之中，隐含着作者忧国忧民的爱国情感，我首先补充词人辛弃疾的生平经历做背景，【课件出示词人介绍】将辛弃疾爱国词人的形象印在学生心中；接着在理解诗句的基础上，鼓励学生在诵读中体会作者对田园风光的喜爱之情；然后课件呈现了《永遇乐》与《破阵子》两首豪放词，跟《清平乐》进行对比学习，【插播录像】学生立即体会出词人被贬隐居后创作此词时的心境、情感，这样便以一种渐行深入的方式顺利突破教学难点。

再读这首词时，学生的朗读表达出诗人对农村和平宁静的生活的喜爱及向往之情。

四、拓展延伸，读厚词

我将课的结束当做新的学习与体验的开始，激发学生的阅读兴趣，【出示课件】引导学生搜集辛弃疾的其他词作，感受词人多样的风格；引导学生搜集田园诗词，感受诗词中田园风光的美。

【教学反思】

(一)异地电子白板资源互动，实现主场、分场学生实时参与评价交流

这节课屏幕内外，俨然一体，两个班的学生就犹如在一个教室里上课一般。

(二)异地视频教学互动，让城乡学生共享优质教学资源

以前送教下乡，因为路途较远，所以机会不多，送教的面也因为受教班级的限制不够广，只能给一两个班级的孩子上课，而这节课，我同时给两个班级的孩子上课，一下子就感受到了前所未有的成功感。

我无限憧憬，今后将会有更多的学生，尤其是农村孩子能够像城里的学生一样，享受更多的优质教学资源，促进教学均衡发展。

第五节　国际协同实施

日本学者称，21 世纪由竞争与集中的时代转向分散和协作的时代。在这样一个时代里，不同价值观和经验的专家学者超越时空，在突飞猛进的计算机与信息技术的帮助下，开展创造性问题解决活动已成为一种主流的新型科研方式。

可是，长期以来我国学生习惯了个体学习方式，教育者在激励学生时也更多强调竞争，因此大多数学生很难形成协同的意识。不仅如此，我国学生在与发达国家学生比较时，在创造性方面和解决面临的新问题时所表现出的灵活性、多种技能和能力的综合应用、利用信息与技术解决问题，以及与人合作等社会技能诸多方面存在着较大差距。这些都妨碍了我国学生获取现代社会发展所需的基本素质。

值得高兴的是，在我国新一轮的课程改革中，教育者已经开始关注到学生协同学习能力的培养。在新教育课程——《基础教育课程改革纲要(试行)》中明确提出：改变课程实施过于强调接受学习、死记硬背、机械训练的现状，倡导学生主动参与、乐于探究、勤于动手、培养学生搜集和处理信息的能力、获取新知识的能力、分析和解决问题的能力以及交流与合作的能力。

中央电教馆主持开展了基于网络的校际间协同学习的尝试：如“基于现代信息技术环境下的学与教的理论与实践”专项课题——“基于网络的校际协同学习研究”(本项目是我国第一个在教育部直接领导下，开展的全国性中小学远程合作学习项目)，获得了可喜的成果。

基于网络的校际交流为我们开辟了一条快速通道，不仅实现了国内中小学的远程协同，更使我们与全球的教师和学生进行远程协同式学习成为可能。在进行跨文化网络校际

交流的过程中，各国师生所展现出的对世界文化多样性的理解与宽容，所体现的礼仪和修养，从受教育者的成长过程来说，这是培育和谐世界的合格公民的过程。因此，基于网络的校际协作学习不应该仅仅立足于国内，更应该走出国门，面向世界，展开“跨文化网络校际协同学习”。

一、跨文化网络校际协同学习的定义与特点

1. 跨文化网络校际协同学习的定义

A. 协同学习，是指处于相互作用这一环境中的人或集体，其中一方一旦达到目标，同时也会助长他方达到目标，这种相互依存的助长关系，一般被称为“协同”(Collaborative)。在学习中采用这一理念构建学习活动的形式，就是协同学习(Collaborative Learning)。

B. 基于网络的协同学习是指：处于远距离的学校之间利用互联网和视频会议系统在设定共同学习课题情况下开展学习的一种学习方式。也称“远距离共同学习”。例如：在相同时期的语文课中开展同一单元学习(或教学)的学校之间定期地交流学习心得、体会；就环境、植物生长问题互相交换数据、信息和情况，如：酸雨、气候观测、南瓜种植比较等都属于基于网络的共同学习。

C. 基于网络的校际交流学习是指：以相互介绍自己班级和学校特色、发表学习成果为主的远距离学习。与长期持续性地开展同一主题学习的基于网络的共同学习不同之处，它是短期的、一次性的、可以是很多不同主题的学习。

D. 跨文化网络的校际协同学习是指：利用互联网跨区域地开展校际共同主题学习活动，关注在不同国家、不同区域、不同学校间学习的差异性，学习这一差异，并相互利用这一差异开展学习，由此加深对知识的深化理解和相互认识。在具有这种特征的学习活动中，参加学习的伙伴之间表现出一种相互协调、互相补充和合作的关系。因此，跨文化网络校际协同学习是远程合作学习的一种特殊类型。

通常，协同(Collaboration)与合作(Cooperation)是指同一含义。两者之区别在于，小组目标和小组成员组成的不同。合作学习通常是指一个班或一组中水平相近的学生组成。与之相反，协同学习是由来自不同领域和不同水平的学生构成。协同组的目的是借助各个成员的力量完成一个共同的目标，或是成员之间彼此教学；而合作组的目标是建构新知识并用于解决问题。

2. 跨文化网络校际协同学习的特点

网络校际协同学习是基于现代远程教育系统上进行的一种学习方式，是数字化技术、网络通信技术、多媒体技术、计算机技术等现代信息技术相结合的教学系统，具有现代教育媒体的特征。因此，现代远程教育是建立在现代信息技术平台之上的一种崭新的教学模式，是对学校教育观念、教学方法乃至整个教育体制的重大变革和发展，与传统教学活动相比，它具有以下几方面明显的特点。

(1)教学时空的延拓性。

有了现代信息技术的支持，网络校际协同学习活动得到了极大的延伸和拓展。学生上课不再受到时间的限制，也不再受到教室、学校、地域甚至国家的限制。教学活动可以同步进行，也可以异步进行；可以实时进行，也可以非实时进行，打破了传统课堂讲授的单一模式。

(2)教育资源的共享性。

传统的教育模式，由于信息交流手段落后，国外一些优质的、可互相利用的教学资源和资料信息库只能被少数人占有和利用，依靠 Internet 就可以将人类最优秀最丰富的教育资源设置在网上，处在网络教学中的每个学习者，都可以通过任何地点的 Internet 终端用户机，任意调用它。因此，采用网络校际协同学习活动的方式，可以充分发挥计算机网络的优势，突破单一学校的限制，实现跨学校、跨地区、跨国界资源共享。

(3)教学手段的交互性。

网络校际协同学习活动的方式突破了传统教育的“三中心”(教师中心、课堂中心、书本中心)模式，变学生被动地学习为积极主动地参与到教学活动中去，对学习内容的选择和学习时间的安排更自主、灵活，真正体现了“教师为主导，学生为主体”的特点。

二、开展跨文化网络校际协同学习的意义

1. 促进语言文化的双向传播

语言，是一个国家文化的代表。人们通常认为，体育文化的发展能推动不同民族之间的人们聚集在一起追求更高、更快、更强的体育精神。但同时，网络文化及其思想的传递和影响力也曾一度被认为是国家和民族精神面貌软实力的体现。语言文化的双向传播在网络技术和外语工具的应用方面是不谋而合的。为了提高协同学习的质量，除了课堂上同班师生之间的协同学习之外，开展网上远程协同学习具有一定的前瞻性。结合学校国际汉语推广的办学特色，建立与外国师生的协同学习关系，组建远程协同式学习团队，有利于学

生沟通与交流学习外国语言，提高学习者的外语口语交际能力。

2. 促进异文化交流的加深理解

不同国度的人们由于生活环境和接受的教育不同，形成了完全不同的文化意识。不同国家的人在交际往来时，除了在语言上进行沟通外，还要在不同的文化背景下进行信息的交流，这就产生了“异文化交流”。我校汉语国际推广实验班的培养目标是培养世界儿童，通过各种活动让学生了解不同国家的文化历史和背景，体验各个国家的多种文化和丰富对异文化的经验，以公正的态度接触异文化，实现人类共同的价值观和为国际社会做贡献的态度。基于网络平台，形成跨文化网络校际协同学习的网络体系，从而使得学生对异文化产生强烈关心和深刻理解。

3. 促进国际交流能力的培养

在平时的教育教学中，教师鼓励学生采用多种方法和自己的语言来传达思想。在网络校际协同学习或交流学习中，学生们由于意识到对方的存在，信息表现的方法会有所不同。这种同伴连带学习，会有意识地使得自己的学习尽善尽美，会充分地展示学习的成果。如，通过 E-mail 与远离自己的其他国家学校的小朋友交换信息，获取解决问题的方法。这一过程中既培养了学生熟练的语言文字的交流能力、表达能力，更重要的是在网络信息技术的支持下，培养了学生充满个性化的国际交流的能力。

4. 促进批判性思维的发展

观察是一种重要的学习，科学的发现都是从观察开始的；而差异可以提供进行发现的线索，导致学习的发生、发展、深化。差异可以使学生看到问题的另一方面，开拓视野、提供看问题的新视角，由此加深理解。另外，差异可以促使学生的元认知能力发展，即关注自己的思考，分析自己的思考，并进行调整和修正，或认识自己的倾向性。通过讨论和意见的交流的协同学习能促进学习者批判性思维的发展。因此，如果教学的目的是要增强学生的批判性思维和解决问题的技能，协同学习的教学方法是比较有益的。

三、开展跨文化网络校际协同学习的方式及途径

1. 异步式协同

异步式协同学习是指进行协同学习的双方是在不同时间、不同地点的条件下进行同一任务的协商学习。异步式协同学习可通过邮件列表、E-mail 、BBS 、新闻组等工具实现。

这种方式可使教师和学生进行异步对话，并以此来实现协商与讨论。教师和学生在共同区域内发布信息，供参与者阅读并做出反应，从而达到协同的目的。由于异步式协同是由学生掌握交互的速度，所以它允许学生有较长的时间去思考自己的观点。

(1)电子邮件

所谓电子邮件(E-mail)是使用电子手段发送信件来传递信息资源。通过电子邮件可以进行文字、图形图像和语音信息的传递。使用电子邮件可进行一对一的信息传递或通过抄送实现一对多的信息传递。在网络协同教学中，教师可通过 E-mail 发布教学通知、布置作业、寄送材料等，也可对个别学生提出的问题进行解答，对个别学生协同学习的技能给予指导。而学生则可利用 E-mail 向教师或同学提出问题，进行个别的协商和讨论，上交作业等。

(2)新闻组

新闻组是 Internet 上提供给用户以文字操作方式进行互相讨论和信息交流的地方，是一个全交互式的超级电子论坛。成千上万的人可以在不同时间、不同地点通过新闻组(Newsgroup)针对某个问题进行讨论。进行协同学习的师生利用新闻组可以进行专题讨论，协同小组内部或各个小组之间也可通过新闻组相互交流学习经验，或针对某个问题进行商讨。

(3)BBS

BBS 是 Bullet in Board System 的缩写，即电子公告牌系统。BBS 的讨论版通过发新帖、跟帖、发送私人消息等功能提供一系列网上交互。在网络协同学习中，学生先在指定的 BBS 内进行注册，就可以成为会员进行信息的传递了。教师根据学习内容的特点提出一个或若干个讨论题目，通过发布新帖告知学生，学生跟帖做出反馈，这样实现一对多的交流。学生同样可以发帖向教师提出问题，教师一一给予回复，实现一对一的交流。学习小组的成员可以在同一个 BBS 中表达自己对问题的理解以及解决问题的不同思路，争辩和评价，这样可以实现多对多的交流。BBS 是进行网络协同学习的良好的教学公告牌。

2. 同步式协同

计算机网络提供了同步讨论的功能，处于不同地域的学习者可以在同一参与时间进行实时的交流与协同。例如，通过聊天室、Net-meeting 就可以实现超空间的交流。教师与学生约定时间，在这一时间学生与教师同时进入同一聊天室，进行实时的交流，而且这种交流可以带有表情和动作，更接近于面对面的谈话。这种实时的沟通更能促进学习者学习和反思活动的深度，满足学习者内心的归属感、认同感。同步式协同可以实现在线辩论、专家现场客座指导等学习活动。

四、具体进行跨文化网络校际协同学习的实施建议

美国国家外语教学标准提倡五个C原则：交际性(Communication)、文化性(Cultures)、联系性(Connections)、比较性(Comparisons)和社会性(Communities)，可见，英语教学必须落实到学生的主动学习之上。教者不仅要给予学生各种形式的英文阅读理解，培养其从中获取资料和信息的能力。更应该给学生创造最有利的信息环境，教会学生获取和加工英语信息的能力，这是英语教学工作的主要任务。

基于网络的远程协同式英语学习依赖的是学习者之间的相互协同，共同研究、分享、评价和筛选有用的信息，这是提高英语学习效率的有效方式。远程协同式学习方式在真正意义上实现了互联网从资源的联网到人类智慧的联网。

实施建议：

我校师生在跨文化网络校际协同学习研究的过程中，尝试通过网络环境下的协同学习，让学生用英语去探究世界，了解异文化、尊重异文化。通过研究，我校师生认为，一个成功的跨文化网络校际协同学习课例，应该包含以下五个环节：

1. 吸收协同式学习的队员，建立远程协同式学习团队。
2. 明确协同学习的目标，制订协同学习的计划。
3. 小组开展协同性学习的实践，教者对协同式学习过程进行管理。
4. 用多种形式呈现协同式学习的活动结果，给予双方评价。
5. 通过协同和体验反思不同社会文化的生活。

例如，游府西街小学通过互联网与其英国的朋友做一个网上远程协同式学习的研究项目：探究中国的端午节与英国的万圣节(Telecollaborative Learning Web Quest of Dragon Boat Festival in China and Hallowmas in the United States.)。

第六节　国际协同例谈

例五：

《探寻中国的端午节》

任务

探究目标：

在这个探究项目中，你和小组成员要一起探究：人们为什么要过端午节、人们是怎样

欢度端午节的。

具体方向：

1. 学习有关端午节的一些关键词。

2. 利用多种在线资源完成这个研究项目。

3. 汇报呈现出你找到的图片、视频(可以是小组成员拍摄的)。

4. 通过多媒体手段分享你们找到的答案，并为你们的英国朋友制作一张有关端午节的电子小报。

5. 研究项目结束阶段，呈现一次小组的研究项目汇报。

过程

为确保你能作一个精彩的研究成果汇报，提供下面一些值得你借鉴的操作步骤：

第一步：在研究项目中选择一个你感兴趣的话题，要确信它就是你感兴趣并想知道更多知识的话题。

1. 关于小朋友佩戴香囊、挂鸭蛋的习俗，对应联想万圣节时小朋友的礼物__________。

2. 关于赛龙舟的风俗，对应联想万圣节的活动有__________。

3. 过端午节时吃的食物，对应联想万圣节的食物有__________。

4. 关于端午节的来历，对应联想万圣节的由来__________。

第二步：与你们小组的其他同学共同策划并组合你们的研究信息。要求每个人都有分工负责的具体角色。

第三步：研究。要求尽可能多些组合信息，可以利用网页资源。

1. 首先浏览中文网页(了解端午节的常识)。

2. 接着浏览英文网页，学会一些新单词和需要的英文句子。

3. 记录下有用的单词和句型。

现在你们对自己小组的话题已经有了一个很清晰的思路。

第四步：现在应该是考虑组合信息作汇报和制作电子小报的时间了。

1. 你们可以在电脑上写汇报，记得要经常在打字编辑后注意保存文件。

2. 为研究报告搜索一些照片或图片。

3. 使用 Word、PowerPoint 或 FrontPage 建立一个多媒体的研究项目汇报作品。

4. 为你们英国的朋友制作一张端午小报，你可以用手工做或电脑制作。

5. 在你们的多媒体作品中加入制作的小报。

第五步：准备项目汇报。

1. 从屏幕上阅读你的汇报项目。

2. 在你阅读时，检查修改其中的错误。

3. 请其他的朋友阅读并检查错误。

4. 告知老师你已经完成研究项目。

5. 用口头讲解的方式讲解你的研究报告。

第六步：分享。

1. 向班上的同学口头汇报呈现你的研究项目。

2. 在网上与你的朋友们分享你的研究项目。

附：分组学习资源(Resources)

*A组学生研究关于端午节赛龙舟的风俗习惯

参考网址：http：//baike. baidu. com/view/133082. htm？fr=ala0 _ 1 _ 1

http：//v. youku. com/v _ show/id _ XMzAzNTE2MjA=. html

思考方向：

1. 龙舟是什么模样的？

2. 为什么要在端午节赛龙舟？

3. 各个地方赛龙舟的方法一样吗？

4. 在万圣节有类似的集体活动吗？

*B组学生研究关于端午节佩戴香囊、插艾草的风俗习惯

参考网址：http：//v. ku6. com/show/wvUnFyJHYqGrw-zv. html

http：//cul. sohu. com/20090526/n264185772. shtml

思考方向：

1. 香囊和艾草各是什么模样的？

2. 为什么在端午节要佩戴香囊呢？它有什么作用呢？

3. 为什么在端午节要插艾草呢？它有什么作用呢？

4. 在端午节小朋友们都会戴上香囊，还有些地方会将鸭蛋用彩色网兜装好给孩子戴上，那么在万圣节小朋友有没有什么礼物呢？

*C组学生研究端午节的美食

参考网址：http：//food. 21cn. com/zt/duanwu/

http：//baike. baidu. com/view/3058. htm

思考方向：

1. 在中国端午节最有名的食品是什么？

2. 人们是在什么时候吃这些食品？人们为什么吃它们？各地的习惯一样吗？

3. 在中国北方有一种特别的食物“五毒饼”，为什么取这个名字呢？

4. 在万圣节有些特别的食品吗?

＊D组学生研究关于端午节的传说

参考网址：http：//www. china. com. cn/ch－jieri/duanwu/2. htm

http：//baike. baidu. com/view/2567. htm？ fr＝ala0_1_1

1. 端午节究竟包含着哪些民间传说呢？其中流传最广的是哪一种？

2. 万圣节是不是有着很多有趣的民间故事呢？

＊ E组学生研究中国各地过端午节不一样的风俗

参考网址：http：//www. chinanews. com. cn/life/news/2009/05－25/1706563. shtml

http：//travel. xitek. com/chinatravel/201006/17－45929. html

例六：

《走进英国的万圣节》

导言(Introduction)

与其他地方的朋友探究和分享传统节日的项目时，要记住很重要的一点，那就是世界上每个国家都有属于自己的传统节日，这些节日对于他们来说很重要，中国的端午节就与我们的万圣节一样重要。我们中国的朋友也正在做一个类似而且重要的端午节项目研究。在我们双方完成自己的项目之后，我们将分享彼此的研究和发现。

在我们万圣节的研究中，将试图认识万圣节传统的来历和各具特色的庆祝方式。

任务

探究目标：

我们主要的问题将集中在：

1. 我们为什么庆祝万圣节？

2. 只有英国才庆祝万圣节吗？

3. 我们这里为什么用现有的方式庆祝万圣节？

4. 你能想到其他有关万圣节的问题吗？(可以补充写下你自己的问题。)

完成项目你将需要：

1. 使用互联网寻找一些资源来回答你的问题。

2. 使用图片帮助别人加深对万圣节的理解。(这些图片可以从互联网上找到或你自己去拍摄。)

3. 与同学分享你的信息。

4. 在项目的后期作小组的汇报呈现。

过程

第一步：选择一个你感兴趣的万圣节话题。包括以下部分：

1. 万圣节的由来。

2. 其他庆祝万圣节的国家。

3. 我们为什么使用在万圣节制作“杰克灯”?

4. 在英国，人们怎样来庆祝万圣节?

5. 端午节和万圣节之间的相似之处和区别：____________。

6. 你感兴趣的话题但还没有列举出来的有：________________。

第二步：分组策划你们的研究，决定好你们想回答的问题。

你们至少要回答与自己小组话题相关的三个问题，包括一些我们的中国朋友提出来的问题以及你们初期想到的一些问题。选择能引起你们小组兴趣的问题和话题。

1. 你为什么过万圣节?

2. 第一个过万圣节的城市是哪里?

3. 有多少个国家在过万圣节?

4. 你是怎样过万圣节的?

5. 你的万圣节假期有多长?什么时候开始?什么时候结束?

6. 为什么万圣节时孩子们可以拿到很多的糖果?

7. 万圣节期间，你们家里为什么都是南瓜灯?

8. 万圣节有些什么特别的食品呢?

9. 万圣节你做过的最有意思的事情是什么?

第三步：研究，尽可能多收集信息。

通过使用搜索引擎在WebQuest资源的网页中找到自己要的信息。

第四步：策划并动手写你的呈现汇报作品。

1. 在你的呈现汇报中要使用到电脑，还需包括图片。你可以用Word、PowerPoint以及你所知道的其他软件。

2. 在磁盘中给Miss. morgan存盘备份一份，以便他将你的研究作品挂到网上去。

第五步：研究成果分享(Share)

1. 通过口头形式在你们班上进行汇报呈现。

2. 与你们的朋友在网上分享你们的研究项目。(Miss. morgan将在这一环节提供帮助)

下面结合具体课例谈谈5个环节的实施方法：

第一步：明确协同学习的目标，制订协同学习的计划：文化沟通，探究主题

我国的中小学国家英语课程标准中提及的文化意识是学生综合运用语言能力的必备素质之一。人们理解世界文化的多元性可通过相同的语言去学习不同的文化，或通过不同的

语言学习相同的文化。中国的端午节和西方的万圣节，这都是中外小学生极为感兴趣的传统节日。课例《探寻中国的端午节》和《走进英国的万圣节》在设计过程中注重中西方节日文化活动的联系。如：

1. 关于小朋友佩戴香囊、挂鸭蛋的习俗，对应联想万圣节时小朋友的礼物________。

2. 关于赛龙舟的风俗，对应联想万圣节的活动有________。

3. 过端午节时吃的食物，对应联想万圣节的食物有________。

4. 关于端午节的来历，对应联想万圣节的由来________。

中国端午节给小孩佩戴香囊、挂鸭蛋对应联想万圣节时英国的小朋友会收到类似的什么礼物呢？英国小朋友在万圣节时会得到来自邻居的糖果，中国小朋友在端午节有类似的活动吗？中国在端午节时有家家要吃粽子的习俗，那么为什么要吃粽子，粽子都有哪些模样，能动手包一个粽子吗？这些都要求学生在协同式学习的过程中去认识、理解和交流。运用对比的方法，将中国欢度端午节的食品与英国欢度万圣节的食品进行联系和比较，找到中英饮食文化当中人文性的价值观。

第二步：吸收协同学习的队员，建立远程协同学习团队

当协同学习的计划制订好之后，吸收协同式学习的参与者很重要。为了能顺利地按时完成好协同学习目标，要吸收到足够的参与者积极地进行协同学习；要求参与者明确协同学习的任务和截止时间；要求参与协同学习的学生具备网上学习的工具和条件，包括硬件和软件的要求；要协调好课堂内外各小组的协同学习和网上的远程协同学习；教师和学生在网络环境下的远程协同教学，其实都是在共同分享彼此所获得的新知识，根据协同学习任务的分工，要求学生创建的作品必须在小组成员齐心协力之下共同完成。此外更要做好参与远程协同学习的前期培训(Train)。

教师在设计这两个课例的前期，首先要培训参与协同学习的成员，让他们明白，要顺利地进行这种网络远程协同学习必须具备相应的能力。

例如：

1. 要求学生具备上网点播网络课件的能力。

2. 从网络课件的界面中能找到并打开相关的资源链接。

3. 从相关的网页资源中，截取一些有用的素材，包括文字信息和图片甚至地图等，为创建小组的信息作品做出自己的贡献。

4. 要求学生学会运用网络搜索引擎(Google 或百度等)，学会运用自己搜索到的有用信息。

5. 要求学生会制作 PowerPoint 信息作品。

6. 要求学生会使用 RealOne 播放器收听网络音频流放送的英语故事。

7. 要求学生会收发电子邮件包括添加其中的附件。

第三步：小组开展协同学习的实践，教者对协同学习过程进行管理

小组协同学习按照话题的不同分组，学生有选择性地自愿加入自己喜欢的话题组，参照教师所提供的话题资源网站去寻找与话题相关的节日文化背景知识。教师在语言学习、技术问题等方面充当学生的助手，提供适当的帮助；引导小组的其他同学共同策划组合他们的研究信息。要求每个人都有分工负责的具体任务。利用资源网页，要求学生尽可能组合多一些的信息。为了激发学生积极参与口头汇报呈现小组的研究成果，要求所组合的信息中要有多一些的图片。通过对比的方法收集两组不同节日文化活动的庆祝照片和饮食文化。

为了能如期地完成网络远程协同式学习的任务，任务的协调者——教师要加强和学生的联系、随时掌握协同式学习过程中碰到的问题。在适当的时候，要提醒学生有关学习的进度问题。在实施协同式学习课例的过程中，我校的老师要对英国万圣节的背景知识做一些必要的介绍，组织和指导班上各学生小组在网上进行英语故事的分享阅读和理解。

在完成英语远程协同任务的学习中，我校教师注意到了英语任务型教学中的语言聚焦(Language Focus)是一个重要的组成部分。英语词汇和语法的学习通过英语故事的情境来展开，尤其是对母语为非英语的学习者来说，跨文化远程协同语言教学通过文化的魅力调动学生的英语学习兴趣，使枯燥的语言学习融入美好的文化熏陶之中。

第四步：用多种形式呈现协同学习的活动结果，给予双方评价

小组协同学习的任务完成之后，为了鼓励中国学生与英国学生互相制作端午节和万圣节的电子小报，要求学生首先为英国小朋友制作一张端午节的电子小报鼓励孩子用 PPT 的形式完成。为了增强任务的可操作性，制作电子小报的选材参考小组所研究的话题：

1. 以赛龙舟的活动为主题。

2. 以佩戴香囊和“杰克灯”为主题。

3. 以欢庆端午节或万圣节时，享用的典型食品为主题。

4. 以中国的伟大诗人屈原为主题等。

通过各小组 PPT 信息作品的整理，远程协同学习成果就顺利地完成了。协同学习成果的简讯将被抄送给所有参与这次协同学习的伙伴们。关于中国端午节和英国万圣节两个课例成果的展示凝聚着参与跨文化远程协同学习者的辛勤努力，并透过网络环境折射出了不同国度的孩子们在一起思维和互动的过程中所产生的智慧火花。

第五步：通过协同和体验，反思不同社会文化的生活

根据外语和母语学习的特点，在这两个课例中，我们发现外语学习适合以话题为中心

分组进行协同学习。而英国的课例中，学生以英语为母语学习的方式进行协同学习，则适合以问题为中心进行分组学习，要求学生根据网络资源去思考并寻求答案、做出判断或根据自己的生活经验写出感受。这个课例的完成对进行跨文化远程协同学习的中国学生来说提供了丰富、真实的英语学习资源。中国学生《探寻中国的端午节》课例完成后，也给美国的学生了解中国传统佳节端午节提供了真实有趣的资源信息。我们的话题虽然浅显易懂，但为英国学生今后更进一步深入地了解和认识中国文化，结交中国朋友积累了文化理解的知识和经验。同样，中国学生也会从对方万圣节的课例中初步了解到英国人的文化和生活经验，哪怕是间接的但却是真实的。

第七节　协同学习评价

儿童在跨文化网络校际协同学习中可以体验到以下的经验。

1. 信息量大。针对同一主题，两个班级、两所学校甚至更多的学校共同开展调查，他们所获取的信息量与以一所学校为单位所收集到的信息量相比，相差悬殊，同时学生、教师可以体验共享大量数据和信息的经验。

2. 主题的共同性，地区的差异性，使得探究结果的差异变得明显化。结果的多样性这一差异将引发出进一步学习的课题。

3. 协同学习使互联网上集结的学习活动结果信息增加了现实感。即由于知道其他学校的小朋友在和自己开展着同一活动，学生由此可以亲身感受到收集信息的真正价值。

4. 促进对信息技术的掌握及理解。由于支撑这一协同学习的环境是计算机及网络，要想完成协同学习必须掌握一定的信息技术手段，这样学生很容易地就能体验到信息技术在学习中的重要性及作用。

后 记

信息技术的飞速发展正在改变着人们的工作和生活方式，也改变着“教”与“学”的方式。我们清晰地认识到信息处理智能化、多媒体教育实用化和网络通信与应用普及化，将会给“教”和“学”带来巨大的挑战和机会。教育，将在经济全球化、社会信息化的浪潮中，伴随着信息化教育的步伐，朝着前所未有的广度和深度发展。

经过10多年的努力，我校教育信息化的发展已经有了非常坚实的基础，我们还需努力，使数字化校园的建设和应用再上新水平，适应信息化时代对一流学校和一流教育的要求，不断满足信息化时代教师专业发展的需要，为学生提供题材广泛、内容丰富、种类多样、形式活泼、使用方便的学习资源和先进的应用平台和环境。

深刻的社会变革对教育提出了越来越高的期望和要求，培养适应新时代挑战的创新人才是社会发展对教育培养目标提出的迫切要求。在学校教育信息化的推进过程中，我们探索并提出了信息化环境下创新人才培养和促进有效学习的方略：“构建开放、互动的学习课堂，营造自主、和谐的发展氛围，提供探究、创造的学习条件，达到全面、可持续的发展目的。”

尽管我们对信息化环境下的有效学习做了些有益的探索和实践，但这仅仅是初步的。

信息技术正呈现出快速发展的态势，新技术、新媒体、新方法不断涌现，我们需要在信息化教育的实践中，研究新问题，增强整体与系统设计意识，坚持常态化应用与典型示范引领相结合，深入推进信息化环境下的有效学习，争取新突破和新荣耀。

当我们编撰这本书稿的时候，我们再一次审视了10多年来我校走过的教育信息化之路。小学教育不仅在培养当下的小学生，更是为国家培养具有良好心态，开阔胸怀，超前意识，扎实知识，创新思想的未来人才。我们深知肩负的重担和信息技术在教育教学中应用的重大现实意义与深远历史意义。

当我们完成这部书稿的时候，我们发现我国教育信息化将要进入一个新的发展阶段，教育信息化将引领教育的现代化，作为全国中小学现代教育技术实验学校，我们将不辱使命！

本书在写作过程中，得到了中央电教馆陈庆贵主任、黄天元博士的鼎力支持与指导。我校李万青、曲晶、赵薇、蒋智斌、景嫣、柳世清、陈婷婷、李瑾、金莉莉等为本书的撰写收集整理了大量的资料，使本书的视角更宽广、基础更扎实。在此，一并致谢！

2012年2月